KB201566

성경, 통通으로 숲이야기

통숲

저자 **조병호 박사**

지난 38년간 한국 교회에 성경통독을 퍼뜨리고, 학문화한 성경통독 전문가이다.
이제 통通성경의 세계화를 위해 열정을 쏟고 있다.

2004년 독일 신학사전 RGG[4]에 아티클 '세계기독학생선교운동 (Studentische Missionsbewegung)'을 기고했다.
2006년 영국 왕립역사학회(Royal Historical Society)에 스피커로 초청되어 발제했다.
2006년 삶의 방법론이자 새로운 성경 읽기의 방식으로서 '통(通)'을 최초로 말했다.
2008년 한국 신학자 140인 서울선언 '성경을 통通한 재정향'의 공동대표로 책임을 감당했다.
2014년 '통通성경 포뮬라(Formula for TongBible)'를 발표했다.
2016년 통바이블칼리지 통通성경학교 인터넷 120강의 강사
2017년 종교개혁 500주년기념 독일 비텐베르크 2017 CONGRESS 스피커
2021년 글로벌처치디비니티스쿨 Board of Governors
2022년 통독바이블 앱 미국 론칭
2022년 미주 통독바이블 네트워크 설립

성경통독원 원장, 통독교회 담임목사
미국 드루대학교 객원교수, 글로벌처치디비니티스쿨 Board of Governors

장로회신학대학교 신학과 (Th.B. 신학사)
장로회신학대학교 신학대학원 (M.Div. 교역학석사)
연세대학교 연합신학대학원 (Th.M. 조직신학, 신학석사)
영국 에딘버러대학교 대학원 (Th.M. 선교신학, 신학석사)
영국 버밍엄대학교 대학원 (Ph.D. 역사신학, 철학박사)

베스트셀러
《성경과 5대제국》 – 2011 한국기독교출판문화상 대상 수상
《성경통독》 – 2005 한국기독교출판문화상 최우수상 수상
《통通하는 사도행전 30년》 – 2020 한국기독교출판문화상 신학부문 우수상 수상
《통通성경 길라잡이 지도자 지침서》 – 2022 한국기독교출판문화상 목회자료부문 우수상 수상

주요저서
《와우! 예레미야 70년》, 《제사장 나라 하나님 나라》, 《통通하는 마지막 유월절, 첫번째 성찬식》, 《통通성경 길라잡이(개정증보판)》, 《통通성경학교》, 《통通성경학교 워크북》
《消失的帝國》(中國 團結出版社/성경과 5대제국 중국판), 《성경과 고대전쟁》, 《성경과 고대정치》, 《신구약 중간사》, 《성경통독과 통通신학》 등 100여 종

편찬
《일년일독 통通독성경》, 《역사순 통通성경》

성경, 통通으로 숲이야기

통숲

조병호 지음

통독원

예수님께서 지혜로운 사람은 반석 위에 집을 짓는다고 말씀하십니다.

"그러므로 누구든지 나의 이 말을 듣고 행하는 자는 그 집을 반석 위에 지은 지혜로운 사람 같으리니"(마 7:24)

"또 내가 네게 이르노니 너는 베드로라 내가 이 반석 위에 내 교회를 세우리니 음부의 권세가 이기지 못하리라"(마 16:18)

지혜롭게 성경의 집을 짓는 다섯 가지 방법입니다.

첫째, 기초를 놓습니다.

성경 66권 전체는 예수 십자가 '원 스토리(One Story)'입니다. 즉 구약 39권은 모두 예수 이야기로 향하고 있으며 신약 27권은 예수 이야기와 예수를 증거하는 이야기입니다.

그러므로 성경 66권 전체의 반석은 예수 그리스도입니다.

둘째, 기둥을 세웁니다.

성경은 개인, 가정, 나라 이야기를 담고 있습니다. 그리고 제사장 나라(율법), 5대 제국(선지자), 하나님 나라(복음)가 들어 있습니다. 하나님께서는 세계 경영의 도구로 '제국'을 사용하시며 '제사장 나라'와 '하나님 나라'로 우리를 이끄십니다. 그러므로 율법(제사장 나라), 선지자(5대 제국), 복음(하나님 나라)으로 기둥을 세웁니다.

셋째, 지붕을 덮습니다.

창세기에서 요한계시록까지 성경 66권 각 권의 숲을 정리하며 지붕을 덮습니다. 그래야 '권별주의'와 '요절주의'를 극복할 수 있습니다. 하나님께서는 우리에게 성경 66권 전체를 선물로 주셨는데 어느 한 권만 집중해서 몇 년씩 공부하거나 몇 구절의 요절로 만족한다면 그것은 너무 부족하고 아쉬운 성경공부가 될 것입니다.

넷째, 벽을 붙입니다.

성경의 대략 2,000여 년의 시간, 1,500여 곳의 공간, 그리고

5,000여 명의 인간을 통通으로 공부하여 벽을 붙입니다. 그러면 결국 시간, 공간, 인간 모두 하나님의 소유라는 사실을 깨닫게 됩니다. 그러므로 정말 세상 예화 없이도 '성경 이야기', 충분히 재밌게 할 수 있습니다.

다섯째, 창문을 냅니다.

이렇게 성경의 기초를 반석 위에 세우고, 기둥을 세우고, 지붕을 덮고, 벽을 붙이면 그 때에 비로소 그리스도인의 삶의 주제들인 예배, 선교, 교육, 봉사, 섬김, 교제 등의 다양한 주제들에 대한 창문을 열 수 있습니다. 성경 속 하나님의 사람들처럼 오직 하나님의 말씀으로 승리하는 삶을 넉넉히 살 수 있습니다.

〈통숲〉은 모든 그리스도인들이 '성경의 반석' 위에 튼튼한 집을 짓는 데 도움이 되기를 꿈꾸며 지난 35년간 매일매일 성경을 읽으며 연구한 열매 중 하나입니다. 저에게는 하나님께서 주신 큰 은혜의 산물입니다.

이 땅의 모든 사람들이 하루도 빠짐없이 매일의 일용할 양식이 필요하듯이 하나님의 말씀도 1년 365일 매일 하루도 빠짐없이

필요합니다.

본서 〈통숲〉으로 1년 365일, 성경 66권 전체를 역사 순서에 따라 나누어 매일 다섯 가지 포인트로 누구나 쉽게 통通으로 읽고 공부할 수 있게 될 것입니다. 그래서 그리스도인 누구나 "성경 한 권이면 충분합니다."라고 고백할 수 있기를 꿈꿉니다.

하나님께서 은혜와 평강의 복으로 함께하시길 기도합니다.
God bless you~

통독원에서

197일

왕정 총결산(왕하 21~23장)

애피타이저 APPETIZER

남유다는 히스기야 왕이 죽고 그의 아들 므낫세가 뒤를 이어 왕이 됩니다. 므낫세는 매우 극심한 죄악을 범하여서 결국 남유다의 멸망을 결정짓는 원인을 제공합니다. 므낫세 이후 아몬을 거쳐 요시야가 왕이 되었을 때 이미 남유다는 남은 힘마저 기울 대로 기울어져 있었습니다. 이때 하나님께서는 남유다에 스바냐와 나훔 선지자를 보내십니다. 그리고 스바냐와 나훔 선지자보다는 약간 이후이지만 하박국, 예레미야, 훌다 등 많은 선지자가 이 시대에 활동합니다. 그만큼 이 시대가 급박한 위기 가운데 놓여 있다는 것을 보여줍니다.

성경통독 BIBLETONGDOK

《일년일독 통독성경》 열왕기하 21~23장

통通으로 숲이야기 ; 통숲 TONG OBSERVATION

● 첫 번째 포인트

므낫세가 왕이 되어 남유다를 통치할 때 하나님께서 사무엘을 통해 경고하셨던 '왕정의 폐해'가 가장 명확하게 드러납니다.

므낫세 왕의 통치 기간은 하나님께서 사무엘을 통해 이미 경고하셨던 왕정 제도의 폐해(삼상 8장)가 가장 적나라하게 드러난 시대라고 할 수 있습니다. 므낫세의 행위가 얼마나 악했는지 하나님께서는 므낫세를 향해 변개되지 않을 멸망을 선포하십니다.

므낫세가 죽고 므낫세의 아들 아몬이 왕위에 오르나 아몬도 므낫세의 행위를 따라 악을 행하자, 신하들이 반역을 일으켜 아몬을 죽입니다. 그런데 남유다 백성들이 다시 그 반역 세력들을 폐하고 아몬의 아들 요시야를 왕으로 삼습니다. 요시야는 겨우 여덟 살 어린 나이에 왕이 되지만 장성한 후에는 그의 아버지나 할아버지와는 달리 하나님의 뜻대로 국가를 통치하고자 최선을 다합니다.

요시야 왕은 사무엘 시대 이후로 한 번도 제대로 지켜지지 않았던 유월절을 다시 지킵니다. 요시야는 남북 분열 이후 세워진 왕들 가운데 가장 성실하게 율법을 지키려고 노력했던 왕이었습니다. 그러나 요시야의 노력에도 불구하고 하나님께서는 남유다에 대한 진노를 돌이키시지 않습니다. 남유다의 징계는 이미 결정되어 있었습니다. 이후 요시야 왕은 안타깝게도 애굽 왕 느고가 전쟁을 위해 북쪽으로 올라가고자 남유다 땅을 지나갈 때 이를 막기 위해 나갔다가 전사하고 맙니다. 이러한 이스라엘의 역사 '왕정 500년'을 총정리하면 다음과 같습니다.

이스라엘의 왕정은 사울, 다윗, 솔로몬의 120년간의 통일왕국의 통치 후 북이스라엘과 남유다로 나뉘어 200년 동안 한 민족 두 국가 체제로 유지되었습니다. 북이스라엘은 200년 동안 계속해서 쿠데타가 일어나 여러 왕조가 등장하면서 19명의 왕이 국가를 통치했습니다. 그러다가 북이스라엘이 먼저 앗수르 제국에 멸망했습니다. 그리고 남유다는 그 후로 150년을 더 유지하다가 바벨론 제국에 멸망합니다. 총 350년 동안 다윗의 후손들 20명이 남유다를 다스렸습니다. 이스라엘 '왕정 500년'은 크게 '다윗의 길'과 '여로보암의 길'로 구분할 수 있습니다.

'다윗의 길'은 이스라엘 백성들이 하나님과 맺은 제사장 나라의 언약을 지키는 길입니다. '다윗의 길'을 따르면 하나님의 용서가 있고 이웃 사이에 나눔이 있으며 민족 사이에 평화가 있었습니다. 한편 '여로보암의 길'은 북이스라엘의 초대 왕 여로보암이 만든 악한 길로, 권력 사유화를 위한 통치의 도구로 제사장 나라의 형식을 이용한 길이었습니다.

북이스라엘 19명의 왕뿐만 아니라 남유다에서도 다수의 왕이 이 길을 따름으로 하나님의 심판을 면치 못했습니다. '여로보암의 길'은 레위 자손이 아닌 사람으로 제사장을 삼고 예배 장소를 자기들 마음대로 단과 벧엘로 바꾸고 우상을 숭배하며 하나님께서 정해주신 절기를 변경하는, '다윗의 길'과 대조되는 악한 길의 대명사였습니다.

남유다의 왕들 가운데 '다윗의 길'을 따른 왕을 살펴보면 다음과 같습니다.

첫째, 3대 왕 아사입니다. 그는 남유다에서 아세라 우상을 없애고 우상을 숭배하는 모친을 태후에서 폐위시켰습니다.

둘째, 4대 왕 여호사밧입니다. 그는 남유다에서 산당과 아세라 우상들을 제거했으며 제사장과 레위인들로 하여금 전국을 순회하며 율법을 가르치게 했습니다.

셋째, 8대 왕 요아스입니다. 그는 아합과 이세벨의 딸인 아달랴가 파괴한 성전을 수리하고 우상을 제거하며 하나님과 맺은 언약을 갱신했습니다.

넷째, 13대 왕 히스기야입니다. 그는 성전에서 하나님께 드리는 제사를 회복하고 우상과 산당들을 제거했습니다. 그리고 소수이기는 하지만 북이스라엘 땅의 백성들까지 초청하여 함께 유월절을 지켰습니다.

다섯째, 16대 왕 요시야입니다. 그는 남유다에서 모든 우상과 산당들, 그리고 북이스라엘 땅의 금송아지 우상까지 없앴습니다. 또한 성전에서 율법책을 발견한 후 유월절을 성대하게 지키며 백성들과 함께 성경을 통독했습니다.

공평한 저울과 눈금으로 모든 것을 계수하시는 하나님께서 남유다의 왕정 350년을 총결산하십니다. 하나님의 계산이 이제 다 끝나셨다는 것이며 남유다의 왕정을 끝내시겠다는 것입니다.

● **두 번째 포인트**

므낫세 왕은 다윗 왕이나 히스기야 왕이 아닌 200년 전 북이스라

엘 아합 왕의 뒤를 따릅니다.

므낫세 왕은 12세에 히스기야 왕의 뒤를 이어 남유다의 14대 왕으로 등극하여 20명의 남유다 왕 중 가장 오랜 기간인 55년간 통치했습니다. 므낫세의 죄악은 실로 엄청났습니다.

"므낫세가 여호와 보시기에 악을 행하여 여호와께서 이스라엘 자손 앞에서 쫓아내신 이방 사람의 가증한 일을 따라서 그의 아버지 히스기야가 헐어 버린 산당들을 다시 세우며 이스라엘의 왕 아합의 행위를 따라 바알을 위하여 제단을 쌓으며 아세라 목상을 만들며 하늘의 일월 성신을 경배하여 섬기며"(왕하 21:2~3)

아합 왕은 므낫세 왕보다 약 200년 전 사람으로 남유다도 아닌 북이스라엘의 왕이었습니다. 그런데 므낫세가 아합이 저질렀던 악한 행동을 그대로 따랐던 것입니다. 아합의 발자국이 북이스라엘뿐 아니라 남유다 땅까지 깊이 새겨져서 200년이 흘러도 씻기지 않았던 것입니다.

므낫세는 우상과 몰렉을 숭배하고, 성전을 모독하고 점을 치고 사술을 행했으며 신접한 자와 박수를 가까이하며 무죄한 자의 피를 많이 흘리게 하는 등, 셀 수 없을 만큼 많은 악행을 저질렀습니다. 므낫세의 죄악은 남유다의 왕들 가운데 '넘버 원'이었습니다. 므낫세는 예루살렘 성전 안에 우상 제단을 쌓을 정도로 타락한 왕이었습니다. 그래서 열왕기하 21장을 보면 세 번이나 "여호와 보시기에 악을 행하였음이며"라고 거듭 기록되어 있을 정도입니다(왕하 21:2,6,16).

"유다 왕 므낫세가 이 가증한 일과 악을 행함이 그 전에 있던 아모리 사람들의 행위보다 더욱 심하였고 또 그들의 우상으로 유다를 범죄하게 하였도다"(왕하 21:11)

하나님께서는 므낫세의 죄가 너무 악하여 북이스라엘에 내리셨던 징계를 남유다에 동일하게 내리십니다. 그런데 그 처벌을 므낫세 때가 아닌 그 이후로 연기하십니다. 이는 므낫세가 자기 잘못을 회개했기 때문이며, 하나님께서 다윗과 맺으셨던 언약을 생각하셨기 때문입니다.

"여호와께서 앗수르 왕의 군대 지휘관들이 와서 치게 하시매 그들이 므낫세를 사로잡고 쇠사슬로 결박하여 바벨론으로 끌고 간지라 그가 환난을 당하여 그의 하나님 여호와께 간구하고 그의 조상들의 하나님 앞에 크게 겸손하여 기도하였으므로 하나님이 그의 기도를 받으시며 그의 간구를 들으시사 그가 예루살렘에 돌아와서 다시 왕위에 앉게 하시매 므낫세가 그제서야 여호와께서 하나님이신 줄을 알았더라"(대하 33:11~13)

하나님께서는 이런 므낫세의 회개를 들어주셨던 것입니다. 이후 므낫세의 아들 아몬 왕이 남유다의 15대 왕으로 등극합니다. 아몬의 죄악은 아버지 므낫세와 다를 바가 없었습니다.

"아몬이 그의 아버지 므낫세의 행함 같이 여호와 보시기에 악을 행하되 그의 아버지가 행한 모든 길로 행하여 그의 아버지가 섬기던 우상을 섬겨 그것들에게 경배하고 그의 조상들의 하나님 여호와를 버리고 그 길로 행하지 아니하더니"(왕하 21:20~22)

아몬 왕은 그의 아버지 므낫세 왕의 악을 그대로 이어받았습니다. 그리고 결국 아몬은 안타까운 죽음을 맞이합니다.

"이 아몬이 그의 아버지 므낫세가 스스로 겸손함 같이 여호와 앞에서 스스로 겸손하지 아니하고 더욱 범죄하더니 그의 신하가 반역하여 왕을 궁중에서 죽이매"(대하 33:23~24)

"그의 신복들이 그에게 반역하여 왕을 궁중에서 죽이매 그 국민이 아몬 왕을 반역한 사람들을 다 죽이고 그의 아들 요시야를 대신하게 하여 왕을 삼았더라"(왕하 21:23~24)

므낫세 왕은 마지막에 회개라도 했는데 아몬 왕은 끝까지 악을 행하다 신하들이 일으킨 쿠데타에 살해당해 죽습니다. 그런데 쿠데타를 일으킨 아몬의 신하들도 백성들에게 죽임을 당함으로 남유다는 다시 다윗 가문으로 왕위가 이어지게 됩니다.

● 세 번째 포인트

요시야 왕은 아버지 아몬과 할아버지 므낫세가 아닌 '하나님의 사람 다윗 왕'을 온전히 본받습니다.

므낫세와 아몬의 뒤를 이어 요시야가 여덟 살의 어린 나이에 남유다의 16대 왕이 됩니다.

"요시야가 왕위에 오를 때에 나이가 팔 세라 예루살렘에서 삼십일 년간 다스리니라 그의 어머니의 이름은 여디다요 보스갓 아다야의 딸이더라 요시야가 여호와 보시기에 정직히 행하여 그의 조상 다윗의 모든 길로 행하고 좌우로 치우치지 아니하였더라"(왕하 22:1~2)

요시야는 어린 나이에 왕이 되었지만, 그의 할아버지나 아버지와 달리 '다윗의 길'로 나아가며 하나님 보시기에 선한 일을 행했습니다.

"아직도 어렸을 때 곧 왕위에 있은 지 팔 년에 그의 조상 다윗의 하나님을 비로소 찾고 제십이년에 유다와 예루살렘을 비로소 정결하게 하여 그 산당들과 아세라 목상들과 아로새긴 우상들과 부어 만든 우상들을 제거하여 버리매"(대하 34:3)

"여호와의 성전을 맡은 감독자의 손에 넘겨 그들이 여호와의 성전에 있는 작업자에게 주어 성전에 부서진 것을 수리하게 하되"(왕하 22:5)

요시야의 할아버지 므낫세와 아버지 아몬은 북이스라엘의 아합 왕을 본받아서 산당을 세우고 심지어 성전 마당에 우상을 위한 단을 쌓았지만, 요시야 왕은 '성전'에 관심을 두었습니다. 다윗 왕과 같이 여호와의 도를 행하며 여호와 보시기에 정직하려고 자신을 지켰던 것입니다.

요시야는 하나님 앞에 올바로 서 있기 위하여 그의 할아버지와 아버지가 60여 년에 걸쳐 만들어놓은 우상숭배 문화를 정면으로 거부하고 하나님을 선택합니다. 요시야 왕의 명령으로 성전을 청결하게 하고 성전을 수리하던 중에 대제사장 힐기야가 성전에서 율법책을 발견합니다.

> "대제사장 힐기야가 서기관 사반에게 이르되 내가 여호와의 성전에서 율법책을 발견하였노라 하고 힐기야가 그 책을 사반에게 주니 사반이 읽으니라"(왕하 22:8)

사실 율법책은 성전 언약궤 옆에 두어야 했습니다. 그런데 율법책을 그동안 잃어버렸던 것입니다. 일찍이 하나님께서는 모세를 통해 다음과 같이 말씀하셨습니다.

> "이 율법책을 가져다가 너희 하나님 여호와의 언약궤 곁에 두어 너희에게 증거가 되게 하라"(신 31:26)

성전에서 하나님의 율법책을 발견하게 되자 요시야 왕이 하나님 앞에 회개하며 더욱더 진심을 다해 하나님을 찾습니다.

"왕이 율법책의 말을 듣자 곧 그의 옷을 찢으니라"(왕하 22:11)

"너희는 가서 나와 백성과 온 유다를 위하여 이 발견한 책의 말씀에 대하여 여호와께 물으라 우리 조상들이 이 책의 말씀을 듣지 아니하며 이 책에 우리를 위하여 기록된 모든 것을 행하지 아니하였으므로 여호와께서 우리에게 내리신 진노가 크도다"(왕하 22:13)

요시야 왕은 율법책을 읽고 "여호와께 물으라"라고 말하며 하나님의 말씀을 듣기 위해 선지자를 찾습니다. 이때 요시야 왕이 예루살렘에 거주하던 훌다 선지자를 찾아가게 됩니다. 그러자 하나님의 사람 훌다 선지자가 다음과 같은 하나님의 말씀을 요시야 왕에게 전합니다.

"여호와의 말씀이 내가 이 곳과 그 주민에게 재앙을 내리되 곧 유다 왕이 읽은 책의 모든 말대로 하리니 이는 이 백성이 나를 버리고 다른 신에게 분향하며 그들의 손의 모든 행위로 나를 격노하게 하였음이라 그러므로 내가 이 곳을 향하여 내린 진노가 꺼지지 아니하리라 하라 하셨느니라"(왕하 22:16~17)

하나님께서는 율법의 말씀대로 남유다에 모든 징계가 임할 것을 밝히십니다.

"여호와께서 이같이 말씀하시기를 내가 이 곳과 그 주민에게 재앙을

내리되 곧 유다 왕 앞에서 읽은 책에 기록된 모든 저주대로 하리니"(대하 34:24)

이에 요시야 왕이 하나님 앞에 크게 회개합니다. 그러자 하나님께서는 하나님의 심판을 요시야 이후 시대로 또 연기하십니다.

"내가 이 곳과 그 주민에게 대하여 빈 터가 되고 저주가 되리라 한 말을 네가 듣고 마음이 부드러워져서 여호와 앞 곧 내 앞에서 겸비하여 옷을 찢고 통곡하였으므로 나도 네 말을 들었노라 여호와가 말하였느니라 그러므로 보라 내가 너로 너의 조상들에게 돌아가서 평안히 묘실로 들어가게 하리니 내가 이 곳에 내리는 모든 재앙을 네 눈이 보지 못하리라 하셨느니라 하니 사자들이 왕에게 보고하니라"(왕하 22:19~20)

결국 남유다를 향한 하나님의 모든 재앙은 B.C.586년 바벨론 제국의 느부갓네살(네부카드네자르 2세, Nebuchadnezzar II) 왕이 침략하면서 멸망으로 이루어집니다.

● 네 번째 포인트

요시야 왕은 '모세의 모든 율법'을 빠짐없이 살펴 제사장 나라의 꿈을 꿉니다.

모세를 통하여 시내산에서 이스라엘 백성들에게 들려졌던

율법이 다시 요시야 왕을 통하여 남유다 백성들에게 들려집니다. 남유다 백성들은 '출애굽의 하나님'을 기억하지 못하고 있었습니다. 그런데 이제 다시 유월절을 지키며 조상들을 애굽에서 구원하신 출애굽의 하나님을 기억하며 기념합니다. 정말 다행한 일이 아닐 수 없습니다. 길고 긴 역사의 끝자락에 와서야 이제 겨우 남유다가 청소되고 있으니 말입니다.

남유다의 멸망을 목전에 둔 지금 다시 한번 대청소가 이루어짐으로 역사의 쓸쓸함이 조금은 축소되는 것 같습니다. 계속해서 요시야 왕은 종교개혁을 진행합니다. 그 과정은 다음과 같습니다.

첫째, 남유다 온 백성들이 성전에 모여 율법책 낭독과 언약의 갱신을 확인합니다.

"왕이 보내 유다와 예루살렘의 모든 장로를 자기에게로 모으고 이에 왕이 여호와의 성전에 올라가매 유다 모든 사람과 예루살렘 주민과 제사장들과 선지자들과 모든 백성이 노소를 막론하고 다 왕과 함께 한지라 왕이 여호와의 성전 안에서 발견한 언약책의 모든 말씀을 읽어 무리의 귀에 들리고 왕이 단 위에 서서 여호와 앞에서 언약을 세우되 마음을 다하고 뜻을 다하여 여호와께 순종하고 그의 계명과 법도와 율례를 지켜 이 책에 기록된 이 언약의 말씀을 이루게 하리라 하매 백성이 다

그 언약을 따르기로 하니라"(왕하 23:1~3)

둘째, 요시야 왕이 남유다 안에 있었던 모든 우상을 다 척결합니다.

"왕이 대제사장 힐기야와 모든 부제사장들과 문을 지킨 자들에게 명령하여 바알과 아세라와 하늘의 일월 성신을 위하여 만든 모든 그릇들을 여호와의 성전에서 내다가 예루살렘 바깥 기드론 밭에서 불사르고 그것들의 재를 벧엘로 가져가게 하고 옛적에 유다 왕들이 세워서 유다 모든 성읍과 예루살렘 주위의 산당들에서 분향하며 우상을 섬기게 한 제사장들을 폐하며 또 바알과 해와 달과 별 떼와 하늘의 모든 별에게 분향하는 자들을 폐하고"(왕하 23:4~5)

"또 유다 각 성읍에서 모든 제사장을 불러오고 또 제사장이 분향하던 산당을 게바에서부터 브엘세바까지 더럽게 하고 또 성문의 산당들을 헐어 버렸으니"(왕하 23:8)

"왕이 또 힌놈의 아들 골짜기의 도벳을 더럽게 하여 어떤 사람도 몰록에게 드리기 위하여 자기의 자녀를 불로 지나가지 못하게 하고 또 유다 여러 왕이 태양을 위하여 드린 말들을 제하여 버렸으니 이 말들은 여호와의 성전으로 들어가는 곳의 근처 내시 나단멜렉의 집 곁에 있던 것이며 또 태양 수레를 불사르고 유다 여러 왕이 아하스의 다락 지붕에 세운 제단들과 므낫세가 여호와의 성전 두 마당에 세운 제단들을 왕이 다

헐고 거기서 빻아내려서 그것들의 가루를 기드론 시내에 쏟아 버리고 또 예루살렘 앞 멸망의 산 오른쪽에 세운 산당들을 왕이 더럽게 하였으니 이는 옛적에 이스라엘 왕 솔로몬이 시돈 사람의 가증한 아스다롯과 모압 사람의 가증한 그모스와 암몬 자손의 가증한 밀곰을 위하여 세웠던 것이며"(왕하 23:10~13)

"요시야가 또 유다 땅과 예루살렘에 보이는 신접한 자와 점쟁이와 드라빔과 우상과 모든 가증한 것을 다 제거하였으니 이는 대제사장 힐기야가 여호와의 성전에서 발견한 책에 기록된 율법의 말씀을 이루려 함이라"(왕하 23:24)

요시야 왕의 우상 척결은 솔로몬 왕 후반부터 아몬 왕 때까지 남유다 전역에 퍼져 있던 우상들을 남김없이 다 파괴한 것이었습니다.

셋째, 요시야 왕은 북이스라엘의 우상까지도 척결합니다.

"전에 이스라엘 여러 왕이 사마리아 각 성읍에 지어서 여호와를 격노하게 한 산당을 요시야가 다 제거하되 벧엘에서 행한 모든 일대로 행하고 또 거기 있는 산당의 제사장들을 다 제단 위에서 죽이고 사람의 해골을 제단 위에서 불사르고 예루살렘으로 돌아왔더라"(왕하 23:19~20)

이는 북이스라엘 여로보암 왕 때 여로보암에게 전했던 예언이 성취된 것이었습니다.

"하나님의 사람이 제단을 향하여 여호와의 말씀으로 외쳐 이르되 제단아 제단아 여호와께서 이와 같이 말씀하시기를 다윗의 집에 요시야라 이름하는 아들을 낳으리니 그가 네 위에 분향하는 산당 제사장을 네 위에서 제물로 바칠 것이요 또 사람의 뼈를 네 위에서 사르리라 하셨느니라 하고"(왕상 13:2)

넷째, 요시야 왕 때에 마침내 유월절을 지킵니다.

"왕이 뭇 백성에게 명령하여 이르되 이 언약책에 기록된 대로 너희의 하나님 여호와를 위하여 유월절을 지키라 하매 사사가 이스라엘을 다스리던 시대부터 이스라엘 여러 왕의 시대와 유다 여러 왕의 시대에 이렇게 유월절을 지킨 일이 없었더니 요시야 왕 열여덟째 해에 예루살렘에서 여호와 앞에 이 유월절을 지켰더라"(왕하 23:21~23)

이 부분은 〈역대하〉를 공부할 때에 자세하게 다룰 것입니다. 결론으로 마무리하며 기록한 요시야의 '종교개혁'에 대한 평가는 다음과 같습니다.

"요시야와 같이 마음을 다하며 뜻을 다하며 힘을 다하여 모세의 모든 율법을 따라 여호와께로 돌이킨 왕은 요시야 전에도 없었고 후에도 그와 같은 자가 없었더라"(왕하 23:25)

● 다섯 번째 포인트

요시야 왕의 죽음으로 500년 왕정 총결산의 서막이 시작됩니다.

하나님 앞에서 그토록 신실했던 요시야 왕이 죽음으로 이제 이스라엘의 왕정 500년도 끝나갑니다. 다소 복잡하지만, 그 과정은 다음과 같습니다.

하나님께서 남유다의 멸망을 말씀하십니다.

"그러나 여호와께서 유다를 향하여 내리신 그 크게 타오르는 진노를 돌이키지 아니하셨으니 이는 므낫세가 여호와를 격노하게 한 그 모든 격노 때문이라 여호와께서 이르시되 내가 이스라엘을 물리친 것 같이 유다도 내 앞에서 물리치며 내가 택한 이 성 예루살렘과 내 이름을 거기에 두리라 한 이 성전을 버리리라 하셨더라"(왕하 23:26~27)

요시야 왕이 애굽과의 전쟁이었던 므깃도 전투에서 전사합니다.

"요시야 당시에 애굽의 왕 바로 느고가 앗수르 왕을 치고자 하여 유브라데 강으로 올라가므로 요시야 왕이 맞서 나갔더니 애굽 왕이 요시야를 므깃도에서 만났을 때에 죽인지라"(왕하 23:29)

B.C.609년 애굽 왕 느고는 앗수르 제국의 남은 군대와 연합하여 당시 고대 근동에서 새로운 제국의 주인으로 부상하려는

바벨론을 막고 애굽을 세계적인 위치로 올려놓고자 북쪽으로 원정에 나섭니다. 바로 이때 애굽의 원정을 막기 위해 남유다의 요시야 왕이 남유다의 전략적 요충지인 므깃도로 출정했다가 전사하는 일이 발생합니다. 그 후 남유다는 내리막길로 치닫습니다. 요시야 왕의 아들인 여호아하스 그리고 여호야김이 남유다를 통치하게 되지만 그때 이미 바벨론은 무섭게 부상하고 있었습니다.

요시야 왕이 전사한 후 그 뒤를 이어 남유다의 왕이 된 여호아하스와 여호야김을 살펴보겠습니다.

먼저 요시야의 아들 여호아하스가 요시야의 뒤를 이어 남유다 17대 왕이 됩니다. 여호아하스는 남유다 백성들이 세운 왕이었습니다. 그러나 여호아하스는 겨우 석 달간 왕위에 있다가 애굽으로 끌려가 죽게 됩니다.

앞서 살펴보았듯이 애굽의 왕 느고가 므깃도 전투에서 남유다의 요시야 왕과 싸워 승리하고 북쪽 앗수르 제국의 땅 하란까지 진격했지만 하란을 탈환하지 못하고 아무 성과 없이 되돌아오게 됩니다. 그때 애굽 왕 느고는 남유다에 들러 요시야 왕과의 므깃도 전투 때문에 전쟁의 시기를 놓쳤다며 남유다에 분풀이합니다. 이에 여호아하스를 왕의 자리에서 내려오게 하고 여호야김을 남유다의 왕으로 삼습니다. 그리고 여호아하스를 애굽으로 끌고 가 죽입니다.

"바로 느고가 요시야의 아들 엘리아김을 그의 아버지 요시야를 대신하여 왕으로 삼고 그의 이름을 고쳐 여호야김이라 하고 여호아하스는 애굽으로 잡아갔더니 그가 거기서 죽으니라 여호야김이 은과 금을 바로에게 주니라 그가 바로 느고의 명령대로 그에게 그 돈을 주기 위하여 나라에 부과하되 백성들 각 사람의 힘대로 액수를 정하고 은금을 징수하였더라"(왕하 23:34~35)

그런데 그 이후 애굽에 의해 남유다의 왕으로 세워진 여호야김은 초기에는 애굽을 섬기며 애굽에 조공을 바치다가 그 후 앗수르 제국을 무너뜨리고 근동의 새 주인이 된 바벨론이 남유다를 압박하자 할 수 없이 바벨론을 섬기며 바벨론으로 조공을 바치기 시작합니다.

그리고 당시 마지막 힘을 다해 버티던 애굽마저 B.C.605년 갈그미스 전투에서 바벨론에게 완전히 패함으로 애굽 경계까지의 모든 지역이 바벨론 땅이 되어버립니다. 이제 남유다는 여호야긴 왕과 시드기야 왕, 단 두 명의 왕만을 남겨놓고 있습니다.

남유다의 요시야, 성경은 그와 같이 마음을 기울이고 생명과 힘을 다해 모세의 율법을 지키며 주께로 돌이킨 왕이 이전에도 없었고 그 후로도 다시 나타나지 않았다고 기록하고 있습니다.

요시야 왕의 개혁으로 남유다는 잠시나마 우상들 없이 깨끗할 수 있었습니다. 율법이 백성들의 귓가에 들려진 결과 모든 우상을 제거할 수 있었던 것입니다. 생각 있는 지도자 한 사람이 마음을 어떻게 먹느냐에 따라 일의 수준이 결정됩니다.

그 시대 요시야 왕은 답답한 하나님의 마음을 속 시원하게 해 드렸던 얼음냉수와 같은 왕이었습니다.

198일

스바냐의 렘넌트 이야기 (습 1~3장)

애피타이저 APPETIZER

남유다가 기울어가고 있던 B.C.7세기에서 6세기 사이에 하나님께서는 남유다에 스바냐, 나훔, 하박국, 예레미야 등 많은 선지자를 한꺼번에 보내십니다. 이는 그만큼 그 시대가 급박한 위기였다는 것을 보여줍니다.

스바냐의 말씀이 선포된 때는 이스라엘 '왕정 500년' 가운데 다윗 이후 하나님의 율법이 가장 잘 지켜지던 요시야 왕 시대였습니다. 그런데 스바냐 선지자의 예언은 초지일관 '심판'입니다. 하나님께서 남유다 백성들의 우상숭배와 죄악을 모두 꿰뚫어보고 계셨기 때문입니다. 스바냐 선지자는 당시 사람들의 죄로 인해 모든 땅 위에 임하게 될 '여호와의 날'을 선포합니다. 하나님의 심판에는 예외가 없으며 이방 나라들도 그 대상이 됩니다. 다만 여호와의 규례를 지키고 공의와 겸손을 구하는 자들만이 하나님의 분노를 피할 수 있습니다.

그럼에도 불구하고 주의 명령을 따른다는 이유로 온갖 고난을 겪는 이들에게 스바냐는 끝까지 인내하기를 당부합니다. 하나님께서 그들의 변함없는 의로움을 통하여 새로운 역사를 창조할 계획을 품고 계시기 때문입니다.

하나님께서는 여전히 다윗과의 약속을 기억하시고 구원을 베푸실 전능자로서 다시 세워질 예루살렘으로 인하여 기뻐할 것을 말씀하십니다. 하나님께서는 다시 그들의 하나님이 되시며 그들이 하나님의 백성이 되는 아름다운 관계를 기대하고 계십니다.

성경통독 BIBLETONGDOK

《일년일독 통독성경》 스바냐 1~3장

● 첫 번째 포인트

하나님께서는 스바냐 선지자를 통해 '여호와의 날'을 선포하십니다.

스바냐 선지자는 히스기야 왕의 4대손으로 남유다 왕족의 일원이기도 했습니다.

"아몬의 아들 유다 왕 요시야의 시대에 스바냐에게 임한 여호와의 말씀이라 스바냐는 히스기야의 현손이요 아마랴의 증손이요 그다랴의 손자요 구시의 아들이었더라"(습 1:1)

요시야 왕의 가문이면서도 하나님의 뜻에 따라 남유다의 멸망을 선언해야 했던 스바냐 선지자는 남유다 백성들의 삶에 참된 회개와 개혁이 일어나기를 바라시는 하나님의 마음을 충분히 담아 말씀을 전했습니다.

하나님께서 스바냐 선지자를 통해 말씀하신 '여호와의 날'입니다.

"여호와께서 이르시되 내가 땅 위에서 모든 것을 진멸하리라 내가 사람과 짐승을 진멸하고 공중의 새와 바다의 고기와 거치게 하는 것과 악인들을 아울러 진멸할 것이라 내가 사람을 땅 위에서 멸절하리라 나 여호와의 말이니라"(습 1:2~3)

하나님께서 언급하신 '진멸하다'는 히브리어로 '쑤프(סוּף)'입니다. 이는 '끝내다, 멸망하다, 전멸하다'라는 의미입니다. 하나님께서 '진멸'을 계속해서 언급하신 것은 강력한 경고의 메시지입니다.

하나님께서는 일찍이 노아에게도 말씀하셨습니다.

"내가 창조한 사람을 내가 지면에서 쓸어버리되 사람으로부터 가축과 기는 것과 공중의 새까지 그리하리니 이는 내가 그것들을 지었음을 한탄함이니라"(창 6:7)

또한 시인 아삽도 하나님의 진멸에 대해 다음과 같이 고백했습니다.

"하나님의 성소에 들어갈 때에야 그들의 종말을 내가 깨달았나이다 주께서 참으로 그들을 미끄러운 곳에 두시며 파멸에 던지시니 그들이 어찌하여 그리 갑자기 황폐되었는가 놀랄 정도로 그들은 전멸하였나이다"(시 73:17~19)

하나님께서는 스바냐 선지자를 통해 심판받을 자들에 대해 구체적으로 말씀하십니다.

첫 번째, 우상숭배자들에 대한 심판입니다.

"내가 유다와 예루살렘의 모든 주민들 위에 손을 펴서 남아 있는 바알을 그 곳에서 멸절하며 그마림이란 이름과 및 그 제사장들을 아울러 멸절하며 또 지붕에서 하늘의 뭇 별에게 경배하는 자들과 경배하며 여호와께 맹세하면서 말감을 가리켜 맹세하는 자들과 여호와를 배반하고 따르지 아니한 자들과 여호와를 찾지도 아니하며 구하지도 아니한 자들을 멸절하리라"(습 1:4~6)

두 번째, 남유다의 지도자들과 그들을 위해 악한 일을 도모했던 자들에 대한 심판입니다.

"여호와의 희생의 날에 내가 방백들과 왕자들과 이방인의 옷을 입은 자들을 벌할 것이며 그 날에 문턱을 뛰어넘어서 포악과 거짓을 자기 주인의 집에 채운 자들을 내가 벌하리라"(습 1:8~9)

세 번째, 상인들에 대한 심판입니다.

"막데스 주민들아 너희는 슬피 울라 가나안 백성이 다 패망하고 은을 거래하는 자들이 끊어졌음이라"(습 1:11)

네 번째, 하나님을 경외하지 않는 자들에 대한 심판입니다.

"그 때에 내가 예루살렘에서 찌꺼기 같이 가라앉아서 마음속에 스스로 이르기를 여호와께서는 복도 내리지 아니하시며 화도 내리지 아니하시리라 하는 자를 등불로 두루 찾아 벌하리니"(습 1:12)

하나님께서는 이렇게 우상을 숭배하는 자, 하나님을 경배하면서 우상도 숭배하는 자, 하나님을 찾지도 구하지도 않는 전혀 무관심한 자, 이들을 모두 심판할 것이라고 선포하십니다.

하나님께서는 스바냐 선지자를 통해 여러 표현으로 '여호와의 날'을 언급하시며 그날이 곧 다가옴을 경고하십니다. 하나님께서 직접 언급하신 '여호와의 날'에 대한 여러 표현은 다음과 같습니다.

여호와의 희생의 날, 여호와의 큰 날, 분노의 날, 환난과 고통의 날, 황폐와 패망의 날, 캄캄하고 어두운 날, 구름과 흑암의 날, 나팔을 불어 경고하며 견고한 성읍들을 치며 높은 망대를 치는 날입니다.

"여호와의 큰 날이 가깝도다 가깝고도 빠르도다 여호와의 날의 소리로다 용사가 거기서 심히 슬피 우는도다"(습 1:14)

이는 심판의 날이 가깝고 빨리 임박할 것을 말씀하신 것입니다. 또한 '여호와의 날'에는 어떠한 것으로도 구원받을 수 없고 '여호와의 질투의 불'이 모두에게 임할 것을 말씀하십니다.

"그들의 은과 금이 여호와의 분노의 날에 능히 그들을 건지지 못할 것이며 이 온 땅이 여호와의 질투의 불에 삼켜지리니 이는 여호와가 이 땅 모든 주민을 멸절하되 놀랍게 멸절할 것임이라"(습 1:18)

하나님께서 말씀하신 '질투의 불'은 이후 최후의 심판 때 '불'로 임함을 예표합니다.

"주의 날이 도둑 같이 오리니 그 날에는 하늘이 큰 소리로 떠나가고 물

질이 뜨거운 불에 풀어지고 땅과 그 중에 있는 모든 일이 드러나리로다"(벧후 3:10)

● **두 번째 포인트**

여호와의 규례를 지키는 세상의 모든 겸손한 자가 '남은 자, 렘넌트(remnant)'입니다.

하나님께서는 스바냐 선지자를 통해 세상 모든 만민을 향해 회개를 촉구하십니다.

"여호와의 규례를 지키는 세상의 모든 겸손한 자들아 너희는 여호와를 찾으며 공의와 겸손을 구하라 너희가 혹시 여호와의 분노의 날에 숨김을 얻으리라"(습 2:3)

여호와의 규례를 지키는 세상의 모든 겸손한 자가 바로 '남은 자, 렘넌트'입니다. '남은 자'란 어떤 일 이후에 남겨진 사람을 말하는데 이는 〈스바냐〉와 〈하박국〉을 통해 자세히 알 수 있습니다. '남은 자'는 하나님의 규례를 지키고 정의와 공의를 행하며 겸손한 자를 말합니다. 이들은 악을 행하지 않고 거짓을 말하지 않으며 두려움 가운데서도 믿음으로 하나님을 바라보는 하나님께서 참으로 기뻐하시는 사람들입니다.

성경에 등장하는 '남은 자'들을 살펴보면, 첫째, 가나안 정탐 중 남은 자인 '여호수아와 갈렙'입니다.

둘째, 미디안 전쟁을 위해 모인 군사 32,000명 중 남은 자 '300 용사'입니다.

셋째, 아합 시대 때 바알에게 무릎 꿇지 않은 남은 자 '7,000명'입니다.

넷째, 폭풍처럼 진행될 하나님의 심판을 의심하지 않고 믿음을 고백한 '남유다의 남은 자'입니다.

다섯째, 바벨론 포로로 끌려간 남은 자 '다니엘과 세 친구, 그리고 에스겔과 1만여 명'입니다.

이들은 지극히 적은 수입니다. 그러나 이들은 하나님의 공의와 통치하심을 믿는 자들로 하나님께서는 이 '남은 자'들을 바라보며 기뻐하십니다.

● **세 번째 포인트**

하나님께서는 스바냐 선지자를 통해 남유다 주변 국가들에 대한 심판을 선포하십니다.

남유다에 대한 하나님의 심판에 이어 남유다 주변 국가들에 대해서도 심판이 선포됩니다.

첫째, '블레셋'을 향한 하나님의 심판입니다.

"가사는 버림을 당하며 아스글론은 폐허가 되며 아스돗은 대낮에 쫓겨 나며 에그론은 뽑히리라 해변 주민 그렛 족속에게 화 있을진저 블레셋 사람의 땅 가나안아 여호와의 말씀이 너희를 치나니 내가 너를 멸하여 주민이 없게 하리라"(습 2:4~5)

당시 블레셋의 다섯 개 도시국가 중 '가드'는 이미 앗수르 제국에게 멸망했습니다. 그래서 하나님께서는 블레셋의 남은 네 개의 도시국가인 가사, 아스글론, 아스돗, 에그론에 대한 심판을 선언하십니다.

둘째, '모압과 암몬'을 향한 하나님의 심판입니다.

"그러므로 만군의 여호와 이스라엘의 하나님이 말하노라 내가 나의 삶을 두고 맹세하노니 장차 모압은 소돔 같으며 암몬 자손은 고모라 같을 것이라 찔레가 나며 소금 구덩이가 되어 영원히 황폐하리니 내 백성의 남은 자들이 그들을 노략하며 나의 남은 백성이 그것을 기업으로 얻을 것이라"(습 2:9)

셋째, '구스'를 향한 하나님의 심판입니다.

"구스 사람들아 너희도 내 칼에 죽임을 당하리라"(습 2:12)

넷째, '앗수르'를 향한 하나님의 심판입니다.

"여호와가 북쪽을 향하여 손을 펴서 앗수르를 멸하며 니느웨를 황폐하게 하여 사막 같이 메마르게 하리니"(습 2:13)

하나님께서 남유다 주변 국가들의 멸망을 선포하게 하신 이유를 자세히 말씀하십니다.

"내가 모압의 비방과 암몬 자손이 조롱하는 말을 들었나니 그들이 내 백성을 비방하고 자기들의 경계에 대하여 교만하였느니라"(습 2:8)

"그들이 이런 일을 당할 것은 그들이 만군의 여호와의 백성을 훼방하고 교만하여졌음이라"(습 2:10)

"이는 기쁜 성이라 염려 없이 거주하며 마음속에 이르기를 오직 나만 있고 나 외에는 다른 이가 없다 하더니 어찌 이와 같이 황폐하여 들짐승이 엎드릴 곳이 되었는고 지나가는 자마다 비웃으며 손을 흔들리로다"(습 2:15)

● 네 번째 포인트

하나님께서는 패역하고 더러운 곳으로 변해버린 예루살렘을 향하여 심판을 선언하십니다.

하나님께서는 스바냐 선지자를 통해 예루살렘의 죄악을 하나하나 짚으십니다.

첫째, 예루살렘은 패역하고 더럽고 포학한 성읍이었습니다.

둘째, 하나님의 명령도, 교훈도 듣지 않았습니다.

셋째, 하나님을 의뢰하지도, 찾지도 않았습니다.

넷째, 예루살렘의 지도자들은 부르짖는 사자요, 재판장은 저녁 이리와 같았습니다.

다섯째, 예루살렘의 선지자들은 경솔하고 간사했으며 제사장들은 성소를 더럽히고 율법을 지키지 않았습니다. 이렇게 예루살렘의 죄를 구체적으로 지적하시며 회개를 촉구하셨지만 이들은 끝내 하나님의 말씀을 외면했습니다.

"내가 이르기를 너는 오직 나를 경외하고 교훈을 받으라 그리하면 내가 형벌을 내리기로 정하기는 하였지만 너의 거처가 끊어지지 아니하리라 하였으나 그들이 부지런히 그들의 모든 행위를 더럽게 하였느니라"(습 3:7)

그러므로 이제 남유다 백성들은 하나님의 심판 선언을 들을 수밖에 없습니다.

"나 여호와가 말하노라 그러므로 내가 일어나 벌할 날까지 너희는 나를 기다리라 내가 뜻을 정하고 나의 분노와 모든 진노를 쏟으려고 여러 나라를 소집하며 왕국들을 모으리라 온 땅이 나의 질투의 불에 소멸되리라"(습 3:8)

● 다섯 번째 포인트

하나님의 계명을 지키며 끝까지 인내하는 남은 자들로 인해 하나님께서는 기쁨을 이기지 못하십니다.

하나님께서는 스바냐 선지자를 통해 '남은 자'들을 향한 기대와 구원의 메시지를 주십니다.

"그 때에 내가 여러 백성의 입술을 깨끗하게 하여 그들이 다 여호와의 이름을 부르며 한 가지로 나를 섬기게 하리니 내게 구하는 백성들 곧 내가 흩은 자의 딸이 구스 강 건너편에서부터 예물을 가지고 와서 내게 바칠지라"(습 3:9~10)

"내가 곤고하고 가난한 백성을 네 가운데에 남겨 두리니 그들이 여호와의 이름을 의탁하여 보호를 받을지라"(습 3:12)

하나님께서 주신 구원의 메시지에 '남은 자'들이 하나님께 찬양합니다.

"그 날에 사람이 예루살렘에 이르기를 두려워하지 말라 시온아 네 손을 늘어뜨리지 말라 너의 하나님 여호와가 너의 가운데에 계시니 그는 구원을 베푸실 전능자이시라 그가 너로 말미암아 기쁨을 이기지 못하시며 너를 잠잠히 사랑하시며 너로 말미암아 즐거이 부르며 기뻐하시리라 하리라"(습 3:16~17)

하나님께서는 예루살렘을 향한 기대를 끝까지 포기하지 않으십니다. 그래서 심판으로 끝내시지 않고 다시 일으켜 제사장 나라를 삼고자 하시는 것입니다. 하나님께서는 어두운 시대 가운데 작은 빛을 발하는 이들, 곧 하나님의 말씀과 계명을 지키며 인내하는 이들로 인하여 기쁨을 이기지 못하십니다.

"내가 그 때에 너희를 이끌고 그 때에 너희를 모을지라 내가 너희 목전에서 너희의 사로잡힘을 돌이킬 때에 너희에게 천하 만민 가운데서 명성과 칭찬을 얻게 하리라 여호와의 말이니라"(습 3:20)

이는 하나님께서 〈신명기〉에서 이미 주셨던 약속의 말씀이었습니다.

"그런즉 여호와께서 너를 그 지으신 모든 민족 위에 뛰어나게 하사 찬송과 명예와 영광을 삼으시고 그가 말씀하신 대로 너를 네 하나님 여호와의 성민이 되게 하시리라"(신 26:19)

디저트 DESSERT

〈스바냐〉에서 가장 널리 알려진 구절은 3장 17절 말씀일 것입니다.

"너의 하나님 여호와가 너의 가운데에 계시니 그는 구원을 베푸실 전능자이시라 그가 너로 말미암아 기쁨을 이기지 못하시며 너를 잠잠히 사랑하시며 너로 말미암아 즐거이 부르며 기뻐하시리라 하리라"(습 3:17)

그러나 〈스바냐〉 전체를 통독하다 보면 그 분위기가 우리가 요절로만 알고 있는 3장 17절과는 크게 다르다는 것에 짐짓 놀라게 됩니다. 하나님께서 온 열방을 심판하시는 '여호와의 날'이 〈스바냐〉의 핵심 메시지이기 때문입니다. '여호와의 날'을 생각하지 않고 스바냐 3장 17절 말씀만 본다면 우리는 하나님의 마음이 어떠하신지 깊이 깨닫지 못할 것입니다.

하나님의 공의와 사랑은 함께 보아야 합니다. 하나님께서는 심판의 날, 곧 '여호와의 날'을 말씀하시면서도 그 가운데 하나님을 찾는 자들이 일어나기를 바라고 계십니다.

심판의 날을 정하고 죄인들을 벌하시는 것이 하나님의 기쁨이 아닙니다. 하나님께서는 오히려 하나님을 끝까지 의지하여 구원받게 되는 '남은 자'들로 인하여 기쁨을 이기지 못하십니다.

199일

하박국의 믿음 노래(합 1~3장)

애피타이저 APPETIZER

하박국 선지자는 악인들의 죄악과 하나님의 침묵에 대해 하나님께 질문합니다. 의인의 고난과 악인의 형통은 불공평한데 왜 하나님께서는 이런 현실을 그저 바라만 보시는지 항변합니다. 그런데 하나님께서는 남유다의 죄악을 심판하기 위해 더 사납고 강포를 행하는 갈대아인, 즉 바벨론 제국을 쓰겠다고 하십니다. 하박국 선지자는 이러한 하나님의 계획을 이해하지 못하고 질문만 더 커졌습니다. 왜냐하면 하나님께서 사용하시겠다는 심판의 도구 바벨론 제국이 남유다보다 훨씬 더 악했기 때문입니다. 그래서 하박국은 "어찌하여 거짓된 자들을 방관하시며 악인이 자기보다 의로운 사람을 삼키는데도 잠잠하시나이까"(합 1:13)라고 다시 하나님께 질문합니다.

그러자 이를 들으신 하나님께서는 세계 역사 속에 실현될 하나님의 공의를 다시 한번 강조하십니다. 그리고 비록 지금 눈앞에 나타난 현실이 정의롭지 못하여 하나님의 통치 영역에서 벗어난 것처럼 보일지라도 하나님께서 온 세상을 공의로 다스린다는 것을 믿으라고 말씀하십니다.

하나님의 이 대답을 들은 하박국이 온 마음으로 하나님을 찬양합니다. 그의 찬양은 어떠한 상황 속에서도, 가진 것이 없을지라도 오직 여호와로 인하여 기쁨이 가득하다는 고백의 찬양이었습니다.

《일년일독 통독성경》 하박국 1~3장

● **첫 번째 포인트**

하박국 선지자의 첫 번째 질문은 "공의의 하나님께서 왜 남유다의 불의를 심판하지 않으시는가?"입니다.

하박국 선지자는 바벨론 제국이 초강대국으로 주변 나라들을 지배하던 때에 사역했습니다. 남유다의 요시야 왕과 여호야김 왕 시대의 선지자로 예레미야와 동시대 선지자입니다.

"선지자 하박국이 묵시로 받은 경고라"(합 1:1)

책의 시작을 '선지자 하박국'으로 선포한 것은 하나님의 말씀이자 하나님의 경고를 강조하기 위함이었습니다. 하박국 선지자는 남유다의 죄악 때문에 통탄하며 하나님께 질문으로 호소했습니다.

"여호와여 내가 부르짖어도 주께서 듣지 아니하시니 어느 때까지리이까 내가 강포로 말미암아 외쳐도 주께서 구원하지 아니하시나이다 어찌하여 내게 죄악을 보게 하시며 패역을 눈으로 보게 하시나이까 겁탈과 강포가 내 앞에 있고 변론과 분쟁이 일어났나이다"(합 1:2~3)

하박국 선지자의 첫 번째 질문은 공의의 하나님께서 왜 남유다의 불의를 심판하지 않으시냐는 것이었습니다. 패역, 강포, 겁탈, 변론, 분쟁 등 당시 남유다의 죄악을 표현하는 단어들을 보면 참으로 악하기가 그지없습니다.

> "이러므로 율법이 해이하고 정의가 전혀 시행되지 못하오니 이는 악인이 의인을 에워쌌으므로 정의가 굽게 행하여짐이니이다"(합 1:4)

하박국 선지자는 이러한 남유다의 불의한 현실을 바라보며 하나님은 보지 못하시는지, 왜 침묵하시는지, 하나님의 공의가 어디에 있는지를 항변합니다. 그러나 이것은 하박국의 오해였습니다.

분명한 사실은 하나님은 공의로우시며 공의롭지 못한 인간들이 문제인 것입니다. 하박국 선지자의 불평은 사실 하나님에 대한 불평이 아니라 의롭지 못한 인간 스스로에 대한 불평이었습니다.

하박국 선지자의 첫 번째 질문에 하나님께서 다음과 같이 응답해주십니다.

> "여호와께서 이르시되 너희는 여러 나라를 보고 또 보고 놀라고 또 놀랄지어다 너희의 생전에 내가 한 가지 일을 행할 것이라 누가 너희에게 말할지라도 너희가 믿지 아니하리라 보라 내가 사납고 성급한 백성 곧 땅이 넓은 곳으로 다니며 자기의 소유가 아닌 거처들을 점령하는 갈대아 사람을 일으켰나니"(합 1:5~6)

하나님께서는 바벨론 제국을 심판의 도구로 삼아 남유다의 죄악을 징계할 것이라고 말씀하십니다. 하나님의 이 말씀은 실제 B.C.586년 바벨론 제국에 의해 남유다가 멸망함으로 성취됩니다.

"바벨론 왕 느부갓네살의 열아홉째 해 오월 칠일에 바벨론 왕의 신복 시위대장 느부사라단이 예루살렘에 이르러 여호와의 성전과 왕궁을 불사르고 예루살렘의 모든 집을 귀인의 집까지 불살랐으며"(왕하 25:8~9)

하박국 선지자가 활동하던 당시 국제 정세는 바벨론이 새로운 제국으로 부상하고 있는 상황이었습니다. 이때 남유다는 말 그대로 율법이 해이해지고 공의가 날개를 펴지 못하며, 의인이 악인들에게 둘러싸여 있는 형편이었습니다.

하나님께서는 하나님의 공의를 행할 도구로 바벨론 제국을 사용하실 것이지만 그러나 바벨론 제국은 결국 하나님의 도구일 뿐 그들 또한 스스로 교만하여 하나님의 징계를 피하지 못할 것입니다.

● **두 번째 포인트**

하박국 선지자의 두 번째 질문은 "공의의 하나님께서 왜 남유다의

심판을 더 악하고 무자비한 바벨론 제국에 맡기시는가?"입니다.

"선지자가 이르되 여호와 나의 하나님, 나의 거룩한 이시여 주께서는 만세 전부터 계시지 아니하시니이까 우리가 사망에 이르지 아니하리이다 여호와여 주께서 심판하기 위하여 그들을 두셨나이다 반석이시여 주께서 경계하기 위하여 그들을 세우셨나이다 주께서는 눈이 정결하시므로 악을 차마 보지 못하시며 패역을 차마 보지 못하시거늘 어찌하여 거짓된 자들을 방관하시며 악인이 자기보다 의로운 사람을 삼키는데도 잠잠하시나이까 주께서 어찌하여 사람을 바다의 고기 같게 하시며 다스리는 자 없는 벌레 같게 하시나이까"(합 1:12~14)

"그가 그물을 떨고는 계속하여 여러 나라를 무자비하게 멸망시키는 것이 옳으니이까"(합 1:17)

바벨론이 얼마나 신속하게 여러 나라를 무너뜨리고 삽시간에 제국을 만들어가는지 마치 어부가 큰 그물망을 가지고 바닷속 고기를 일망타진(一網打盡)하듯 한다는 것입니다. 한마디로 하박국 선지자의 질문은 공의의 하나님께서 왜 남유다의 심판을 더 악하고 포학한 바벨론 제국에게 맡기시냐는 것입니다. 그러자 하나님께서 다음과 같이 말씀하십니다.

"여호와께서 내게 대답하여 이르시되 너는 이 묵시를 기록하여 판에

명백히 새기되 달려가면서도 읽을 수 있게 하라 이 묵시는 정한 때가 있나니 그 종말이 속히 이르겠고 결코 거짓되지 아니하리라 비록 더딜지라도 기다리라 지체되지 않고 반드시 응하리라 보라 그의 마음은 교만하며 그 속에서 정직하지 못하나 의인은 그의 믿음으로 말미암아 살리라"(합 2:2~4)

하나님의 답은 공평하신 하나님께서 제사장 나라 경영법으로 정한 때를 따라 공의로 경영하신다는 것입니다. 그러므로 '의인'은 이 공의의 하나님을 믿는 믿음으로 사는 자입니다.

이후 하나님의 이 말씀은 구원의 핵심 사상인 '이신칭의(以信稱義)'의 기본이 됩니다. 이 사상은 이후 신약 시대에 예수 그리스도에 대한 신앙의 핵심을 설명해주는 말씀으로 오직 믿음으로 의롭다고 칭하여지고, 죄인일지라도 예수님을 믿으면 하나님께로부터 의롭다 인정받고 구원을 받게 되는 것입니다.

신약에서 사도 바울은 '의인의 믿음'에 대해 다음과 같이 말합니다.

"복음에는 하나님의 의가 나타나서 믿음으로 믿음에 이르게 하나니 기록된 바 오직 의인은 믿음으로 말미암아 살리라 함과 같으니라"(롬 1:17)

"또 하나님 앞에서 아무도 율법으로 말미암아 의롭게 되지 못할 것이 분명하니 이는 의인은 믿음으로 살리라 하였음이라"(갈 3:11)

"믿음이 없이는 하나님을 기쁘시게 하지 못하나니 하나님께 나아가는 자는 반드시 그가 계신 것과 또한 그가 자기를 찾는 자들에게 상 주시는 이심을 믿어야 할지니라"(히 11:6)

● **세 번째 포인트**

하나님께서는 심판의 도구인 바벨론 제국이 심판의 대상이 될 수밖에 없는 이유를 말씀하십니다.

바벨론 제국이 멸망할 수밖에 없는 이유는 첫째, 바벨론 제국의 '탐욕' 때문입니다.

"그 무리가 다 속담으로 그를 평론하며 조롱하는 시로 그를 풍자하지 않겠느냐 곧 이르기를 화 있을진저 자기 소유 아닌 것을 모으는 자여 언제까지 이르겠느냐 볼모 잡은 것으로 무겁게 짐진 자여"(합 2:6)

둘째, 바벨론 제국이 '부당하게 취한 이익' 때문입니다.

"재앙을 피하기 위하여 높은 데 깃들이려 하며 자기 집을 위하여 부당한 이익을 취하는 자에게 화 있을진저"(합 2:9)

셋째, 바벨론 제국의 '피 흘림과 불의' 때문입니다.

"피로 성읍을 건설하며 불의로 성을 건축하는 자에게 화 있을진저"(합 2:12)

넷째, 바벨론 제국이 '이웃을 죄악으로 물들게 했기' 때문입니다.

"이웃에게 술을 마시게 하되 자기의 분노를 더하여 그에게 취하게 하고 그 하체를 드러내려 하는 자에게 화 있을진저"(합 2:15)

다섯째, 바벨론 제국의 '우상숭배' 때문입니다.

"나무에게 깨라 하며 말하지 못하는 돌에게 일어나라 하는 자에게 화 있을진저 그것이 교훈을 베풀겠느냐 보라 이는 금과 은으로 입힌 것인즉 그 속에는 생기가 도무지 없느니라"(합 2:19)

● **네 번째 포인트**

하박국 선지자는 남유다를 향한 징계와 바벨론을 향한 심판이 속히 이루어지기를 간구합니다.

하박국 선지자가 하나님의 응답을 듣고 믿음의 확신과 하나님의 긍휼을 감사하며 기도합니다.

"시기오놋에 맞춘 선지자 하박국의 기도라 여호와여 내가 주께 대한 소문을 듣고 놀랐나이다 여호와여 주는 주의 일을 이 수년 내에 부흥하게 하옵소서 이 수년 내에 나타내시옵소서 진노 중에라도 긍휼을 잊지 마옵소서"(합 3:1~2)

그리고 계속해서 심판하실 공의의 하나님을 찬양합니다.

"하나님이 데만에서부터 오시며 거룩한 자가 바란 산에서부터 오시는도다 (셀라) 그의 영광이 하늘을 덮었고 그의 찬송이 세계에 가득하도다 그의 광명이 햇빛 같고 광선이 그의 손에서 나오니 그의 권능이 그 속에 감추어졌도다"(합 3:3~4)

"주께서 주의 백성을 구원하시려고, 기름 부음 받은 자를 구원하시려고 나오사 악인의 집의 머리를 치시며 그 기초를 바닥까지 드러내셨나이다 (셀라)"(합 3:13)

"내가 들었으므로 내 창자가 흔들렸고 그 목소리로 말미암아 내 입술이 떨렸도다 무리가 우리를 치러 올라오는 환난 날을 내가 기다리므로 썩이는 것이 내 뼈에 들어왔으며 내 몸은 내 처소에서 떨리는도다"(합 3:16)

하나님께서 하시는 일은 우리의 지각으로 쉽게 깨달을 수 없을 정도로 세미하기도 하고 상상할 수 없을 만큼 크고 놀랍기도 합니다. 하박국 선지자는 하나님의 때에 주의 백성들을 구원하실 것이라는 놀라운 사실을 깨닫고 찬양합니다. 하박국 선지자의 이 고백은 우리를 믿음의 자리로 이끕니다.

● 다섯 번째 포인트

하박국 선지자는 남유다가 심판을 받은 후 다시 얻게 될 회복의 구원을 찬양합니다.

하박국 선지자의 찬양이 이어집니다.

"비록 무화과나무가 무성하지 못하며 포도나무에 열매가 없으며 감람나무에 소출이 없으며 밭에 먹을 것이 없으며 우리에 양이 없으며 외양간에 소가 없을지라도 나는 여호와로 말미암아 즐거워하며 나의 구원의 하나님으로 말미암아 기뻐하리로다 주 여호와는 나의 힘이시라 나의 발을 사슴과 같게 하사 나를 나의 높은 곳으로 다니게 하시리로다" (합 3:17~19)

남유다의 주요 생산물인 무화과나무, 포도나무, 감람나무의 소출과 밭의 수확이 없고, 가축도 없는 상황은 곧 바벨론의 침략으로 남유다가 폐허가 된 상황을 뜻합니다. 그런데 그러한 상황이 되어도 하박국 선지자는 하나님을 향한 믿음을 기쁘게 지킬 것이라고 고백하고 있습니다.

디저트 DESSERT

하박국 선지자의 마음속에 있었던 물음표는 어느새 하나님으로 말미암아 감격의 느낌표로 바뀌었습니다. "의인은 그의 믿음으로 말미암아 살리라"라는 하나님의 응답으로 하박국 선지자는 하나님의 웅장한 구원의 숲을 깨닫게 됩니다.

시대의 불합리한 현실에 대한 깊은 고민 끝에 나오는 하박국 선지자의 찬양에는 그 고민만큼이나 깊은 하나님을 향한 믿음과 기쁨이 들어 있습니다. 하나님께서 펼치시는 구원의 경륜에 대한 참으로 멋진 응답이 아닐 수 없습니다.

200일

나훔과 요나의 앗수르(나 1~3장)

애피타이저 APPETIZER

오늘의 말씀은 〈나훔〉입니다. 150여 년 전 요나 선지자를 통해 앗수르의 큰 성읍 니느웨에 회개의 기회를 주셨던 하나님께서 하나님의 은혜를 잊고 죄악과 포학을 행하는 앗수르 제국을 향하여 나훔 선지자를 통해 엄중한 심판을 선언하십니다. 스바냐 선지자가 남유다를 향해 예언할 때 나훔 선지자는 앗수르의 큰 성읍 니느웨에 대한 완전한 멸망을 선포합니다.

나훔 선지자는 야만적으로 주변의 민족들을 학대하는 앗수르 제국을 이곳저곳에서 닥치는 대로 사냥하는 사자에 비유합니다. 오직 심판자는 하나님 한 분인데 앗수르 제국이 스스로 심판자가 되어 교만하게 행하고 포학을 저질렀던 것입니다. 아무리 크고 강한 제국이라 할지라도 세계를 경영하시는 하나님의 뜻을 저버린다면 그들은 결코 영원할 수 없습니다.

역사적으로 보면 앗수르는 점차 세력이 약해지다가 바벨론 제국의 느부갓네살에 의해 멸망합니다. 니느웨는 나훔 선지자의 예언대로, 티그리스강의 물이 홍수로 범람함으로 성의 일부가 먼저 파괴되었고, 그 성벽의 무너진 틈으로 바벨론 군인들이 침략함으로써 완전히 무너지고 맙니다.

성경통독 BIBLETONGDOK

《일년일독 통독성경》 나훔 1~3장

통通으로 숲이야기 ; 통숲 TONG OBSERVATION

● 첫 번째 포인트

요나 선지자와 나훔 선지자는 모두 앗수르에 하나님의 말씀을 선포한 선지자들입니다.

하나님께서는 150여 년 전 요나 선지자를 통해 앗수르의 큰 성읍 니느웨를 구원해주셨습니다.

"여호와께서 이르시되 네가 수고도 아니하였고 재배도 아니하였고 하룻밤에 났다가 하룻밤에 말라 버린 이 박넝쿨을 아꼈거든 하물며 이 큰 성읍 니느웨에는 좌우를 분변하지 못하는 자가 십이만여 명이요 가축도 많이 있나니 내가 어찌 아끼지 아니하겠느냐 하시니라"(욘 4:10~11)

그런데 이제 나훔 선지자를 통해서는 앗수르 제국의 완전한 멸망을 선포하십니다.

"니느웨에 대한 경고 곧 엘고스 사람 나훔의 묵시의 글이라"(나 1:1)

〈나훔〉은 처음부터 '니느웨에 대한 경고'임을 밝히면서 시작됩니다. 150여 년 전 요나 선지자의 선포를 듣고 회개함으로 하나님의 큰 은혜를 입었던 니느웨는 이제 더는 하나님의 긍휼을 기대할 수 없을 만큼, 무거운 경고를 들어야 할 만큼 죄악이 가득했습니다. 나훔 선지자는 하나님을 대적하며 거스르는 자들은 하나님의 진노와 보복을 피할 길이 없음을 아주 강력하게 말합니다.

하나님의 말씀이 선포되는 대상이 니느웨라는 점에서 〈나훔〉은 〈요나〉와 함께 공부하는 것이 도움이 됩니다. 〈요나〉와

〈나훔〉을 비교하면 〈요나〉에는 하나님의 긍휼이, 〈나훔〉에는 하나님의 심판이 선포됩니다. 그리고 〈요나〉에는 니느웨의 회개가, 〈나훔〉에는 니느웨의 반역이 등장합니다. 또한 〈요나〉에는 하나님께 대한 순종이, 〈나훔〉에는 하나님께 대한 불순종이 나옵니다. 하나님께서는 나훔 선지자를 통해 심판자 되신 공의의 하나님과 긍휼의 하나님을 동시에 나타내십니다.

"여호와는 질투하시며 보복하시는 하나님이시니라 여호와는 보복하시며 진노하시되 자기를 거스르는 자에게 여호와는 보복하시며 자기를 대적하는 자에게 진노를 품으시며 여호와는 노하기를 더디하시며 권능이 크시며 벌 받을 자를 결코 내버려두지 아니하시느니라 여호와의 길은 회오리바람과 광풍에 있고 구름은 그의 발의 티끌이로다"(나 1:2~3)

"여호와는 선하시며 환난 날에 산성이시라 그는 자기에게 피하는 자들을 아시느니라"(나 1:7)

일찍이 하나님께서 모세에게 들려주셨던 말씀입니다.

"여호와께서 그의 앞으로 지나시며 선포하시되 여호와라 여호와라 자비롭고 은혜롭고 노하기를 더디하고 인자와 진실이 많은 하나님이라"(출 34:6)

노하기를 더디 하시고 선하신 하나님께서는 오래도록 참으시고 회개하기를 기다려주시지만, 악은 반드시 심판하시는 공의의 하나님입니다.

● 두 번째 포인트
나훔 선지자는 니느웨가 물로 진멸될 것이라고 예언합니다.

"그가 범람하는 물로 그 곳을 진멸하시고 자기 대적들을 흑암으로 쫓아내시리라 너희는 여호와께 대하여 무엇을 꾀하느냐 그가 온전히 멸하시리니 재난이 다시 일어나지 아니하리라"(나 1:8~9)

나훔 선지자는 니느웨가 범람한 물로 진멸될 것이며 하나님께서 니느웨를 흑암으로 쫓아내실 것이라고 밝히며 니느웨의 완전한 멸망을 예언합니다. 그러므로 완전히 멸망한 니느웨에는 재난이 다시는 일어나지 않을 것입니다.

'범람한 물'은 앗수르 유적의 키워드(Key word)입니다. 티그리스 강물이 니느웨를 덮고 그 위에 6m나 토사가 쌓여 있었기에 니느웨는 오래도록 그 흔적을 발견할 수 없었습니다. 그래서 영국의 고고학자 레이어드가 1846년에 니느웨를 발굴해내기까지 니느웨는 2천 5백여 년 동안 그 존재가 땅속에 묻혀 있었던 것입니다.

이렇게 앗수르의 니느웨가 멸망하면 남유다는 앗수르로부터 놓임을 받게 될 것입니다.

"여호와께서 이같이 말씀하시기를 그들이 비록 강하고 많을지라도 반드시 멸절을 당하리니 그가 없어지리라 내가 전에는 너를 괴롭혔으나 다시는 너를 괴롭히지 아니할 것이라 이제 네게 지운 그의 멍에를 내가 깨뜨리고 네 결박을 끊으리라"(나 1:12~13)

"볼지어다 아름다운 소식을 알리고 화평을 전하는 자의 발이 산 위에 있도다 유다야 네 절기를 지키고 네 서원을 갚을지어다 악인이 진멸되었으니 그가 다시는 네 가운데로 통행하지 아니하리로다 하시니라"(나 1:15)

이는 앗수르 제국의 멸망으로 인해 남유다가 더 이상 앗수르에게 조공을 바치지 않아도 된다는 것입니다.

● **세 번째 포인트**

나훔 선지자는 니느웨가 공허하고 황폐하게 될 것이라고 예언합니다.

니느웨가 멸망하면 남유다는 앗수르에게서 벗어나게 됩니다.

"파괴하는 자가 너를 치러 올라왔나니 너는 산성을 지키며 길을 파수

하며 네 허리를 견고히 묶고 네 힘을 크게 굳게 할지어다"(나 2:1)

이미 앗수르 제국은 히스기야 왕 때에 예루살렘성 공성전에서 18만 5천 명의 군인들을 모두 잃고 돌아간 앗수르 왕 산헤립이 암살되면서 그 힘을 잃기 시작했습니다. 이후 앗수르 제국은 다시 일어나 잠시 국력을 회복했으나 앗수르 제국의 식민지들이 여기저기에서 동시다발적으로 반란을 일으키자 계속 반란 진압을 위한 전쟁을 치러야 했습니다.

그러던 중 메디아가 앗수르와의 오랜 동맹을 깨고 바벨론과 손잡고 앗수르를 공격하면서 결국 바벨론과 메디아 연합군에게 니느웨성이 멸망하고 맙니다. 다시 말해 앗수르는 B.C.612년 메디아와 바벨론 연합군의 공격으로 앗수르의 수도 니느웨가 먼저 함락당하고 B.C.609년 니느웨에서 옮겨간 수도 하란까지 함락당했으며 이후 앗수르 잔당들은 B.C.605년 갈그미스 전투에서 완전히 패하게 됩니다. 이렇게 앗수르 제국은 520여 년 만에 완전히 멸망합니다.

하나님께서는 앗수르 제국이 멸망하기 전에 이미 나훔 선지자를 통해 멸망할 니느웨의 황폐함에 대해 다음과 같이 말씀하셨습니다.

"강들의 수문이 열리고 왕궁이 소멸되며 정한 대로 왕후가 벌거벗은

몸으로 끌려가니 그 모든 시녀들이 가슴을 치며 비둘기 같이 슬피 우는 도다"(나 2:6~7)

"니느웨가 공허하였고 황폐하였도다 주민이 낙담하여 그 무릎이 서로 부딪히며 모든 허리가 아프게 되며 모든 낯이 빛을 잃도다"(나 2:10)

● **네 번째 포인트**

나훔 선지자는 니느웨가 '피의 도시'이기 때문에 멸망할 것이라고 예언합니다.

하나님께서는 나훔 선지자를 통해 니느웨의 멸망을 말씀하신 것은 그곳이 포악과 거짓으로 가득했기 때문입니다.

"화 있을진저 피의 성이여 그 안에는 거짓이 가득하고 포악이 가득하며 탈취가 떠나지 아니하는도다"(나 3:1)

그리고 마술과 음행으로 다른 나라들까지 죄에 빠지게 했기 때문입니다.

"이는 마술에 능숙한 미모의 음녀가 많은 음행을 함이라 그가 그의 음행으로 여러 나라를 미혹하고 그의 마술로 여러 족속을 미혹하느니라" (나 3:4)

하나님께서 나훔 선지자를 통해 니느웨를 '피의 성', '피의 도시'라고 부르신 것은 그들의 잔학성과 강포로 인하여 붙이신 말씀이지만 이젠 그들의 행위에 대한 대가로 니느웨가 피의 도시가 되는 것입니다. 자신들이 망할 줄은 꿈에도 몰랐던 그들에게 종말은 급속하고도 갑작스럽게 다가왔습니다. 여기서 보이는 잔혹한 전쟁의 상황은 그 도시의 멸망이 얼마나 끔찍한지를 가늠하게 해줍니다.

그들은 힘으로 겉을 튼튼히 세우려 했지만 그것을 뒷받침해 줄 정신의 힘, 도덕의 능력, 그리고 신앙의 기초가 없었기에 순식간에 와해될 수밖에 없었습니다. 무력의 힘만을 믿고 일어났던 앗수르 제국이 또다시 바벨론의 무력으로 망하게 되는 것입니다.

계속해서 하나님께서는 나훔 선지자를 통해 노아몬의 예를 들어 앗수르 제국의 멸망이 헛된 말이 아님을 말씀하십니다.

> "네가 어찌 노아몬보다 낫겠느냐 그는 강들 사이에 있으므로 물이 둘렸으니 바다가 성루가 되었고 바다가 방어벽이 되었으며 구스와 애굽은 그의 힘이 강하여 끝이 없었고 붓과 루빔이 그를 돕는 자가 되었으나 그가 포로가 되어 사로잡혀 갔고 그의 어린 아이들은 길 모퉁이 모퉁이에 메어침을 당하여 부서졌으며 그의 존귀한 자들은 제비 뽑혀 나뉘었고 그의 모든 권세자들은 사슬에 결박되었나니"(나 3:8~10)

여기에서 '노아몬(No-Amon, Thebes)'은 아몬의 성읍, 즉 애굽의 성읍 데베스, '테베'를 말합니다. 노아몬은 나일강 유역에 있는 애굽의 대도시로 니느웨보다 훨씬 더 지정학적 위치가 좋은 강력한 도시였습니다. 노아몬은 구스와 애굽, 붓과 루빔이 동맹하여 도왔는데도 앗수르의 아슈르바니팔 왕에게 멸망했습니다. 하나님께서 이 사실을 들어 니느웨의 멸망이 불가능한 것이 아님을 알려주신 것입니다.

계속해서 하나님께서는 무화과와 메뚜기 비유를 통해 앗수르에 대한 하나님의 심판이 반드시 이루어질 것을 말씀하십니다.

> "네 모든 산성은 무화과나무의 처음 익은 열매가 흔들기만 하면 먹는 자의 입에 떨어짐과 같으리라"(나 3:12)
>
> "네 방백은 메뚜기 같고 너의 장수들은 큰 메뚜기 떼가 추운 날에는 울타리에 깃들였다가 해가 뜨면 날아감과 같으니 그 있는 곳을 알 수 없도다"(나 3:17)

● **다섯 번째 포인트**

앗수르 제국의 왕들은 스스로 잔인함을 자랑했습니다.

앗수르 제국의 멸망은 고대 근동의 많은 나라가 손뼉을 칠 만큼 기쁜 소식이 될 것입니다. 왜냐하면 오랜 세월 앗수르 제국이 제국주의를 펼치면서 매우 잔인한 방법으로 식민지 민족들을 통치했기 때문입니다.

"앗수르 왕이여 네 목자가 자고 네 귀족은 누워 쉬며 네 백성은 산들에 흩어지나 그들을 모을 사람이 없도다 네 상처는 고칠 수 없고 네 부상은 중하도다 네 소식을 듣는 자가 다 너를 보고 손뼉을 치나니 이는 그들이 항상 네게 행패를 당하였음이 아니더냐 하시니라"(나 3:18~19)

앗수르 왕들의 교만과 잔인함이 어떠했는지 《니네베 발굴기》에 실린 몇몇 앗수르 왕의 어록들을 보면 다음과 같습니다.

'아슈르나시르팔 왕'의 말입니다.

"짐은 잔인하고 … 전쟁에서 선두를 달리는 온 천하의 왕이며 … 굴복하지 않는 자들을 모두 짓밟아버리고 온 세상 사람들을 내 손아귀에 넣었느니라."

'살만에셀 왕'의 말입니다.

"나는 온 백성의 태양이며 온 나라의 군주이다."

'디글랏 빌레셀(티글랏 빌레셀 3세) 왕'의 말입니다.

"내 손은 42개 나라와 그 왕을 정복했고 … 그들을 강력한 나의 통치하에 눌러놓았다."

'산헤립 왕'의 말입니다.

"나는 공포로 몸을 감싼, 힘이 센 영웅이다."

'에살핫돈 왕'의 말입니다.

"나는 모든 것을 삼켜버리는 꺼질 줄 모르는 불이며 … 적군의 땅을 몽땅 파괴해버리는 가차 없는 무기이다."

'아슈르바니팔 왕'의 말입니다.

"나는 들판을 … 피로 가득 채우는 … 무시무시한 태풍이다."

그러나 화려했던 니느웨성은 순식간에 '피의 성'으로 바뀔 것입니다. 악기 소리에 흥을 더해주던 잔치 소리는 사라지고 살육당하는 소리만 성안에 가득 넘쳐날 것입니다. 왕과 귀족들은 죽고 백성들은 도망갈 것입니다.

죽어가는 니느웨 사람들을 보며 누구 한 사람도 그들을 도와주지 않고 조롱만 할 것입니다. 그들이 압제했던 많은 민족과 나라가 앗수르의 무너짐을 보고 손뼉을 치며 기뻐할 것입니다. 한때 하나님의 은혜를 입었던 그곳이 그들 스스로의 교만과 악행으로 결국 폐허가 되어 다시는 재건할 수 없게 될 것입니다.

디저트 DESSERT

앗수르의 멸망 장면을 묘사하고 있는 나훔 선지자의 예언은 듣고만 있어도 소름이 끼칠 정도입니다. 하나님께서 이토록 무서운 재앙을 선고하신 것은 앗수르 제국이 다른 민족에게 행했던 잔인한 행동 때문이었습니다.

앗수르 왕과 백성들이 요나 선지자의 예언을 듣고 회개했던 그들 조상들의 자세를 본받았다면 좋았을 텐데 말입니다. 제국의 시작도 멸망도 하나님께 속한 것으로 하나님의 의중을 파악하는 백성만이 하나님의 구원을 얻을 수 있습니다.

성경은 하나님께서 제사장 나라와 하나님 나라 경영을 위하여 5대 제국, 즉 앗수르, 바벨론, 페르시아, 헬라, 로마를 도구로 사용하셨다고 기록하고 있습니다.

201일

요엘 선지자의 꿈과 이상 (욜 1~3장)

애피타이저 APPETIZER

브두엘의 아들 요엘은 임박한 환난과 함께 하나님 앞에 범죄함으로 스스로 재앙을 부르는 남유다 백성들에게 회개를 촉구한 선지자였습니다. 〈요엘〉에 쓰인 예언의 내용으로 보아 요엘은 남유다 멸망 직전에 활동한 것으로 추측됩니다. 그렇기 때문에 〈요엘〉을 〈스바냐〉, 〈하박국〉, 〈나훔〉과 함께 살펴봅니다.

요엘 선지자는 남유다 백성들의 죄로 인하여 그 땅에 징계를 내리시겠다는 하나님의 말씀을 전합니다. 그러나 이어지는 하나님의 말씀은 남유다 백성들이 이제라도 금식하며 진심으로 회개하면 재앙을 돌이키시겠다는 것입니다.

남유다는 죄악으로 자신을 더럽혔지만, 하나님께서는 그들이 마음을 새롭게 하여 돌아오기를 원하십니다. 하나님께서는 모든 사람에게 하나님의 영을 부어주시며 여호와의 이름을 부르는 그곳에 하나님의 구원이 실현되길 원하십니다. 이것이 바로 죄악의 길로 치닫는 남유다를 향한 하나님의 변함없는 마음입니다.

성경통독 BIBLETONGDOK

《일년일독 통독성경》 요엘 1~3장

통通으로 숲이야기 ; 통숲 TONG OBSERVATION

● 첫 번째 포인트

하나님께서는 요엘 선지자를 통해 남유다의 혹독한 '환난의 날'이 될 '여호와의 날'을 선포하십니다.

요엘 선지자는 남유다의 요아스 왕 때 활동한 선지자로 추측되지만, 그 기록 연대에 대한 정확한 언급은 없습니다. 요엘 선지자는 남유다에 다가올 혹독한 환난을 예고하며 그 환난에서 피할 길은 오직 하나님 앞에 회개하는 것뿐이라고 선포합니다. 죄에서 돌이켜 하나님께 회개한다면 하나님의 공의로우신 통치 아래에서 살게 될 것이라고 예언합니다.

먼저 하나님께서는 요엘 선지자를 통해 '메뚜기 재앙'을 말씀하십니다.

"팥중이가 남긴 것을 메뚜기가 먹고 메뚜기가 남긴 것을 느치가 먹고 느치가 남긴 것을 황충이 먹었도다"(욜 1:4)

"소제와 전제가 여호와의 성전에서 끊어졌고 여호와께 수종드는 제사장은 슬퍼하도다 밭이 황무하고 토지가 마르니 곡식이 떨어지며 새 포도주가 말랐고 기름이 다하였도다"(욜 1:9~10)

임박한 환난과 회개를 촉구하는 요엘 선지자의 선포는 남유다 공동체 전반에 걸친 슬픔과 애곡으로 시작되고 있습니다. 포도나무와 무화과나무가 재앙을 당하고 농부들이 슬피 애곡하게 되며 제사장도 마찬가지요 심지어 짐승들조차도 울부짖게 될 것이라는 예언입니다.

그런데 이렇게 임할 '여호와의 날'에 애곡하는 남유다 백성들만큼이나 하나님의 마음 역시 아프고 슬프시다는 사실을 명심해야 합니다. 정성을 쏟아온 하나님의 백성들을 향해 재앙을 내리시는 하나님의 마음을 깊이 헤아려야 합니다.

● 두 번째 포인트

요엘 선지자는 '여호와의 날'을 생각하며 먼저 스스로 부르짖고 하나님께 기도합니다.

요엘 선지자는 '여호와의 날'이 임박했음을 알리며 남유다 백성들에게 회개와 금식기도를 선포합니다.

"너희는 금식일을 정하고 성회를 소집하여 장로들과 이 땅의 모든 주민들을 너희 하나님 여호와의 성전으로 모으고 여호와께 부르짖을지어다 슬프다 그 날이여 여호와의 날이 가까웠나니 곧 멸망 같이 전능자에게로부터 이르리로다"(욜 1:14~15)

요엘 선지자는 남유다 전 국민의 금식이 대속죄일에 이미 행해졌지만 국가적 위기를 두고 다시 모여 금식하고 회개해야 한다고 선포합니다. 일찍이 하나님께서 모세를 통해 제사장 나라의 대속죄일의 규례를 말씀하셨습니다.

"너희는 영원히 이 규례를 지킬지니라 일곱째 달 곧 그 달 십일에 너희는 스스로 괴롭게 하고 아무 일도 하지 말되 본토인이든지 너희 중에 거류하는 거류민이든지 그리하라"(레 16:29)

이스라엘 역사를 살펴보면 국가적 위기가 도래할 때마다 전 국민이 금식하며 하나님께 기도했던 적이 있습니다. 사사 시대

때, 이스라엘 지파들이 베냐민 지파와의 전쟁을 앞두고 금식기도를 시행했습니다.

"이에 온 이스라엘 자손 모든 백성이 올라가 벧엘에 이르러 울며 거기서 여호와 앞에 앉아서 그 날이 저물도록 금식하고 번제와 화목제를 여호와 앞에 드리고"(삿 20:26)

이후 사무엘의 주도로 블레셋과의 전쟁을 앞두고 금식하며 회개 기도를 했습니다.

"그들이 미스바에 모여 물을 길어 여호와 앞에 붓고 그 날 종일 금식하고 거기에서 이르되 우리가 여호와께 범죄하였나이다 하니라 사무엘이 미스바에서 이스라엘 자손을 다스리니라"(삼상 7:6)

그리고 남유다 4대 왕 여호사밧의 주도로 아람과의 전쟁을 앞두고 금식기도를 행했습니다.

"여호사밧이 두려워하여 여호와께로 낯을 향하여 간구하고 온 유다 백성에게 금식하라 공포하매 유다 사람이 여호와께 도우심을 구하려 하여 유다 모든 성읍에서 모여와서 여호와께 간구하더라"(대하 20:3~4)

남유다 모든 백성에게 회개와 금식기도를 선포한 요엘 선지자가 먼저 하나님 앞에 나아가 기도합니다.

"여호와여 내가 주께 부르짖으오니 불이 목장의 풀을 살랐고 불꽃이 들의 모든 나무를 살랐음이니이다 들짐승도 주를 향하여 헐떡거리오

니 시내가 다 말랐고 들의 풀이 불에 탔음이니이다"(욜 1:19~20)

요엘 선지자는 메뚜기를 통한 자연재해를 단순한 재해로만 보지 않고 '여호와의 날'이 다가오고 있음을 통찰력 있게 감지했습니다. 이후에는 메뚜기 재앙으로 닥친 상황보다 더 심각해질 것입니다.

이런 끔찍한 재앙이 남유다에 임하는 이유는 다름 아닌 그들의 계속된 죄악 때문입니다. 그런데 남유다를 징계하시는 하나님의 목적은 그들이 하나님께 회개하는 것이었습니다.

남유다에 마지막으로 기회를 주시기 위해 하나님께서 요엘 선지자를 보내셨던 것입니다. 요엘 선지자는 하나님의 심판이 곧 다가올 것이니 어서 굵은 베를 입고 금식하며 하나님의 전으로 가서 부르짖으라고 선포합니다.

자신을 돌아보아 죄악의 길에서 돌이키라는 요엘 선지자의 메시지는 오늘 우리를 향해서도 동일하게 선포되는 하나님의 말씀입니다.

● **세 번째 포인트**

요엘 선지자는 누구도 피할 수 없는 '여호와의 날'에 옷을 찢지 말고 마음을 찢으라고 선포합니다.

....

....

....

....

하나님께서는 요엘 선지자를 통해 '여호와의 날'이 임박했음을 말씀하십니다.

"시온에서 나팔을 불며 나의 거룩한 산에서 경고의 소리를 질러 이 땅 주민들로 다 떨게 할지니 이는 여호와의 날이 이르게 됨이니라 이제 임박하였으니"(욜 2:1)

'여호와의 날'은 심히 두렵고 어느 누구도 환난에서 피할 수 없습니다.

"여호와께서 그의 군대 앞에서 소리를 지르시고 그의 진영은 심히 크고 그의 명령을 행하는 자는 강하니 여호와의 날이 크고 심히 두렵도다 당할 자가 누구이랴"(욜 2:11)

이제 요엘 선지자는 남유다 백성들에게 하나님께 나아와 속히 회개하라고 촉구합니다. "금식하며, 울며, 애통하며, 회개하라"라고 선포합니다. 그리고 "마음을 찢고 하나님께로 돌아오라"라고 선포합니다.

"여호와의 말씀에 너희는 이제라도 금식하고 울며 애통하고 마음을 다하여 내게로 돌아오라 하셨나니 너희는 옷을 찢지 말고 마음을 찢고 너희 하나님 여호와께로 돌아올지어다 그는 은혜로우시며 자비로우시며 노하기를 더디하시며 인애가 크시사 뜻을 돌이켜 재앙을 내리지 아니하시나니"(욜 2:12~13)

여기에서 '옷을 찢다'는 자신의 애통함을 표현할 때 취하는 행동을 말합니다.

성경에서 '옷을 찢을 때'의 장면입니다.

첫째, 야곱이 아들 요셉이 죽었을 것이라는 소식을 들었을 때입니다(창 37:34).

둘째, 아론의 두 아들 나답과 아비후가 죽었을 때입니다. 이때 모세는 아론에게 옷을 찢거나 슬픈 기색을 하지 말라고 충고했습니다(레 10:6).

셋째, 가데스 바네아에서 열 명의 정탐 보고 후 갈렙이 자기 옷을 찢으며 호소했습니다(민 14:6).

넷째, 여호수아가 아이성 전투 실패 후 옷을 찢고 언약궤 앞에서 머리에 티끌을 뒤집어썼습니다(수 7:6).

다섯째, 다윗이 사울의 전사 소식을 듣자 옷을 찢고 울며 금식했습니다(삼하 1:11~12).

그런데 요엘 선지자는 남유다 백성들에게 옷을 찢는 행위에서 멈추지 말고 마음을 찢으며 회개하라고 선포합니다. 그리하면 하나님께서 그 뜻을 돌이켜 재앙 대신 복을 주실 것이라고 강하게 설득합니다.

● 네 번째 포인트

요엘 선지자를 통해 주신 "누구든지 여호와의 이름을 부르는 자는 구원을 얻으리라"라는 말씀은 이후에 베드로와 사도 바울이 인용합니다.

하나님께서는 요엘 선지자를 통해 남유다 온 백성들이 성회로 모여 금식하고 회개하라고 말씀하십니다.

"너희는 시온에서 나팔을 불어 거룩한 금식일을 정하고 성회를 소집하라 백성을 모아 그 모임을 거룩하게 하고 장로들을 모으며 어린이와 젖 먹는 자를 모으며 신랑을 그 방에서 나오게 하며 신부도 그 신방에서 나오게 하고"(욜 2:15~16)

이는 남유다 백성들 가운데 누구도 예외 없이 모두 모여 금식하고 회개하라는 하나님의 엄중한 명령이었습니다. 그리고 특히 제사장들에게는 제사장 나라 백성들을 불쌍히 여겨주시라고 기도하기를 촉구하셨습니다.

"여호와를 섬기는 제사장들은 낭실과 제단 사이에서 울며 이르기를 여호와여 주의 백성을 불쌍히 여기소서 주의 기업을 욕되게 하여 나라들로 그들을 관할하지 못하게 하옵소서 어찌하여 이방인으로 그들의 하나님이 어디 있느냐 말하게 하겠나이까 할지어다"(욜 2:17)

제사장들이 하나님께 기도해야 할 내용은 다음과 같습니다.

첫째, 제사장 나라 백성인 남유다를 향한 하나님의 긍휼을 간구하는 것입니다.

둘째, 열방들로부터 제사장 나라 백성을 보호해주시기를 간구하는 것입니다.

셋째, 이방인들로부터 조롱과 멸시를 받지 않도록 간구하는 것입니다.

요엘 선지자는 이렇게 하나님께 나아가 금식하고 회개하는 자는 하나님께서 긍휼을 베풀어주실 것이라고 말합니다.

"그 때에 여호와께서 자기의 땅을 극진히 사랑하시어 그의 백성을 불쌍히 여기실 것이라"(욜 2:18)

또한 금식하고 회개하는 자들이 하나님께 받을 복은 다음과 같습니다.

첫째, 대적을 물리쳐주시고 두려움을 없애주실 것입니다.

"내가 북쪽 군대를 너희에게서 멀리 떠나게 하여 메마르고 적막한 땅으로 쫓아내리니 그 앞의 부대는 동해로, 그 뒤의 부대는 서해로 들어갈 것이라 상한 냄새가 일어나고 악취가 오르리니 이는 큰 일을 행하였음이니라 하시리라 땅이여 두려워하지 말고 기뻐하며 즐거워할지어다 여호와께서 큰 일을 행하셨음이로다"(욜 2:20~21)

둘째, 하나님께서 풍요를 주심으로 산업이 회복되고 번성하게 될 것입니다.

"시온의 자녀들아 너희는 너희 하나님 여호와로 말미암아 기뻐하며 즐거워할지어다 그가 너희를 위하여 비를 내리시되 이른 비를 너희에게 적당하게 주시리니 이른 비와 늦은 비가 예전과 같을 것이라 마당에는 밀이 가득하고 독에는 새 포도주와 기름이 넘치리로다"(욜 2:23~24)

셋째, 하나님을 찬송하며 살아가게 될 것입니다.

"너희는 먹되 풍족히 먹고 너희에게 놀라운 일을 행하신 너희 하나님 여호와의 이름을 찬송할 것이라 내 백성이 영원히 수치를 당하지 아니하리로다"(욜 2:26)

넷째, 하나님께서 영원한 우리의 하나님이 되실 것입니다.

"그런즉 내가 이스라엘 가운데에 있어 너희 하나님 여호와가 되고 다른 이가 없는 줄을 너희가 알 것이라 내 백성이 영원히 수치를 당하지 아니하리로다"(욜 2:27)

다섯째, 마지막 때에 주실 성령 강림을 약속해주십니다.

"그 후에 내가 내 영을 만민에게 부어 주리니 너희 자녀들이 장래 일을 말할 것이며 너희 늙은이는 꿈을 꾸며 너희 젊은이는 이상을 볼 것이며 그 때에 내가 또 내 영을 남종과 여종에게 부어 줄 것이며 내가 이적을 하늘과 땅에 베풀리니 곧 피와 불과 연기 기둥이라"(욜 2:28~30)

여섯째, 하나님의 구원을 약속해주십니다.

"누구든지 여호와의 이름을 부르는 자는 구원을 얻으리니 이는 나 여호와의 말대로 시온 산과 예루살렘에서 피할 자가 있을 것임이요 남은 자 중에 나 여호와의 부름을 받을 자가 있을 것임이니라"(욜 2:32)

이후에 신약성경에는 〈요엘〉의 말씀이 자주 인용됩니다.

첫째, 예수님께서는 요엘 선지자의 예언들을 예수님의 재림과 표적에 연관 지으셨습니다.

"그 날 환난 후에 즉시 해가 어두워지며 달이 빛을 내지 아니하며 별들이 하늘에서 떨어지며 하늘의 권능들이 흔들리리라"(마 24:29)

예수님께서 인용하신 〈요엘〉에 기록된 말씀들은 다음과 같습니다.

"그 앞에서 땅이 진동하며 하늘이 떨며 해와 달이 캄캄하며 별들이 빛을 거두도다"(욜 2:10)

"여호와의 크고 두려운 날이 이르기 전에 해가 어두워지고 달이 핏빛 같이 변하려니와"(욜 2:31)

"해와 달이 캄캄하며 별들이 그 빛을 거두도다"(욜 3:15)

둘째, 베드로는 오순절 설교 중에 요엘 2장 28절에서 32절까지의 말씀을 인용했습니다.

"이는 곧 선지자 요엘을 통하여 말씀하신 것이니 일렀으되 하나님이 말씀하시기를 말세에 내가 내 영을 모든 육체에 부어 주리니 너희의 자녀들은 예언할 것이요 너희의 젊은이들은 환상을 보고 너희의 늙은이들은 꿈을 꾸리라 그 때에 내가 내 영을 내 남종과 여종들에게 부어 주리니 그들이 예언할 것이요 또 내가 위로 하늘에서는 기사를 아래로 땅에서는 징조를 베풀리니 곧 피와 불과 연기로다 주의 크고 영화로운 날이 이르기 전에 해가 변하여 어두워지고 달이 변하여 피가 되리라 누구든지 주의 이름을 부르는 자는 구원을 받으리라 하였느니라"(행 2:16~21)

셋째, 사도 바울은 유대인과 이방인들을 향한 구원 설명에 〈요엘〉의 말씀을 적용했습니다.

"유대인이나 헬라인이나 차별이 없음이라 한 분이신 주께서 모든 사람의 주가 되사 그를 부르는 모든 사람에게 부요하시도다 누구든지 주의 이름을 부르는 자는 구원을 받으리라 그런즉 그들이 믿지 아니하는 이를 어찌 부르리요 듣지도 못한 이를 어찌 믿으리요 전파하는 자가 없이 어찌 들으리요"(롬 10:12~14)

● **다섯 번째 포인트**

이방 민족들에 대한 하나님의 심판은 온 세계를 향한 하나님의 세계 경영이자 동시에 '모든 민족'을 위한 하나님의 사랑입니다.

하나님께서는 요엘 선지자를 통해 최후 심판의 이유를 말씀하십니다.

"내가 만국을 모아 데리고 여호사밧 골짜기에 내려가서 내 백성 곧 내 기업인 이스라엘을 위하여 거기에서 그들을 심문하리니 이는 그들이 이스라엘을 나라들 가운데에 흩어 버리고 나의 땅을 나누었음이며 또 제비 뽑아 내 백성을 끌어 가서 소년을 기생과 바꾸며 소녀를 술과 바꾸어 마셨음이니라"(욜 3:2~3)

"두로와 시돈과 블레셋 사방아 너희가 나와 무슨 상관이 있느냐 너희가 내게 보복하겠느냐 만일 내게 보복하면 너희가 보복하는 것을 내가 신속히 너희 머리에 돌리리니 곧 너희가 내 은과 금을 빼앗고 나의 진기한 보물을 너희 신전으로 가져갔으며 또 유다 자손과 예루살렘 자손들을 헬라 족속에게 팔아서 그들의 영토에서 멀리 떠나게 하였음이니라"(욜 3:4~6)

여기에서 '여호사밧 골짜기' 곧 '심판의 골짜기'(욜 3:14)를 언급한 것은 '여호사밧'이 '여호와께서 판단하신다'의 의미로 하나님의 최후 심판을 상징하는 의미였습니다. 그리고 하나님께서 두로와 시돈의 멸망을 말씀하신 것은 두로와 시돈이 남유다 백성들을 흩고 헬라 족속에게 노예로 팔고 성전 기명을 탈취한 죄로 말미암아 하나님의 심판을 받게 된다는 것입니다.

계속해서 하나님께서는 낫으로 곡식을 베어 추수하고 포도의 즙을 짜서 포도주를 만드는 일로 최후 심판의 상징을 보여주십니다.

"민족들은 일어나서 여호사밧 골짜기로 올라올지어다 내가 거기에 앉아서 사면의 민족들을 다 심판하리로다 너희는 낫을 쓰라 곡식이 익었도다 와서 밟을지어다 포도주 틀이 가득히 차고 포도주 독이 넘치니 그들의 악이 큼이로다"(욜 3:12~13)

이 말씀은 〈요한계시록〉에서 동일하게 언급됩니다.

"또 다른 천사가 성전으로부터 나와 구름 위에 앉은 이를 향하여 큰 음성으로 외쳐 이르되 당신의 낫을 휘둘러 거두소서 땅의 곡식이 다 익어 거둘 때가 이르렀음이니이다 하니 구름 위에 앉으신 이가 낫을 땅에 휘두르매 땅의 곡식이 거두어지니라"(계 14:15~16)

마지막 결론으로 하나님께서는 요엘 선지자를 통해 하나님의 백성들에게는 최후 심판의 날이 바로 구원의 날이라고 말씀하십니다.

"여호와께서 시온에서 부르짖고 예루살렘에서 목소리를 내시리니 하늘과 땅이 진동하리로다 그러나 여호와께서 그의 백성의 피난처, 이스라엘 자손의 산성이 되시리로다 그런즉 너희가 나는 내 성산 시온에 사는 너희 하나님 여호와인 줄 알 것이라 예루살렘이 거룩하리니 다시는

이방 사람이 그 가운데로 통행하지 못하리로다"(욜 3:16~17)

"유다는 영원히 있겠고 예루살렘은 대대로 있으리라"(욜 3:20)

당시 남유다는 죄악으로 곤고한 날이 계속되어 늘 아픔이 있었습니다. 그러나 하나님의 궁극적인 목표는 그들을 구원하여 하나님의 백성 삼으시는 것입니다. 이것이 '여호와의 날'을 앞둔 남유다에게 주시는 소망의 메시지입니다.

이를 통해 하나님께서는 제사장 나라 남유다의 하나님이심을 온 땅에 공포하십니다. 그러나 하나님께서는 남유다뿐 아니라 온 세계 전체를 다스리시고 심판하시는 하나님입니다. 남유다의 심판이 그들의 구원을 위한 과정이었듯 이방 민족의 심판도 그들의 구원을 위한 과정입니다.

결국 이방 민족의 심판 선언은 온 세계를 향한 하나님의 경영이며 동시에 모든 민족을 위한 하나님의 사랑입니다.

디저트 DESSERT

재앙으로 말미암아 폐허가 된 그 땅에 회복이 이루어지는 것은 확실히 하나님의 긍휼 때문입니다. 모세를 통해 주신 제사장 나라 거룩한 시민의 언약, 다윗에게 주신 하나님의 약속은 폐기

될 수 없기 때문이기도 합니다. 그 연장선에서 하나님께서는 하나님의 영을 회복된 예루살렘의 모든 육체에 부어줄 것을 약속하십니다. 하나님의 영은 받을 만한 사람들이 받게 될 것입니다. 이는 마음을 찢으며 하나님께로 돌아온 자들에게 주어지는 하나님의 은혜요 선물입니다.

누구든지 여호와의 이름을 부르는 자는 구원 얻은 백성으로서 하나님의 부요함으로 채움을 입게 될 것입니다.

202일

제국과 선지자 예레미야(왕하 24장, 렘 1~3장)

애피타이저 APPETIZER

요시야 왕이 애굽과의 전쟁인 '므깃도 전투'에서 전사하자 남유다 백성들은 요시야의 아들 여호아하스를 남유다의 왕으로 삼았습니다. 하지만 여호아하스는 왕이 된 지 3개월 만에 애굽 왕 느고에 의해 애굽으로 끌려가 죽게 되고, 애굽은 요시야의 아들 여호야김을 남유다의 왕으로 세웁니다. 여호야김은 왕위에 오른 후 애굽으로도 조공을 바쳐야 했고 바벨론으로도 조공을 바쳐야 했습니다. 그러다 여호야김은 3년 만에 바벨론으로 바치던 조공을 중단합니다. 그러자 바벨론의 느부갓네살이 이에 대한 보복으로 남유다가 의지하는 애굽을 먼저 쳐서(갈그미스 전투) 애굽의 손발을 모두 묶어놓고 곧바로 예루살렘으로 진격합니다.

바벨론은 예루살렘에서 다니엘과 세 친구를 포로로 끌어가면서 성전 기구들까지 바벨론으로 가져갑니다. 이를 '1차 바벨론 포로(B.C.605)'라고 합니다. 그 후 남유다의 왕은 여호야김의 아들 여호야긴으로 이어졌는데 느부갓네살이 또다시 예루살렘으로 쳐들어와 여호야긴 왕과 에스겔과 1만여 명을 포로로 끌어갑니다. 이를 '2차 바벨론 포로(B.C.598)'라고 합니다.

바벨론은 여호야긴 왕을 끌어가면서 남유다 요시야 왕의 아들 맛다니야를 '시드기야'라는 바벨론식 이름으로 바꾸고 왕으로 세웁니다. 시드기야가 바로 남유다의 마지막 왕입니다.

한편 오랜 세월 하나님의 경고를 무시해온 예루살렘에 대한 하나님의 심판이 결정된 상황 가운데 하나님의 사람 예레미야가 선지자로 부름받습니다. 예레미야 선지자가 이제 남유다의 멸망과 바벨론 포로 70년을 예언해야 하는 힘든 사명을 시작합니다.

성경통독 BIBLETONGDOK

《일년일독 통독성경》 열왕기하 24장, 예레미야 1~3장

● 첫 번째 포인트

하나님께서는 예레미야 선지자를 통해 '왕정 500년'에 대한 총평가를 하십니다.

'왕정 500년에 대한 3단계 경영 평가'는 [177일] 통숲에서 이미 다루었지만, 여기에서 잠깐 다시 복습하겠습니다.

하나님께서 선지자들을 통해 평가하신 이스라엘의 왕정 500년 평가 3단계를 보면 1단계는 사무엘에 의한 '왕정 경영 예고 평가'였습니다. 왕이 백성을 섬기는 것이 아니라 왕이 백성을 종으로 부릴 것이라는 것입니다.

"너희의 양 떼의 십분의 일을 거두어 가리니 너희가 그의 종이 될 것이라 그 날에 너희는 너희가 택한 왕으로 말미암아 부르짖되 그 날에 여호와께서 너희에게 응답하지 아니하시리라"(삼상 8:17~18)

2단계는 이사야에 의한 '왕정 경영 중간 평가'였습니다. 북이스라엘은 멸망시키고 남유다는 남기시겠다는 것입니다.

"그러므로 주 만군의 여호와께서 이르시되 시온에 거주하는 내 백성들아 앗수르가 애굽이 한 것처럼 막대기로 너를 때리며 몽둥이를 들어 너를 칠지라도 그를 두려워하지 말라"(사 10:24)

3단계는 예레미야에 의한 '왕정 경영 총평가'입니다. 〈레위기〉에 기록된 제사장 나라 경영 원칙대로 이제 남유다 왕정을 거두고 500년 왕정을 모두 종료시키시겠다는 것입니다.

> "그러므로 여호와께서 그의 모든 종 선지자를 너희에게 끊임없이 보내셨으나 너희가 순종하지 아니하였으며 귀를 기울여 듣지도 아니하였도다 / 이 모든 땅이 폐허가 되어 놀랄 일이 될 것이며 이 민족들은 칠십 년 동안 바벨론의 왕을 섬기리라"(렘 25:4,11)

하나님께서는 예레미야 선지자를 통해 남유다의 멸망과 '바벨론 포로 70년'을 말씀하십니다. 그러나 하나님께서는 남유다의 멸망을 영원한 절망이 아닌, 잠깐의 징계라고 말씀하십니다. 남유다를 향한 하나님의 징계는 '다시 시작하는 제사장 나라'를 위한 기회입니다.

● **두 번째 포인트**

열왕기하 24장과 예레미야 1장에서 38장까지는 통(通)으로 공부해야 합니다.

우리는 지금 성경을 '역사 순서'로 읽으며 공부하고 있습니다. 그래서 오늘도 남유다 말기의 역사이자 그 시기에 활동한 예레미야 선지자의 이야기인 열왕기하 24장과 〈예레미야〉를 이어서 통독합니다. 앞서 살펴보았듯이 바벨론 제국은 남유다가 의지하던 애굽을 먼저 공격함으로 애굽을 바벨론의 완전한 속국으로 만들었습니다.

> "애굽 왕이 다시는 그 나라에서 나오지 못하였으니 이는 바벨론 왕이 애굽 강에서부터 유브라데 강까지 애굽 왕에게 속한 땅을 다 점령하였음이더라"(왕하 24:7)

바벨론 제국의 예루살렘 침략은 남유다 18대 왕 여호야김 때부터 시작됐는데 하나님께서는 예레미야 선지자를 통해 남유다가 왜 바벨론 제국에게 침략당하게 되는지를 말씀하십니다.

> "이 일이 유다에 임함은 곧 여호와의 말씀대로 그들을 자기 앞에서 물리치고자 하심이니 이는 므낫세의 지은 모든 죄 때문이며 또 그가 무죄한 자의 피를 흘려 그의 피가 예루살렘에 가득하게 하였음이라 여호와께서 사하시기를 즐겨하지 아니하시니라"(왕하 24:3~4)

하나님께서는 명확하게 므낫세 왕의 죄악 때문이라고 그 이유를 밝혀주십니다. 바벨론 제국은 1차 남유다 침략의 결과로 엄청난 조공 약속과 함께 다니엘을 비롯한 남유다 천재 청소년들을 인질로 끌어가면서 예루살렘 성전의 기명들도 상당량 탈취해갔습니다. 이후 다니엘이 이때를 상기하며 이 사실을 기록했습니다.

"유다 왕 여호야김이 다스린 지 삼 년이 되는 해에 바벨론 왕 느부갓네살이 예루살렘에 이르러 성을 에워쌌더니 주께서 유다 왕 여호야김과 하나님의 전 그릇 얼마를 그의 손에 넘기시매 그가 그것을 가지고 시날 땅 자기 신들의 신전에 가져다가 그 신들의 보물 창고에 두었더라 왕이 환관장 아스부나스에게 말하여 이스라엘 자손 중에서 왕족과 귀족 몇 사람 곧 흠이 없고 용모가 아름다우며 모든 지혜를 통찰하며 지식에 통달하며 학문에 익숙하여 왕궁에 설 만한 소년을 데려오게 하였고 그들에게 갈대아 사람의 학문과 언어를 가르치게 하였고"(단 1:1~4)

바벨론 제국의 예루살렘 1차 침략 후 여호야김 왕이 죽고 그의 아들 여호야긴이 19대 왕이 되는데 여호야긴 또한 아버지의 행위를 따라 하나님 보시기에 악을 행합니다.

"여호야긴이 그의 아버지의 모든 행위를 따라서 여호와께서 보시기에 악을 행하였더라"(왕하 24:9)

여호야긴 왕 때 바벨론은 또다시 남유다를 침략하고 이때 바벨론은 남유다의 여호야긴 왕, 그리고 에스겔과 1만여 명의 우수한 인력들을 바벨론 포로로 끌어갑니다.

"그가 또 예루살렘의 모든 백성과 모든 지도자와 모든 용사 만 명과 모든 장인과 대장장이를 사로잡아 가매 비천한 자 외에는 그 땅에 남은 자가 없었더라 그가 여호야긴을 바벨론으로 사로잡아 가고 왕의 어머니와 왕의 아내들과 내시들과 나라에 권세 있는 자도 예루살렘에서 바벨론으로 사로잡아 가고"(왕하 24:14~15)

바벨론은 남유다에서 2차로 포로를 끌어갈 때도 1차 때처럼 예루살렘 성전에서 진귀한 성전 기명들을 많이 탈취해갔습니다. 그리고 바벨론으로 끌어간 여호야긴 왕 대신 맛다니야를 왕으로 세우고 이름을 시드기야로 바꾸기까지 했습니다.

"바벨론 왕이 또 여호야긴의 숙부 맛다니야를 대신하여 왕으로 삼고 그의 이름을 고쳐 시드기야라 하였더라"(왕하 24:17)

● **세 번째 포인트**

예레미야 선지자는 '바벨론 포로 70년'의 의미를 큰 그림으로 그립니다.

남유다의 바벨론 포로 70년에 대한 자세한 내용은 제가 쓴 《와우! 예레미야 70년》 책을 참고하면 〈예레미야〉를 통독할 때 큰 도움이 될 것입니다. 하나님께서 예레미야 선지자를 통해 바벨론 포로 70년의 큰 그림을 그리십니다. 이 일은 다음과 같이 성취됩니다.

첫째, 바벨론 포로 70년의 '서론'은 다니엘 1장입니다.

다니엘 1장의 기록을 통해 바벨론이 남유다를 침략한 사실과 당시 포로들을 향한 바벨론 제국의 뜻과 하나님의 뜻을 비교해서 볼 수 있습니다. 즉, B.C.605년 바벨론 제국이 남유다에서 1차 포로로 천재 청소년 다니엘과 세 친구를 선택해서 끌어간 이유는 바벨론 제국의 정책이 '바벨론 이데올로기 교육'을 통한 바벨론식 인재 양성이었기 때문입니다. 그러나 하나님의 뜻은 '제사장 나라 거룩한 시민의 재교육 프로젝트'의 시작이었습니다.

둘째, 바벨론 포로 70년의 '본론'은 〈에스겔〉입니다.

B.C.598년 바벨론 제국은 남유다 2차 포로로 에스겔과 1만여 명을 끌어가 바벨론의 그발 강가로 강제 이주시킨 후 강제 노역을 시킵니다. 그리고 11년이 지난 후 남유다의 예루살렘성을 완전히 함락시키면서 B.C.586년 비천한 자들 외에 예루살렘의 거의 모든 주민을 3차 포로로 끌어갑니다.

포로로 끌려간 남유다 사람들을 위해서 예레미야는 편지로 포로민들을 설득하고, 바벨론 현지에서는 에스겔이 직접 그들을 설득합니다. 바벨론에서 '제사장 나라 거룩한 시민 재교육'을 잘 받을 수 있도록 말입니다. 에스겔이 설득한 내용을 통해 본격적인 바벨론 포로 70년의 이야기를 알 수 있습니다.

셋째, 바벨론 포로 70년의 '결론'은 에스라 1장입니다.

B.C.537년 바벨론이 멸망하고 페르시아 제국의 포로 귀환 정책으로 남유다 백성들은 70년 만에 예루살렘으로 돌아가게 됩니다. 이때 돌아간 자들을 '1차 포로 귀환'이라고 합니다.

하나님께서 예레미야를 통해 하신 말씀이 성취되는 장면입니다. 1차로 귀환한 남유다 백성들은 예레미야 선지자의 예언대로 바벨론에서 70년 동안 '극상품 무화과 열매'가 되어 스룹바벨과 49,897명이 귀환하고 이때 예루살렘 성전 기명 5,400점도 돌려받게 됩니다.

이렇게 하나님의 '바벨론 포로 70년'의 큰 그림을 예언한 예레미야 선지자는 남유다 백성들에게 하나님의 심판 메시지를 40년이 넘도록 선포한 예언자이자 선지자입니다.

예레미야는 제사장 힐기야의 아들이었으며 예루살렘으로부터 북쪽으로 약 3km 떨어진 아나돗에 살았습니다(렘 1:1). 그리고 예레미야 선지자는 스바냐, 하박국, 다니엘, 그리고 에스겔 선지자와 동시대에 사역했습니다.

예레미야 선지자가 활동했던 시기는 남유다 역사상 가장 암울했던 시대였습니다. 하나님의 심판은 결정되었고 곧 임할 심판에 앞서 예레미야는 이미 기울어진 민족의 운명을 직시하고 민족의 장래를 위해 북방으로부터 내려오는 강력한 힘에 항복하라고 외쳤던 외로운 선지자였습니다.

하나님께서 예레미야 선지자에게 주신 소명은 다음과 같습니다.

"내가 너를 모태에 짓기 전에 너를 알았고 네가 배에서 나오기 전에 너를 성별하였고 너를 여러 나라의 선지자로 세웠노라 하시기로 내가 이르되 슬프도소이다 주 여호와여 보소서 나는 아이라 말할 줄을 알지 못하나이다 하니 여호와께서 내게 이르시되 너는 아이라 말하지 말고 내가 너를 누구에게 보내든지 너는 가며 내가 네게 무엇을 명령하든지 너는 말할지니라"(렘 1:5~7)

예레미야는 약 20세에 사명을 받은 것으로 보입니다. 이는 예레미야가 어렸을 때 아버지 힐기야로부터 제사장 나라 교육을 받았기 때문에 가능한 일이었습니다. 예레미야 선지자의 사명은 앗수르, 바벨론, 그리고 페르시아 제국의 변동을 기반으로 한 하나님의 큰 계획을 선포하는 것이었습니다.

예레미야의 말 가운데 "나는 아이라"에서 '아이'는 히브리어로 '나아르(נַעַר)'입니다. [164일] 통숲에서 살펴보았듯이 '나아르'는 유년기에서 청년기까지 광범위하게 표현되는 단어이지만, 예레미야 선지자가 제사장의 사역 시기인 30세가 아닌 약 20세에 소명을 받았기에 표현된 말이었을 것입니다.

하나님께서는 아직 어린 예레미야에게 다음과 같은 일을 맡기십니다.

"여호와께서 그의 손을 내밀어 내 입에 대시며 여호와께서 내게 이르시되 보라 내가 내 말을 네 입에 두었노라 보라 내가 오늘 너를 여러 나라와 여러 왕국 위에 세워 네가 그것들을 뽑고 파괴하며 파멸하고 넘어뜨리며 건설하고 심게 하였느니라 하시니라"(렘 1:9~10)

이는 하나님의 심판과 예언, '남은 자'들을 향한 구원 예언, 즉 남유다의 멸망과 바벨론 포로로 끌려간 백성들이 극상품 무화과 열매가 되기까지 돌보는 사역을 맡기셨음을 알려주는 말씀입니다.

하나님께서는 예레미야 선지자에게 확신을 주기 위해 살구나무 환상과 끓는 가마 환상도 보여주십니다.

"여호와의 말씀이 또 내게 임하니라 이르시되 예레미야야 네가 무엇을 보느냐 하시매 내가 대답하되 내가 살구나무 가지를 보나이다 여호와께서 내게 이르시되 네가 잘 보았도다 이는 내가 내 말을 지켜 그대로 이루려 함이라 하시니라"(렘 1:11~12)

"여호와의 말씀이 다시 내게 임하니라 이르시되 네가 무엇을 보느냐 대답하되 끓는 가마를 보나이다 그 윗면이 북에서부터 기울어졌나이다 하니 여호와께서 내게 이르시되 재앙이 북방에서 일어나 이 땅의 모든 주민들에게 부어지리라"(렘 1:13~14)

● **네 번째 포인트**

하나님께서는 남유다 백성들의 죄악을 구체적으로 지적하십니다.

하나님께서는 예레미야 선지자를 통하여 남유다 백성들에게 과거 조상들의 광야 생활을 회상하게 하십니다.

"가서 예루살렘의 귀에 외칠지니라 여호와께서 이와 같이 말씀하시기를 내가 너를 위하여 네 청년 때의 인애와 네 신혼 때의 사랑을 기억하노니 곧 씨 뿌리지 못하는 땅, 그 광야에서 나를 따랐음이니라 이스라엘은 여호와를 위한 성물 곧 그의 소산 중 첫 열매이니 그를 삼키는 자면 모두 벌을 받아 재앙이 그들에게 닥치리라 여호와의 말씀이니라"(렘 2:2~3)

이는 하나님께서 이스라엘의 과거 40년 광야 생활 가운데 이스라엘 백성들과 맺으셨던 제사장 나라 거룩한 시민의 언약을 회상하게 하신 것입니다. 그러면서 하나님께서는 이스라엘이 그들의 죄악으로 인해 하나님을 떠났다고 말씀하십니다.

"제사장들은 여호와께서 어디 계시냐 말하지 아니하였으며 율법을 다루는 자들은 나를 알지 못하며 관리들도 나에게 반역하며 선지자들은 바알의 이름으로 예언하고 무익한 것들을 따랐느니라"(렘 2:8)

이는 백성들을 이끌어야 할 지도자들을 책망하신 것입니다. 이어서 남유다 백성들의 죄악을 말씀하십니다.

첫째, 그들이 하나님을 버렸다는 것입니다.

"내 백성이 두 가지 악을 행하였나니 곧 그들이 생수의 근원되는 나를 버린 것과 스스로 웅덩이를 판 것인데 그것은 그 물을 가두지 못할 터진 웅덩이들이니라"(렘 2:13)

둘째, 그들이 하나님 대신 이방 민족을 의지했다는 것입니다.

"네가 시홀의 물을 마시려고 애굽으로 가는 길에 있음은 어찌 됨이며 또 네가 그 강물을 마시려고 앗수르로 가는 길에 있음은 어찌 됨이냐 네 악이 너를 징계하겠고 네 반역이 너를 책망할 것이라 그런즉 네 하나님 여호와를 버림과 네 속에 나를 경외함이 없는 것이 악이요 고통인 줄 알라 주 만군의 여호와의 말씀이니라"(렘 2:18~19)

셋째, 그들이 하나님 대신 우상을 숭배했다는 것입니다.

"네가 어찌 말하기를 나는 더럽혀지지 아니하였다 바알들의 뒤를 따르지 아니하였다 하겠느냐 골짜기 속에 있는 네 길을 보라 네 행한 바를 알 것이니라 발이 빠른 암낙타가 그의 길을 어지러이 달리는 것과 같았으며 … 오직 너는 말하기를 아니라 이는 헛된 말이라 내가 이방 신들

을 사랑하였은즉 그를 따라 가겠노라 하도다"(렘 2:23~25)

넷째, 그들이 죄 없는 가난한 자를 살육했다는 것입니다.

"또 네 옷단에는 죄 없는 가난한 자를 죽인 피가 묻었나니 그들이 담 구멍을 뚫었기 때문이 아니라 오직 이 모든 일 때문이니라"(렘 2:34)

그러므로 하나님께서는 남유다가 하나님의 심판에서 벗어날 수 없다고 말씀하십니다(렘 2:35).

● **다섯 번째 포인트**

하나님께서는 북이스라엘의 죄악을 그대로 따라 하는 남유다를 책망하십니다.

하나님께서는 예레미야 선지자를 통해 남유다가 심판을 받을 수밖에 없는 이유를 말씀하십니다.

"그들이 말하기를 가령 사람이 그의 아내를 버리므로 그가 그에게서 떠나 타인의 아내가 된다 하자 남편이 그를 다시 받겠느냐 그리하면 그 땅이 크게 더러워지지 아니하겠느냐 하느니라 네가 많은 무리와 행음하고서도 내게로 돌아오려느냐 여호와의 말씀이니라"(렘 3:1)

이어서 하나님께서는 남유다의 뻔뻔함에 대해 말씀하십니다.

"네가 이제부터는 내게 부르짖기를 나의 아버지여 아버지는 나의 청년

시절의 보호자이시오니 노여움을 한없이 계속하시겠으며 끝까지 품으시겠나이까 하지 아니하겠느냐 보라 네가 이같이 말하여도 악을 행하여 네 욕심을 이루었느니라 하시니라"(렘 3:4~5)

계속해서 하나님께서는 북이스라엘의 죄악을 그대로 범한 남유다를 책망하십니다.

"내게 배역한 이스라엘이 간음을 행하였으므로 내가 그를 내쫓고 그에게 이혼서까지 주었으되 그의 반역한 자매 유다가 두려워하지 아니하고 자기도 가서 행음함을 내가 보았노라"(렘 3:8)

"이 모든 일이 있어도 그의 반역한 자매 유다가 진심으로 내게 돌아오지 아니하고 거짓으로 할 뿐이니라 여호와의 말씀이니라"(렘 3:10)

하나님께서는 남유다에게 북이스라엘이 죄악으로 앗수르에게 멸망한 것을 보고도 여전히 똑같은 죄악을 행하고 있다고 말씀하십니다. 남유다는 요시야의 종교개혁으로도 결국 하나님께로 돌아오지 않았습니다.

이렇게 남유다의 죄를 나열하신 하나님께서는 결국 남유다가 그들의 죄로 인해 처벌받을 것이지만 후에 그들이 다시 회개하고 하나님께로 돌아오게 될 것이고 예루살렘에서 번성하게 될 것이라는 미래의 말씀도 예레미야를 통해 주십니다.

"여호와의 말씀이니라 너희가 이 땅에서 번성하여 많아질 때에는 사람들이 여호와의 언약궤를 다시는 말하지 아니할 것이요 생각하지 아니할 것이요 기억하지 아니할 것이요 찾지 아니할 것이요 다시는 만들지 아니할 것이며 그 때에 예루살렘이 그들에게 여호와의 보좌라 일컬음이 되며 모든 백성이 그리로 모이리니 곧 여호와의 이름으로 말미암아 예루살렘에 모이고 다시는 그들의 악한 마음의 완악한 대로 그들이 행하지 아니할 것이며 그 때에 유다 족속이 이스라엘 족속과 동행하여 북에서부터 나와서 내가 너희 조상들에게 기업으로 준 땅에 그들이 함께 이르리라"(렘 3:16~18)

하나님의 이 모든 말씀을 전한 예레미야 선지자가 남유다 백성들에게 진심으로 회개를 촉구합니다.

"배역한 자식들아 돌아오라 내가 너희의 배역함을 고치리라 하시니라 보소서 우리가 주께 왔사오니 주는 우리 하나님 여호와이심이니이다 작은 산들과 큰 산 위에서 떠드는 것은 참으로 헛된 일이라 이스라엘의 구원은 진실로 우리 하나님 여호와께 있나이다"(렘 3:22~23)

디저트 DESSERT

북이스라엘은 우상숭배의 죄악으로 하나님의 심판을 받아 앗수르 제국에 의해 멸망하면서 혼혈족 사마리아인이 되었습니다. 하나님께서는 이러한 북이스라엘의 멸망이 남유다에게 경고가 되어 남유다만은 하나님의 아름다운 신부로 남기를 바라셨습니다.

그러나 남유다는 하나님의 경고를 무시한 채 오히려 북이스라엘보다 더 패역을 행하고 있습니다. 이 때문에 남유다는 이제 나라의 문을 닫고 바벨론 포로 70년의 대가를 치러야 합니다. 하나님의 이 말씀을 백성들에게 전해야 하는 사명을 받은 예레미야 선지자의 어깨가 한없이 무겁습니다.

자신의 말이 아닌 하나님의 뜻만을 가감 없이 전해야 하는 사람이 바로 선지자입니다. 성경을 통해 선지자들의 삶과 그들의 중보기도를 통해 하나님의 사람이 감당해야 할 사역의 무게를 다시금 깊이 묵상하게 됩니다. 이것을 아는 것 또한 성경을 통해 알게 되는 깊은 감사의 내용입니다.

203일

단 한 사람을 찾으시는 하나님(렘 4~6장)

애피타이저 APPETIZER

하나님께서는 남유다 백성들을 하나님의 백성으로 삼으시고 그들의 하나님이 되어주시겠다는 언약의 말씀을 주셨는데 이들은 이 언약을 버리고 하나님으로부터 점점 멀어져만 갔습니다. 이에 예레미야 선지자는 "이스라엘아 네가 돌아오려거든 내게로 돌아오라"(렘 4:1)라는 하나님의 간절한 외침을 전합니다.

끝내 하나님께로 돌아올 줄 모르는 남유다 백성들의 죄악이 예레미야 선지자에게 깊은 슬픔의 이유가 되었습니다.

성경통독 BIBLETONGDOK

《일년일독 통독성경》 예레미야 4~6장

통通으로 숲이야기 ; 통숲 TONG OBSERVATION

● 첫 번째 포인트

하나님께서 예레미야를 통해 "묵은 땅을 갈고 가시덤불에 파종하지 말라"라고 말씀하십니다.

하나님께서 예레미야 선지자를 통해 남유다 백성들에게 말씀하십니다.

"여호와께서 이르시되 이스라엘아 네가 돌아오려거든 내게로 돌아오라"(렘 4:1)

그리고 다음과 같은 회개의 조건을 말씀하십니다.

첫째, 가증한 것을 버리고 흔들리지 말라는 것입니다.

둘째, 진실과 정의와 공의로 살라는 것입니다.

셋째, 묵은 땅을 갈고 가시덤불에 파종하지 말라는 것입니다.

넷째, 할례를 행하여 마음 가죽을 베고 하나님께 속하라는 것입니다.

"네가 만일 나의 목전에서 가증한 것을 버리고 네가 흔들리지 아니하며 진실과 정의와 공의로 여호와의 삶을 두고 맹세하면 나라들이 나로 말미암아 스스로 복을 빌며 나로 말미암아 자랑하리라 여호와께서 유다와 예루살렘 사람에게 이와 같이 이르노라 너희 묵은 땅을 갈고 가시덤불에 파종하지 말라 유다인과 예루살렘 주민들아 너희는 스스로 할례를 행하여 너희 마음 가죽을 베고 나 여호와께 속하라"(렘 4:1~4)

그러나 계속되는 남유다의 죄악에 대해서는 북방 민족을 통해 치겠다고 말씀하십니다.

"시온을 향하여 깃발을 세우라, 도피하라, 지체하지 말라, 내가 북방에서 재난과 큰 멸망을 가져오리라 사자가 그 수풀에서 올라왔으며 나라들을 멸하는 자가 나아 왔으되 네 땅을 황폐하게 하려고 이미 그의 처소를 떠났은즉 네 성읍들이 황폐하여 주민이 없게 되리니"(렘 4:6~7)

남유다를 침략할 북방 민족, 즉 바벨론 군대의 진격 모습도 비유를 들어 알려주십니다.

"이보다 더 강한 바람이 나를 위하여 오리니 이제 내가 그들에게 심판을 행할 것이라 보라 그가 구름 같이 올라오나니 그의 병거는 회오리바람 같고 그의 말들은 독수리보다 빠르도다 우리에게 화 있도다 우리는 멸망하도다 하리라"(렘 4:12~13)

하나님께서는 이처럼 바벨론을 통해 남유다를 심판하겠다고 말씀하시면서도 이들의 회개를 여전히 촉구하십니다. 사랑과 긍휼의 하나님이시기 때문입니다.

"예루살렘아 네 마음의 악을 씻어 버리라 그리하면 구원을 얻으리라 네 악한 생각이 네 속에 얼마나 오래 머물겠느냐"(렘 4:14)

● 두 번째 포인트

예레미야 선지자는 남유다의 죄로 인해 "슬프고 마음이 아프다"라며 하나님의 마음으로 탄식합니다.

"슬프고 아프다 내 마음속이 아프고 내 마음이 답답하여 잠잠할 수 없으니 이는 나의 심령이 나팔 소리와 전쟁의 경보를 들음이로다"(렘 4:19)

하나님께서 말씀하신 남유다의 미래는 바벨론에 의해 무참히 짓밟힘을 당하여 멸망하는 모습입니다. 그래서 예레미야는 가슴을 치며 탄식합니다. 예레미야는 민족의 아픔을 자신의 아픔으로 받아들이고 있습니다.

"내 백성은 나를 알지 못하는 어리석은 자요 지각이 없는 미련한 자식이라 악을 행하기에는 지각이 있으나 선을 행하기에는 무지하도다"(렘 4:22)

하나님의 한탄과 아픔을 예레미야 선지자는 함께 느끼고 있는 것입니다.

● 세 번째 포인트

하나님께서 남유다를 심판하시는 이유는 '공의를 행하며 진리를 구하는 단 한 사람'을 찾을 수 없기 때문입니다.

남유다 백성들이 하나님께 심판받는 이유는 분명합니다.

첫째, 정의를 행하는 자가 없었습니다.

"너희는 예루살렘 거리로 빨리 다니며 그 넓은 거리에서 찾아보고 알라 너희가 만일 정의를 행하며 진리를 구하는 자를 한 사람이라도 찾으면 내가 이 성읍을 용서하리라"(렘 5:1)

하나님께서는 남유다가 과거 소돔과 고모라와 같은 곳이 되었다고 말씀하십니다. 그럼에도 '진실을 구하는 한 사람'이라도 있기를 바라며 그 한 사람을 찾는다고 말씀하십니다.

둘째, 하나님을 버리고 우상을 숭배했습니다.

"내가 어찌 너를 용서하겠느냐 네 자녀가 나를 버리고 신이 아닌 것들로 맹세하였으며 내가 그들을 배불리 먹인즉 그들이 간음하며 창기의 집에 허다히 모이며"(렘 5:7)

셋째, 하나님을 인정하지 않고 하나님의 선지자도 무시했습니다.

"여호와의 말씀이니라 이스라엘의 집과 유다의 집이 내게 심히 반역하였느니라 그들이 여호와를 인정하지 아니하며 말하기를 여호와께서는 계시지 아니하니 재앙이 우리에게 임하지 아니할 것이요 우리가 칼과 기근을 보지 아니할 것이며 선지자들은 바람이라 말씀이 그들의 속에 있지 아니한즉 그같이 그들이 당하리라 하느니라"(렘 5:11~13)

하나님께서는 공의를 행하며 진리를 구하는 한 사람이라도 찾을 수 있다면 남유다의 죄를 용서하겠다고 말씀하십니다. 그러나 그 한 사람이 없습니다. 멸망을 향해 치닫는 남유다에 평안을 외치는 거짓 선지자는 많았지만 생명을 걸고 남유다를 위해 헌신할 단 한 사람은 없었던 것입니다.

● 네 번째 포인트

하나님께서는 제사장 나라 남유다가 심판받는 이유를 거짓 선지자들과 제사장들의 악행 때문이라고 말씀하십니다.

하나님께서 예레미야 선지자를 통해 한 나라 곧 바벨론을 보내겠다고 말씀하신 이유는 그들의 죄 때문임을 분명하게 제시하십니다.

"여호와의 말씀이니라 이스라엘 집이여 보라 내가 한 나라를 먼 곳에서 너희에게로 오게 하리니 곧 강하고 오랜 민족이라 그 나라 말을 네가 알지 못하며 그 말을 네가 깨닫지 못하느니라"(렘 5:15)

"그들이 만일 이르기를 우리 하나님 여호와께서 어찌하여 이 모든 일을 우리에게 행하셨느냐 하거든 너는 그들에게 이르기를 너희가 여호와를 버리고 너희 땅에서 이방 신들을 섬겼은즉 이와 같이 너희 것이 아닌 땅에서 이방인들을 섬기리라 하라"(렘 5:19)

계속해서 하나님께서는 회개하지 않는 남유다 백성들의 어리석음을 꾸짖으십니다.

"어리석고 지각이 없으며 눈이 있어도 보지 못하며 귀가 있어도 듣지 못하는 백성이여 이를 들을지어다"(렘 5:21)

남유다 백성들이 하나님과 맺은 제사장 나라 언약을 지키지 않음으로 하나님과의 관계, 이웃과의 관계가 모두 무너지고 말았습니다.

"선지자들은 거짓을 예언하며 제사장들은 자기 권력으로 다스리며 내 백성은 그것을 좋게 여기니 마지막에는 너희가 어찌하려느냐"(렘 5:31)

이렇게 악한 사회가 된 남유다를 두고 하나님께서 통탄하시는 것입니다.

● 다섯 번째 포인트

하나님께서는 선지자들로부터 제사장들까지 모두 거짓으로 평강을 외치며 부끄러워하지 않는다고 한탄하십니다.

하나님께서는 예레미야 선지자를 통해 바벨론 군대의 예루살렘 입성을 말씀하시며 남유다의 심판이 임박했음을 다시 한번 일깨워주십니다.

"베냐민 자손들아 예루살렘 가운데로부터 피난하라 드고아에서 나팔을 불고 벧학게렘에서 깃발을 들라 재앙과 큰 파멸이 북방에서 엿보아 옴이니라 아름답고 우아한 시온의 딸을 내가 멸절하리니"(렘 6:1~2)

"만군의 여호와께서 이와 같이 말하노라 너희는 나무를 베어서 예루살렘을 향하여 목책을 만들라 이는 벌 받을 성이라 그 중에는 오직 포학한 것뿐이니라"(렘 6:6)

남유다의 죄악이 얼마나 극심한지 계속해서 멸망의 이유를 말씀하십니다.

첫째, 예루살렘에는 폭력과 탈취가 가득했습니다.

"샘이 그 물을 솟구쳐냄 같이 그가 그 악을 드러내니 폭력과 탈취가 거기에서 들리며 질병과 살상이 내 앞에 계속하느니라"(렘 6:7)

둘째, 그들은 하나님의 말씀을 듣지 않는 완악한 백성들이었습니다.

"내가 누구에게 말하며 누구에게 경책하여 듣게 할꼬 보라 그 귀가 할례를 받지 못하였으므로 듣지 못하는도다 보라 여호와의 말씀을 그들이 자신들에게 욕으로 여기고 이를 즐겨 하지 아니하니"(렘 6:10)

셋째, 그들 가운데 탐욕이 가득했습니다.

"그들이 가장 작은 자로부터 큰 자까지 다 탐욕을 부리며"(렘 6:13)

넷째, 종교 지도자들이 거짓과 가증한 일을 일삼았습니다.

"선지자로부터 제사장까지 다 거짓을 행함이라 그들이 내 백성의 상처를 가볍게 여기면서 말하기를 평강하다 평강하다 하나 평강이 없도다 그들이 가증한 일을 행할 때에 부끄러워하였느냐 아니라 조금도 부끄러워 하지 않을 뿐 아니라 얼굴도 붉어지지 않았느니라"(렘 6:13~15)

이렇게 남유다는 끝내 하나님의 말씀에 불순종하고 거짓 예배만을 드렸습니다. 이제 하나님께서는 예레미야 선지자를 통해 바벨론 제국이 하나님의 심판 도구가 될 것이라고 말씀하십니다.

"여호와께서 이와 같이 말씀하시되 보라 한 민족이 북방에서 오며 큰 나라가 땅 끝에서부터 떨쳐 일어나나니 그들은 활과 창을 잡았고 잔인하여 사랑이 없으며 그 목소리는 바다처럼 포효하는 소리라 그들이 말을 타고 전사 같이 다 대열을 벌이고 시온의 딸인 너를 치려 하느니라

하시도다"(렘 6:22~23)

예견된 남유다의 심판 앞에서 예레미야 선지자의 고통은 이루 말할 수가 없었습니다. 예레미야는 자신이 겪는 극심한 고통을 해산하는 여인의 고통과 독자를 잃은 부모의 통곡에 비유했습니다.

"우리가 그 소문을 들었으므로 손이 약하여졌고 고통이 우리를 잡았으므로 그 아픔이 해산하는 여인 같도다"(렘 6:24)

"딸 내 백성이 굵은 베를 두르고 재에서 구르며 독자를 잃음 같이 슬퍼하며 통곡할지어다 멸망시킬 자가 갑자기 우리에게 올 것임이라"(렘 6:26)

결국 하나님을 멀리하고 돌아서지 않는 남유다는 혹독한 심판을 받게 될 것입니다.

"사람들이 그들을 내버린 은이라 부르게 될 것은 여호와께서 그들을 버렸음이라"(렘 6:30)

디저트 DESSERT

하나님께서 남유다 백성들을 향해 안타까운 목소리로 외치고 계십니다.

....

....

....

....

"너희는 길에 서서 보며 옛적 길 곧 선한 길이 어디인지 알아보고 그리로 가라 너희 심령이 평강을 얻으리라"(렘 6:16)

그러나 남유다 백성들은 브레이크가 고장 난 기관차처럼 끝이 뻔한 그곳을 향해 멈추지 않고 달리기만 합니다. 그들이 열차를 세우려 하지 않았던 가장 큰 이유는 '교만' 때문이었습니다. 선조 때부터 그들을 지켜주시고 보살펴주신 하나님의 은혜를 무시하는 교만과 현재 자신들의 처지를 스스로 해결할 수 있다는 교만이었습니다.

기차는 어느덧 낭떠러지에 가까워졌습니다. 하나님의 뜻을 대변하는 예레미야 선지자의 목소리도 다급해집니다. 죄에서 돌이키지 않는 남유다의 죄악 앞에 하나님과 하나님의 마음을 헤아리는 예레미야 선지자의 마음이 한탄과 탄식으로 가득합니다. 그러나 하나님께서는 끊임없이 말씀하십니다. 죄에서 돌이켜 회개하고 하나님께로 돌아오면 구원해주시리라는 약속의 말씀을 계속 들려주십니다.

204일

우상숭배와 성전 예배 (렘 7~9장)

애피타이저 APPETIZER

남유다 백성들은 제사장 나라 사명을 저버리고 거짓말을 하며 도둑질을 일삼았습니다. 또한 하나님을 섬기지 않고 바알을 비롯한 온갖 우상을 숭배했습니다. 이제 하나님께서는 예레미야에게 남유다 백성들을 위하여 중보기도를 하지 말라고까지 하십니다.

예레미야 선지자는 할 수만 있다면 다른 곳에 가서 살고 싶다고 하나님께 아뢥니다. 자신이 목 놓아 외치는 하나님의 말씀을 듣지 않고 거짓과 죄악에 더 깊이 빠져드는 남유다 백성들을 목도할 수밖에 없는 자신의 현실이 너무 고통스러웠기 때문입니다. 그러나 남유다를 외면할 수 없는 것이 하나님의 속마음이듯이 예레미야 선지자 또한 하나님의 말씀을 전하는 일과 민족을 살리기 위해 몸부림치는 일을 포기할 수 없었습니다.

한편 남유다 백성들은 임박한 멸망의 시간이 다가오자 그들 나름대로의 지혜와 용맹과 부(富)를 그 해결책으로 삼으려 합니다. 하지만 그런 것들은 시시각각 다가오는 멸망의 날에 그들을 구원할 수 없습니다. 남유다가 구원받을 수 있는 유일한 해결책은 하나님을 바로 알고 하나님께서 원하시는 사랑과 정의와 공의를 행하는 것입니다.

성경통독 BIBLETONGDOK

《일년일독 통독성경》 예레미야 7~9장

통通으로 숲이야기 ; 통숲 TONG OBSERVATION

● 첫 번째 포인트

남유다 백성들은 우상을 숭배하며 성전에서는 예배 의식만 행하면 된다고 생각했습니다.

예레미야 7장 1절에서 15절까지는 일명 '성전 설교'입니다. 하나님께서는 예레미야 선지자를 통해 하나님께서 원하시는 예배에 대해 말씀하십니다.

"너는 여호와의 집 문에 서서 이 말을 선포하여 이르기를 여호와께 예배하러 이 문으로 들어가는 유다 사람들아 여호와의 말씀을 들으라"(렘 7:2)

하나님께서 원하시는 진정한 '예배자'가 되기 위해서 남유다 백성들은 다음과 같은 결단이 필요했습니다.

첫째, 길과 행위를 바르게 하며

둘째, "여호와의 성전이라" 하는 거짓말을 믿지 말아야 합니다.

"만군의 여호와 이스라엘의 하나님께서 이와 같이 말씀하시되 너희 길과 행위를 바르게 하라 그리하면 내가 너희로 이 곳에 살게 하리라 너희는 이것이 여호와의 성전이라, 여호와의 성전이라, 여호와의 성전이라 하는 거짓말을 믿지 말라"(렘 7:3~4)

셋째, 이웃에게 정의를 행하며

넷째, 이방인과 고아와 과부를 압제하지 말아야 합니다.

다섯째, 무죄한 자의 피를 흘리지 말며

여섯째, 다른 신들을 따라서는 안 됩니다.

"이웃들 사이에 정의를 행하며 이방인과 고아와 과부를 압제하지 아니하며 무죄한 자의 피를 이 곳에서 흘리지 아니하며 다른 신들 뒤를 따라 화를 자초하지 아니하면 내가 너희를 이 곳에 살게 하리니 곧 너희 조상에게 영원무궁토록 준 땅에니라"(렘 7:5~7)

그런데 남유다 백성들은 우상숭배를 하면서 성전에서는 의식적인 예배만 드리고 있었습니다.

"너희가 도둑질하며 살인하며 간음하며 거짓 맹세하며 바알에게 분향하며 너희가 알지 못하는 다른 신들을 따르면서 내 이름으로 일컬음을 받는 이 집에 들어와서 내 앞에 서서 말하기를 우리가 구원을 얻었나이다 하느냐 이는 이 모든 가증한 일을 행하려 함이로다 내 이름으로 일컬음을 받는 이 집이 너희 눈에는 도둑의 소굴로 보이느냐 보라 나 곧 내가 그것을 보았노라 여호와의 말씀이니라"(렘 7:9~11)

이후에 예수님께서 이 말씀을 성전 청결 사건 때 인용하십니다.

"기록된 바 내 집은 만민이 기도하는 집이라 칭함을 받으리라고 하지 아니하였느냐 너희는 강도의 소굴을 만들었도다"(막 11:17)

이러한 하나님의 호된 질책에도 불구하고 남유다 백성들은 끝내 하나님께 회개하지 않습니다.

"여호와의 말씀이니라 이제 너희가 그 모든 일을 행하였으며 내가 너희에게 말하되 새벽부터 부지런히 말하여도 듣지 아니하였고 너희를

불러도 대답하지 아니하였느니라"(렘 7:13)

결국 남유다는 북이스라엘이 받은 심판을 받을 것입니다.

"내가 너희 모든 형제 곧 에브라임 온 자손을 쫓아낸 것 같이 내 앞에서 너희를 쫓아내리라 하셨다 할지니라"(렘 7:15)

● 두 번째 포인트

하나님께서는 예레미야 선지자에게 남유다를 위해 중보기도조차 하지 말라고 말씀하십니다.

이제 하나님께서는 예레미야 선지자에게 남유다 백성들을 위해서는 중보기도도 하지 말라고 말씀하십니다.

"그런즉 너는 이 백성을 위하여 기도하지 말라 그들을 위하여 부르짖어 구하지 말라 내게 간구하지 말라 내가 네게서 듣지 아니하리라"(렘 7:16)

남유다는 끝내 반성도, 회개도 하지 않고 계속해서 우상을 숭배함으로 그들은 도저히 용서받을 수 없었습니다.

"자식들은 나무를 줍고 아버지들은 불을 피우며 부녀들은 가루를 반죽하여 하늘의 여왕을 위하여 과자를 만들며 그들이 또 다른 신들에게 전제를 부음으로 나의 노를 일으키느니라"(렘 7:18)

하나님께서는 남유다 백성들의 불순종과 우상숭배를 다시

한번 책망하십니다.

"너희 조상들이 애굽 땅에서 나온 날부터 오늘까지 내가 내 종 선지자들을 너희에게 보내되 끊임없이 보내었으나 너희가 나에게 순종하지 아니하며 귀를 기울이지 아니하고 목을 굳게 하여 너희 조상들보다 악을 더 행하였느니라"(렘 7:25~26)

"여호와께서 말씀하시되 유다 자손이 나의 눈 앞에 악을 행하여 내 이름으로 일컬음을 받는 집에 그들의 가증한 것을 두어 집을 더럽혔으며 힌놈의 아들 골짜기에 도벳 사당을 건축하고 그들의 자녀들을 불에 살랐나니 내가 명령하지 아니하였고 내 마음에 생각하지도 아니한 일이니라"(렘 7:30~31)

하나님께서는 애굽 땅에서 이스라엘 백성들을 이끌어낸 날부터 모세를 비롯한 많은 지도자와 선지자를 보내셔서 끊임없이 이스라엘을 열방을 위한 제사장 나라로 삼으려고 계획하셨습니다. 그런데 이제 더 이상 그들을 향한 기대를 찾아볼 수 없게 되었습니다.

● **세 번째 포인트**

하나님께서는 우상숭배로 인한 멸망의 고통이 얼마나 극심할지를 말씀해주십니다.

"이 악한 민족의 남아 있는 자, 무릇 내게 쫓겨나서 각처에 남아 있는 자들이 사는 것보다 죽는 것을 원하리라 만군의 여호와의 말씀이니라"(렘 8:3)

당시 남유다 백성들의 우상을 숭배하는 열심이 얼마나 대단했는지 하나님께서는 이들이 행하는 우상숭배를 "사랑하며, 섬기며, 뒤따르며, 구하며, 경배하던 해와 달과 하늘의 뭇별"이라고 표현하시며 이로 인한 남유다 멸망의 고통이 얼마나 극심할지 말씀하십니다. 남유다는 죄악을 뉘우치지 않는 완고한 마음을 가졌습니다.

"이 예루살렘 백성이 항상 나를 떠나 물러감은 어찌함이냐 그들이 거짓을 고집하고 돌아오기를 거절하도다 내가 귀를 기울여 들은즉 그들이 정직을 말하지 아니하며 그들의 악을 뉘우쳐서 내가 행한 것이 무엇인고 말하는 자가 없고 전쟁터로 향하여 달리는 말 같이 각각 그 길로 행하도다 공중의 학은 그 정한 시기를 알고 산비둘기와 제비와 두루미는 그들이 올 때를 지키거늘 내 백성은 여호와의 규례를 알지 못하도다"(렘 8:5~7)

그리고 남유다 백성들은 가증한 일을 하고도 부끄러워하지 않았습니다. 꾸짖으시는 하나님의 말씀도 듣지 않더니 결국 하나님의 진노를 피할 길도, 하나님의 진노를 막을 사람도 없는 처지가 되고 맙니다.

하나님께서는 공중의 학, 산비둘기, 제비, 두루미도 돌아올 줄 안다며 택한 백성 남유다를 향한 답답한 마음을 토로하고 계십니다. 또한 남유다는 자기들 마음대로 하나님의 율법을 해석하고 거짓으로 살았습니다.

"너희가 어찌 우리는 지혜가 있고 우리에게는 여호와의 율법이 있다 말하겠느냐 참으로 서기관의 거짓의 붓이 거짓되게 하였나니"(렘 8:8)

"그러므로 내가 그들의 아내를 타인에게 주겠고 그들의 밭을 그 차지할 자들에게 주리니 그들은 가장 작은 자로부터 큰 자까지 다 욕심내며 선지자로부터 제사장까지 다 거짓을 행함이라 그들이 딸 내 백성의 상처를 가볍게 여기면서 말하기를 평강하다, 평강하다 하나 평강이 없도다"(렘 8:10~11)

하나님께서는 하나님의 뜻을 율법을 통해 밝히셨습니다. 수많은 선지자를 통하여 하나님의 말씀을 적절한 시기에 전하셨습니다. 그리고 그 율법을 지킬 때와 지키지 않을 때, 그 결과는 확연히 구분됩니다. 하나님께서는 백성들에게 율법을 통해 기계적인 요구를 하시는 분이 아닙니다. 그러나 분명한 것은 선택에는 책임이 따른다는 것입니다. 지금 죄악의 길, 우상의 길을 선택한 결과로 그들이 이제 하나님의 심판 메시지를 듣고 있는 것입니다.

"여호와의 말씀이니라 내가 그들을 진멸하리니 포도나무에 포도가 없을 것이며 무화과나무에 무화과가 없을 것이며 그 잎사귀가 마를 것이라 내가 그들에게 준 것이 없어지리라"(렘 8:13)

● 네 번째 포인트

예레미야 선지자는 회개할 줄 모르는 남유다 백성들을 대신하여 자신의 마음을 찢으며 슬픈 애가를 부릅니다.

예레미야 8장은 남유다를 향한 예레미야 선지자의 애가입니다.

"슬프다 나의 근심이여 어떻게 위로를 받을 수 있을까 내 마음이 병들었도다 딸 내 백성의 심히 먼 땅에서 부르짖는 소리로다 여호와께서 시온에 계시지 아니한가, 그의 왕이 그 가운데 계시지 아니한가 그들이 어찌하여 그 조각한 신상과 이방의 헛된 것들로 나를 격노하게 하였는고 하시니 추수할 때가 지나고 여름이 다하였으나 우리는 구원을 얻지 못한다 하는도다"(렘 8:18~20)

회개할 줄 모르는 남유다 백성들을 대신하여 예레미야 선지자가 애가를 지어 부릅니다. 또한 하나님의 마음을 품고 대신하여 마음을 찢습니다. 성전을 출입하는 수많은 인파는 예레미야의 근심거리였습니다.

남유다 백성들은 성전에 모여 자신들만이 하나님의 택하심을 받은 민족이라는 거짓말에 속았고, 하나님께서는 그런 남유다 백성들을 심판할 바벨론을 준비하고 계셨습니다. 이 모든 현실을 정확히 바라보고 있는 예레미야 선지자는 슬픔에 잠길 수밖에 없었습니다.

예레미야 8장에 이어 9장에서도 남유다를 향한 예레미야의 애가가 계속됩니다.

> "어찌하면 내 머리는 물이 되고 내 눈은 눈물 근원이 될꼬 죽임을 당한 딸 내 백성을 위하여 주야로 울리로다"(렘 9:1)

형제도 이웃도 믿지 못할 정도로 거짓과 속임이 난무하는 사회가 된 남유다는 마치 죄로 인해 나타나게 되는 군상(群像)들의 종합 전시장 같습니다. 너 나 할 것 없이 모두 거짓을 말하고 있으니 누가 속이는 자이고 누가 속는 자인지 구분조차 할 수 없을 정도입니다.

> "여호와의 말씀이니라 그들이 활을 당김 같이 그들의 혀를 놀려 거짓을 말하며 그들이 이 땅에서 강성하나 진실하지 아니하고 악에서 악으로 진행하며 또 나를 알지 못하느니라"(렘 9:3)

그러면서 남유다 백성들은 진실은 덮어두고 계속 그들이 원하는 바를 외칩니다. 그것을 이루기 위해 사실을 왜곡했으며 심지어 하나님의 말씀도 자신들이 원하는 대로 변형하여 들었습니다. 하나님께서는 평화가 아닌 전쟁을 말씀하고 계시는데 그들은 평화를 말하고 있었던 것입니다.

하나님께서 말씀하신 전쟁은 그들로서는 믿고 싶지 않은 내용이었습니다. 그래서 그들은 거짓 예언자들과 옛 선지자들이 했던 말들 중에 그들이 듣기 좋은 말만 골라서 믿었던 것입니다. 그러나 그렇게 한다고 해서 진실을 가릴 수는 없습니다. 남유다 백성들은 그것을 피하기보다는 인정하고 그 말씀에 순종해야 했습니다.

● 다섯 번째 포인트
남유다를 향한 하나님의 결정은 '연단'입니다.

하나님께서 예레미야 선지자를 통해 남유다의 결말을 말씀하십니다.

"그러므로 만군의 여호와 이스라엘의 하나님께서 이와 같이 말씀하시니라 보라 내가 그들 곧 이 백성에게 쑥을 먹이며 독한 물을 마시게 하고 그들과 그들의 조상이 알지 못하던 여러 나라 가운데에 그들을 흩어 버리고 진멸되기까지 그 뒤로 칼을 보내리라 하셨느니라"(렘 9:15~16)

이는 바벨론 제국이 쳐들어와 남유다에게 가할 고통이 어떠할지 말씀하신 것입니다. 이로 인해 남유다는 애곡하며 애통할 것입니다.

"이는 시온에서 통곡하는 소리가 들리기를 우리가 아주 망하였구나 우리가 크게 부끄러움을 당하였구나 우리가 그 땅을 떠난 것은 그들이 우리 거처를 헐었음이로다 함이로다 부녀들이여 여호와의 말씀을 들으라 너희 귀에 그 입의 말씀을 받으라 너희 딸들에게 애곡하게 하고 각기 이웃에게 슬픈 노래를 가르치라"(렘 9:19~20)

하나님께서는 임박한 심판 앞에서 회개하지도 부끄러워하지도 않는 남유다 백성들을 책망하십니다. 이제 남유다 백성들의 해결책은 오직 하나님뿐입니다.

"여호와께서 이와 같이 말씀하시되 지혜로운 자는 그의 지혜를 자랑하지 말라 용사는 그의 용맹을 자랑하지 말라 부자는 그의 부함을 자랑하지 말라 자랑하는 자는 이것으로 자랑할지니 곧 명철하여 나를 아는 것과 나 여호와는 사랑과 정의와 공의를 땅에 행하는 자인 줄 깨닫는 것이라 나는 이 일을 기뻐하노라 여호와의 말씀이니라"(렘 9:23~24)

남유다 백성들이 진정으로 자랑할 것은 하나님을 아는 것, 그리고 하나님께서는 사랑과 정의와 공의를 이 땅에 행하시는 분임을 깨닫는 것뿐입니다. 이를 깨닫게 하기 위해 내리신 하나님의 결정은 남유다를 향한 '연단'이었습니다.

"그러므로 만군의 여호와께서 이와 같이 말씀하시되 보라 내가 내 딸 백성을 어떻게 처치할꼬 그들을 녹이고 연단하리라"(렘 9:7)

예레미야 선지자가 선포한 예루살렘의 미래상은 찬란한 번영의 모습이 아닌 황폐한 성읍이었습니다. 가축은 물론 공중의 새도 짐승도 다 도망하여 없어질 것이라고 말합니다.

이러한 시점에 남유다는 스스로의 지혜와 용맹과 부유함을 자랑할 것이 아니라 오직 공의와 정의와 사랑을 행하시는 하나님께 구원받기를 소망해야 했습니다. 하나님을 아는 것이 바로 이들의 자랑이어야 했습니다.

205일

예레미야의 중보기도 (렘 10~13장)

애피타이저 APPETIZER

하나님께서는 과거 시내산에서 아브라함의 후손 이스라엘과 맺으셨던 '제사장 나라 언약'을 남유다가 멸망하기 직전 지금까지도 붙들고 계십니다. 그들의 하나님이 되고자 애쓰시는 모습을 예레미야는 지켜보고 있습니다. 그러나 남유다 백성들은 그들의 열조들이 맺었던 하나님과의 언약을 파기하고 우상 섬기는 일을 계속 되풀이하고 있습니다. 얼마나 많은 우상을 섬겼는지 그 우상의 수가 남유다 성읍의 숫자만큼이나 많았습니다.

그들의 조상들이 우상숭배로 하나님께 징계받았던 것을 알면서도 그들은 하나님과의 언약을 소중하게 여기지 않았습니다. 우상숭배를 자행하며 온갖 죄악을 저지르는 남유다 백성들의 모습을 보며 가슴 아파했던 예레미야 선지자가 하나님께 질문을 던집니다.

그들이 전혀 회개하지 않음에도 불구하고 형통한 것에 대해 하나님께 묻는 질문이었습니다(렘 12장). 이는 마치 불의한 자의 형통에 대해 강한 불만을 토로했던 하박국 선지자의 모습을 보는 듯합니다.

이에 하나님께서는 "보라 내가 그들을 그 땅에서 뽑아 버리겠고 유다 집을 그들 가운데서 뽑아 내리라"(렘 12:14)라고 답하십니다. 그러나 그 땅에서 뽑아냄이 끝이 아니요, 하나님께서는 남은 자들을 그 땅으로 다시 돌아오게 할 것이며 하나님의 이름으로 맹세하는 자를 세울 것이라고 말씀하십니다.

성경통독 BIBLETONGDOK

《일년일독 통독성경》 예레미야 10~13장

● 첫 번째 포인트

하나님께서는 남유다 백성들에게 우상의 헛됨을 자세히 가르치십니다.

하나님께서 예레미야 선지자를 통해 우상의 헛됨을 알려주십니다.

"여호와께서 이와 같이 말씀하시되 여러 나라의 길을 배우지 말라 이방 사람들은 하늘의 징조를 두려워하거니와 너희는 그것을 두려워하지 말라"(렘 10:2)

"그것이 둥근 기둥 같아서 말도 못하며 걸어다니지도 못하므로 사람이 메어야 하느니라 그것이 그들에게 화를 주거나 복을 주지 못하나니 너희는 두려워하지 말라 하셨느니라"(렘 10:5)

우상이란 첫째, 기술공의 두 손이 도끼로 만든 것입니다.

둘째, 은과 금으로 꾸미고 못과 장도리로 흔들리지 않게 만든 것입니다.

셋째, 말도 못하고 걸어 다니지도 못하여 사람들이 메어야 하는 것입니다.

넷째, 화를 주거나 복을 주지 못하는 것입니다.

다섯째, 거짓 것이며, 생기가 없이 망령되이 만든 것입니다.

그러므로 우상은 헛것이요, 하나님께서 징벌하실 때 멸망할 것들입니다(렘 10:15). 당시 남유다 백성들의 심각한 죄의 문제는 우상숭배에 있었습니다. 남유다 백성들이 그들 주변의 많은 나라의 신들을 자연스럽게 받아들였던 것입니다.

이에 하나님께서는 남유다 백성들을 향해 오직 여호와만이 참 하나님이심을 말씀하십니다. 천지를 짓지 아니한 모든 우상은 땅 위에서 망하게 될 것임을 말씀하십니다.

비록 인간들의 눈에 우상이 힘이 있어 보이고 삶을 변화시킬 것 같지만 그것에는 힘도, 능력도, 의지할 만한 어떠한 것도 없습니다. 오직 세상을 창조하시고 경영하시는 분은 하나님뿐이라는 사실을 기억해야 합니다. 이것이 바로 생명의 길입니다.

"오직 여호와는 참 하나님이시요 살아 계신 하나님이시요 영원한 왕이시라 그 진노하심에 땅이 진동하며 그 분노하심을 이방이 능히 당하지 못하느니라"(렘 10:10)

예레미야 선지자는 남유다 백성들에게 하나님이 어떤 분이신지 다음과 같이 가르칩니다.

첫째, 하나님의 이름은 그 권능으로 말미암아 크십니다. 그러므로 주와 같은 이가 없습니다.

둘째, 하나님은 참 하나님, 살아 계신 하나님, 영원한 왕이십니다.

셋째, 하나님은 권능으로 땅을 지으셨고, 지혜로 세계를 세우셨고, 명철로 하늘을 펴신 분입니다.

넷째, 하나님은 하늘과 땅의 모든 것을 다스리십니다. 그래서 하나님은 만군의 여호와이십니다.

이 놀라운 능력의 하나님을 알지도, 섬기지도 않고 우상숭배에 바쁜 남유다는 임박한 하나님의 심판 경고에도 무감각하기만 합니다.

> "여호와께서 이와 같이 말씀하시되 보라 내가 이 땅에 사는 자를 이번에는 내던질 것이라 그들을 괴롭게 하여 깨닫게 하리라 하셨느니라"(렘 10:18)

● 두 번째 포인트

예레미야 선지자는 남유다를 향한 하나님의 진노 앞에 또다시 중보기도를 합니다.

하나님의 마음으로 남유다를 바라보며 예레미야 선지자가 크게 슬퍼합니다.

"슬프다 내 상처여 내가 중상을 당하였도다 그러나 내가 말하노라 이는 참으로 고난이라 내가 참아야 하리로다"(렘 10:19)

"목자들은 어리석어 여호와를 찾지 아니하므로 형통하지 못하며 그 모든 양 떼는 흩어졌도다"(렘 10:21)

예레미야 선지자는 남유다 지도자들의 어리석고 무책임함을 안타까워하며 하나님께서 남유다를 위해 기도도 하지 말라고 말씀하셨음에도 또다시 하나님 앞에 엎드려 남유다를 위해 중보기도를 합니다.

"여호와여 내가 알거니와 사람의 길이 자신에게 있지 아니하니 걸음을 지도함이 걷는 자에게 있지 아니하니이다 여호와여 나를 징계하옵시되 너그러이 하시고 진노로 하지 마옵소서 주께서 내가 없어지게 하실까 두려워하나이다 주를 알지 못하는 이방 사람들과 주의 이름으로 기도하지 아니하는 족속들에게 주의 분노를 부으소서 그들은 야곱을 씹어 삼켜 멸하고 그의 거처를 황폐하게 하였나이다"(렘 10:23~25)

어떻게 하든 남유다를 하나님 앞에 바로 세워보려고 노력하는 예레미야 선지자의 간절한 중보기도입니다.

● **세 번째 포인트**

하나님께서 남유다 백성들에게 '제사장 나라 언약'을 상기시키십니다.

하나님께서 예레미야 선지자를 통해 이스라엘과 맺으셨던 제사장 나라 언약을 남유다 백성들에게 말씀하십니다.

"그들에게 이르기를 이스라엘의 하나님 여호와께서 이와 같이 말씀하시되 이 언약의 말을 따르지 않는 자는 저주를 받을 것이니라 이 언약은 내가 너희 조상들을 쇠풀무 애굽 땅에서 이끌어내던 날에 그들에게 명령한 것이라 곧 내가 이르기를 너희는 내 목소리를 순종하고 나의 모든 명령을 따라 행하라 그리하면 너희는 내 백성이 되겠고 나는 너희의 하나님이 되리라 내가 또 너희 조상들에게 한 맹세는 그들에게 젖과 꿀이 흐르는 땅을 주리라 한 언약을 이루리라 한 것인데 오늘이 그것을 증언하느니라 하라 하시기로 내가 대답하여 이르되 아멘 여호와여 하였노라"(렘 11:3~5)

이 제사장 나라 언약을 이스라엘과 그 후손들이 깨뜨려버린 것입니다.

"그들이 내 말 듣기를 거절한 자기들의 선조의 죄악으로 돌아가서 다른 신들을 따라 섬겼은즉 이스라엘 집과 유다 집이 내가 그들의 조상들과 맺은 언약을 깨뜨렸도다"(렘 11:10)

이제 하나님께서는 하나님과 맺은 언약을 깨뜨린 결과로 그들이 받을 징계를 피할 수 없음을 말씀하십니다.

"그러므로 나 여호와가 이와 같이 말하노라 보라 내가 재앙을 그들에게 내리리니 그들이 피할 수 없을 것이라 그들이 내게 부르짖을지라도 내가 듣지 아니할 것인즉"(렘 11:11)

따라서 하나님께서는 예레미야 선지자가 아무리 중보기도를 해도 듣지 않겠다고 말씀하십니다.

"그러므로 너는 이 백성을 위하여 기도하지 말라 그들을 위하여 부르짖거나 구하지 말라 그들이 그 고난으로 말미암아 내게 부르짖을 때에 내가 그들에게서 듣지 아니하리라"(렘 11:14)

● 네 번째 포인트

예레미야 선지자도 하박국 선지자처럼 하나님께 질문합니다.

하나님의 남유다를 향한 심판 결정 앞에서 예레미야 선지자도 하박국 선지자처럼 질문합니다.

"여호와여 내가 주와 변론할 때에는 주께서 의로우시니이다 그러나 내가 주께 질문하옵나니 악한 자의 길이 형통하며 반역한 자가 다 평안함은 무슨 까닭이니이까"(렘 12:1)

예레미야 선지자가 공의의 하나님께 악인의 형통을 항변한 것입니다. 이는 하박국 선지자의 질문과 같은 내용이었습니다.

"여호와여 내가 부르짖어도 주께서 듣지 아니하시니 어느 때까지리이까 내가 강포로 말미암아 외쳐도 주께서 구원하지 아니하시나이다 어찌하여 내게 죄악을 보게 하시며 패역을 눈으로 보게 하시나이까 겁탈과 강포가 내 앞에 있고 변론과 분쟁이 일어났나이다"(합 1:2~3)

그러자 하나님께서는 하박국 선지자의 질문에 답하셨던 것처럼 예레미야 선지자의 질문에도 답을 해주십니다. 하나님께서는 먼저 낙심에 빠진 예레미야를 일깨우십니다.

"만일 네가 보행자와 함께 달려도 피곤하면 어찌 능히 말과 경주하겠느냐 네가 평안한 땅에서는 무사하려니와 요단 강 물이 넘칠 때에는 어찌하겠느냐 네 형제와 아버지의 집이라도 너를 속이며 네 뒤에서 크게 외치나니 그들이 네게 좋은 말을 할지라도 너는 믿지 말지니라"(렘 12:5~6)

이는 예레미야가 앞으로 당할 고난이 지금 고향 아나돗 사람들이 예레미야를 핍박하는 것보다 더 클 것을 말씀하신 것입니다. 그리고 예레미야에게 남유다의 멸망을 말씀하십니다.

"내가 내 집을 버리며 내 소유를 내던져 내 마음으로 사랑하는 것을 그 원수의 손에 넘겼나니"(렘 12:7)

"파괴하는 자들이 광야의 모든 벗은 산 위에 이르렀고 여호와의 칼이 땅 이 끝에서 저 끝까지 삼키니 모든 육체가 평안하지 못하도다 무리가 밀을 심어도 가시를 거두며 수고하여도 소득이 없은즉 그 소산으로 말

미암아 스스로 수치를 당하리니 이는 여호와의 분노로 말미암음이니라"(렘 12:12~13)

이는 하나님께서 내 집, 내 소유, 내 마음으로 사랑하는 것, 내 포도원, 내 몫, 내가 기뻐하는 땅 남유다를 하나님의 공의로 심판하시겠다는 선언이었습니다. 그러나 하나님께서는 하나님의 심판의 도구인 바벨론 제국은 결국 멸망할 것이지만 남유다는 다시 회복될 것이라고 말씀하십니다.

"내가 내 백성 이스라엘에게 기업으로 준 소유에 손을 대는 나의 모든 악한 이웃에 대하여 여호와께서 이와 같이 말씀하시니라 보라 내가 그들을 그 땅에서 뽑아 버리겠고 유다 집을 그들 가운데서 뽑아 내리라 내가 그들을 뽑아 낸 후에 내가 돌이켜 그들을 불쌍히 여겨서 각 사람을 그들의 기업으로, 각 사람을 그 땅으로 다시 인도하리니"(렘 12:14~15)

하나님의 심판은 대상이 남유다이냐 이방 민족이냐의 구분 문제가 아닙니다. 하나님께서는 하나님의 뜻에 순종하는 민족에게는 복이, 불순종하는 민족에게는 심판과 멸망이 임함을 분명히 알려주십니다.

● 다섯 번째 포인트

하나님께서는 남유다의 교만을 베 띠가 썩는 비유를 통해 보여주십니다.

하나님께서 예레미야 선지자에게 썩은 베 띠 비유를 통해 말씀하십니다.

"여러 날 후에 여호와께서 내게 이르시되 일어나 유브라데로 가서 내가 네게 명령하여 거기 감추게 한 띠를 가져오라 하시기로 내가 유브라데로 가서 그 감추었던 곳을 파고 띠를 가져오니 띠가 썩어서 쓸 수 없게 되었더라"(렘 13:6~7)

하나님께서 남유다의 큰 교만을 썩은 베 띠와 같이 썩게 하실 것임을 비유로 보여주십니다. 베 띠가 필요한 곳은 허리로, 베 띠는 허리에 속해야 합니다. 마찬가지로 남유다 백성들 또한 하나님께 속한 백성이니 하나님께 가까이 있어야 합니다. 그러나 그들은 계속해서 하나님 음성에 귀 기울이지 않을뿐더러 있어야 할 자리에서도 떠나 있었습니다. 남유다 백성들이 하나님께서 필요로 하시는 그 자리를 떠나서 살았던 것입니다.

"여호와께서 이와 같이 말씀하시니라 내가 유다의 교만과 예루살렘의 큰 교만을 이같이 썩게 하리라"(렘 13:9)

"여호와의 말씀이니라 띠가 사람의 허리에 속함 같이 내가 이스라엘 온 집과 유다 온 집으로 내게 속하게 하여 그들로 내 백성이 되게 하며 내 이름과 명예와 영광이 되게 하려 하였으나 그들이 듣지 아니하였느니라"(렘 13:11)

계속해서 하나님께서는 하나님의 진노를 포도주 가죽부대 비유로 말씀하십니다.

"그러므로 너는 이 말로 그들에게 이르기를 이스라엘의 하나님 여호와의 말씀에 모든 가죽부대가 포도주로 차리라 하셨다 하라 그리하면 그들이 네게 이르기를 모든 가죽부대가 포도주로 찰 줄을 우리가 어찌 알지 못하리요 하리니"(렘 13:12)

하나님의 진노가 포도주 가죽부대에 가득 차 있음을 보여주신 것입니다.

하나님께서는 교만한 남유다에게 세 가지 경고를 하십니다.

첫째, 교만하지 말 것을 경고하십니다.

"너희는 들을지어다, 귀를 기울일지어다, 교만하지 말지어다, 여호와께서 말씀하셨음이라"(렘 13:15)

교만은 패망의 선봉입니다(잠 16:18). 썩은 베 띠 사건을 통해서 하나님께서는 교만이 얼마나 쓸데없는 것인지 언급하시며 교만하지 말라고 말씀하십니다.

교만한 사람은 하나님의 말씀에 귀를 기울이지 않습니다. 왜냐하면 하나님을 주권자로 여기지 않고 자신의 판단이 옳다고 생각하여 그에 따라 행동하기 때문입니다. 점점 더 하나님을 잊고 진리 되신 하나님을 버림으로 거짓을 신뢰하게 되는 것입니다.

자신에 대한 거짓된 허상들, 사회의 거짓된 신념들을 의지하게 됨으로 점점 하나님으로부터 멀어지게 됩니다. 남유다는 하나님께서 경고하신 교만으로 인해 비참한 결과를 맞이할 수밖에 없었습니다.

둘째, 포로로 끌려갈 것을 경고하십니다.

"너는 왕과 왕후에게 전하기를 스스로 낮추어 앉으라 관 곧 영광의 면류관이 내려졌다 하라 네겝의 성읍들이 봉쇄되어 열 자가 없고 유다가 다 잡혀가되 온전히 잡혀가도다"(렘 13:18~19)

이는 바벨론 2차 포로를 말씀하신 것으로 남유다의 왕과 왕후까지도 포로로 끌려갈 것을 말씀하신 것입니다.

"그가 여호야긴을 바벨론으로 사로잡아 가고 왕의 어머니와 왕의 아내들과 내시들과 나라에 권세 있는 자도 예루살렘에서 바벨론으로 사로잡아 가고"(왕하 24:15)

셋째, 남유다가 회개하지 않고 계속 범죄하기 때문에 징계할 것이라고 경고하십니다.

"구스인이 그의 피부를, 표범이 그의 반점을 변하게 할 수 있느냐 할 수 있을진대 악에 익숙한 너희도 선을 행할 수 있으리라 그러므로 내가 그들을 사막 바람에 불려가는 검불 같이 흩으리로다"(렘 13:23~24)

예레미야의 고향 아나돗 사람들이 예레미야에게 하나님의 말씀으로 예언하지 말라며 그를 살해하려 합니다.

"여호와께서 아나돗 사람들에 대하여 이와 같이 말씀하시되 그들이 네 생명을 빼앗으려고 찾아 이르기를 너는 여호와의 이름으로 예언하지 말라 두렵건대 우리 손에 죽을까 하노라 하도다"(렘 11:21)

그런데 하나님께서는 예레미야 선지자에게 앞으로 이보다 더한 고난이 닥칠 것이라고 말씀하십니다. 그러자 예레미야 선지자는 하박국 선지자처럼 악인들의 형통에 대해 하나님께 질문했습니다.

의인의 고난과 악인의 형통은 이처럼 오래된 역사입니다. 의인들에게는 고난이 많습니다. 이에 대한 하나님의 답은 언제나 동일합니다. 공의의 하나님께서 반드시 악인을 심판하신다는 것입니다. 그러므로 의인은 언제나 사랑과 공의의 하나님을 믿고 신뢰하며 끝까지 믿음으로 살아갑니다. 그렇습니다. 세상을 이기는 힘은 언제나 하나님을 믿는 '믿음'입니다.

206일

모세와 사무엘의 중보기도라 할지라도! (렘 14~16장)

애피타이저 APPETIZER

하나님께서는 남유다 백성들이 하나님을 떠나 '어그러진 길을 사랑하여' 발길을 그 악한 길로 향하여 멈추지 않는다고 말씀하십니다. 그래서 하나님께서는 이들의 죄를 기억하여 그 죄를 벌할 것이라고 말씀하십니다. 그러나 하나님의 이러한 심판 선언에도 불구하고 거짓 선지자들은 남유다에 기근과 칼이 이르지 않을 것이며 평강이 있을 것이라고 거짓 예언을 합니다.

이러한 거짓 예언자들로 인해 예레미야는 슬픈 마음으로 하나님께 기도를 드립니다. 그러자 하나님께서는 거짓 선지자들은 반드시 하나님의 심판을 받게 될 것이라고 말씀하십니다.

성경통독 BIBLETONGDOK

《일년일독 통독성경》 예레미야 14~16장

통通으로 숲이야기 ; 통숲 TONG OBSERVATION

● 첫 번째 포인트

예레미야 선지자는 남유다를 위해 두 번, 세 번 계속해서 제사장 나라 언약을 앞세워 하나님께 중보기도를 합니다.

하나님께서는 남유다에 징계의 표시로 가뭄이 들게 하십니다.

"가뭄에 대하여 예레미야에게 임한 여호와의 말씀이라 유다가 슬퍼하며 성문의 무리가 피곤하여 땅 위에서 애통하니 예루살렘의 부르짖음이 위로 오르도다"(렘 14:1~2)

'가뭄'은 하나님께서 〈레위기〉에서 말씀하신 징계의 상징이었습니다.

"내가 너희의 세력으로 말미암은 교만을 꺾고 너희의 하늘을 철과 같게 하며 너희 땅을 놋과 같게 하리니"(레 26:19)

가뭄으로 남유다 백성들이 고통을 당하자 예레미야 선지자는 하나님께 중보기도를 합니다.

"여호와여 우리의 죄악이 우리에게 대하여 증언할지라도 주는 주의 이름을 위하여 일하소서 우리의 타락함이 많으니이다 우리가 주께 범죄하였나이다 이스라엘의 소망이시요 고난 당한 때의 구원자시여 어찌하여 이 땅에서 거류하는 자 같이, 하룻밤을 유숙하는 나그네 같이 하시나이까 어찌하여 놀란 자 같으시며 구원하지 못하는 용사 같으시니이까 여호와여 주는 그래도 우리 가운데 계시고 우리는 주의 이름으로 일컬음을 받는 자이오니 우리를 버리지 마옵소서"(렘 14:7~9)

예레미야 선지자는 남유다를 위해 기도를 드리며 '주의 거룩한 이름을 위해' 심판을 거두시기를 호소합니다. 그러나 죄악의 길, 어그러진 길로 가기를 멈추지 않는 남유다를 향한 하나님의 심판의 뜻은 분명했습니다. 그 죄악이 얼마나 극심한지 남유다 백성들이 하나님께 금식기도를 해도 그들의 부르짖음을 듣지 않겠다고 말씀하십니다.

"여호와께서 이 백성에 대하여 이와 같이 말씀하시되 그들이 어그러진 길을 사랑하여 그들의 발을 멈추지 아니하므로 여호와께서 그들을 받지 아니하고 이제 그들의 죄를 기억하시고 그 죄를 벌하시리라 하시고 여호와께서 또 내게 이르시되 너는 이 백성을 위하여 복을 구하지 말라 그들이 금식할지라도 내가 그 부르짖음을 듣지 아니하겠고 번제와 소제를 드릴지라도 내가 그것을 받지 아니할 뿐 아니라 칼과 기근과 전염병으로 내가 그들을 멸하리라"(렘 14:10~12)

하나님의 단호하신 응답에도 불구하고 예레미야 선지자는 두 번째 중보기도를 합니다. 남유다 백성들이 죄의 길로 간 것은 거짓 선지자들의 잘못된 예언 때문임을 호소하며 하나님의 긍휼을 구합니다.

"이에 내가 말하되 슬프도소이다 주 여호와여 보시옵소서 선지자들이 그들에게 이르기를 너희가 칼을 보지 아니하겠고 기근은 너희에게 이르지 아니할 것이라 내가 이 곳에서 너희에게 확실한 평강을 주리라 하나이다"(렘 14:13)

그러자 하나님께서는 거짓 선지자들뿐만 아니라 죄의 유혹을 받아들인 남유다 백성들까지 모두 심판받게 될 것이라고 말씀하십니다.

"그러므로 내가 보내지 아니하였어도 내 이름으로 예언하여 이르기를 칼과 기근이 이 땅에 이르지 아니하리라 하는 선지자들에 대하여 여호와께서 이와 같이 말씀하셨노라 그 선지자들은 칼과 기근에 멸망할 것이요 그들의 예언을 받은 백성은 기근과 칼로 말미암아 예루살렘 거리에 던짐을 당할 것인즉 그들을 장사할 자가 없을 것이요 그들의 아내와

아들과 딸이 그렇게 되리니 이는 내가 그들의 악을 그 위에 부음이니라"(렘 14:15~16)

두 번에 걸친 중보기도를 통해서도 하나님께서 뜻을 돌이키지 않으시자 예레미야 선지자가 세 번째 또다시 하나님께 중보기도를 합니다. 이번에는 하나님께 이스라엘 백성들과 맺으셨던 제사장 나라 언약을 기억해달라고 호소합니다.

"여호와여 우리의 악과 우리 조상의 죄악을 인정하나이다 우리가 주께 범죄하였나이다 주의 이름을 위하여 우리를 미워하지 마옵소서 주의 영광의 보좌를 욕되게 마옵소서 주께서 우리와 세우신 언약을 기억하시고 폐하지 마옵소서"(렘 14:20~21)

하나님의 애타는 속마음을 아는 예레미야의 기도는 그 시대를 어떻게든 책임지려는 간절함이었습니다.

● **두 번째 포인트**

예레미야의 중보기도에 대한 하나님의 응답은 "모세와 사무엘조차도 하나님의 결정을 번복할 수 없다"입니다.

예레미야 선지자가 제사장 나라 언약까지 언급하며 하나님께 남유다를 위한 중보기도를 했지만 하나님의 결심은 여전히 변함이 없으십니다.

"여호와께서 내게 이르시되 모세와 사무엘이 내 앞에 섰다 할지라도 내 마음은 이 백성을 향할 수 없나니 그들을 내 앞에서 쫓아 내보내라" (렘 15:1)

남유다를 심판하겠다는 하나님의 결정은 너무나 확고했습니다. 심지어 모세와 사무엘이 간구해도 결정을 번복하지 않겠다고 말씀하십니다.

이전에 하나님께서는 모세와 사무엘이 이스라엘 백성들을 위해 중보기도를 했을 때 뜻을 돌이켜 용서하셨습니다. 과거 모세의 중보기도와 하나님의 응답입니다.

"모세가 그의 하나님 여호와께 구하여 이르되 여호와여 어찌하여 그 큰 권능과 강한 손으로 애굽 땅에서 인도하여 내신 주의 백성에게 진노하시나이까 어찌하여 애굽 사람들이 이르기를 여호와가 자기의 백성을 산에서 죽이고 지면에서 진멸하려는 악한 의도로 인도해 내었다고 말하게 하시려 하나이까 주의 맹렬한 노를 그치시고 뜻을 돌이키사 주의 백성에게 이 화를 내리지 마옵소서 주의 종 아브라함과 이삭과 이스라엘을 기억하소서 주께서 그들을 위하여 주를 가리켜 맹세하여 이르시기를 내가 너희의 자손을 하늘의 별처럼 많게 하고 내가 허락한 이 온 땅을 너희의 자손에게 주어 영원한 기업이 되게 하리라 하셨나이다

여호와께서 뜻을 돌이키사 말씀하신 화를 그 백성에게 내리지 아니하시니라"(출 32:11~14)

"이제 구하옵나니 이미 말씀하신 대로 주의 큰 권능을 나타내옵소서 이르시기를 여호와는 노하기를 더디하시고 인자가 많아 죄악과 허물을 사하시나 형벌 받을 자는 결단코 사하지 아니하시고 아버지의 죄악을 자식에게 갚아 삼사대까지 이르게 하리라 하셨나이다 구하옵나니 주의 인자의 광대하심을 따라 이 백성의 죄악을 사하시되 애굽에서부터 지금까지 이 백성을 사하신 것 같이 사하시옵소서 여호와께서 이르시되 내가 네 말대로 사하노라"(민 14:17~20)

다음은 사무엘의 중보기도와 하나님의 응답입니다.

"이스라엘 자손이 사무엘에게 이르되 당신은 우리를 위하여 우리 하나님 여호와께 쉬지 말고 부르짖어 우리를 블레셋 사람들의 손에서 구원하시게 하소서 하니 사무엘이 젖 먹는 어린 양 하나를 가져다가 온전한 번제를 여호와께 드리고 이스라엘을 위하여 여호와께 부르짖으매 여호와께서 응답하셨더라"(삼상 7:8~9)

"이에 사무엘이 여호와께 아뢰매 여호와께서 그 날에 우레와 비를 보내시니 모든 백성이 여호와와 사무엘을 크게 두려워하니라 모든 백성이 사무엘에게 이르되 당신의 종들을 위하여 당신의 하나님 여호와께 기도하여 우리가 죽지 않게 하소서 우리가 우리의 모든 죄에 왕을 구하

는 악을 더하였나이다"(삼상 12:18~19)

이제 하나님께서는 예레미야 선지자를 통해 남유다가 받을 네 가지 심판의 내용을 구체적으로 말씀하십니다.

"그들이 만일 네게 말하기를 우리가 어디로 나아가리요 하거든 너는 그들에게 이르기를 여호와께서 이와 같이 말씀하시니라 죽을 자는 죽음으로 나아가고 칼을 받을 자는 칼로 나아가고 기근을 당할 자는 기근으로 나아가고 포로 될 자는 포로 됨으로 나아갈지니라 하셨다 하라 여호와의 말씀이니라 내가 그들을 네 가지로 벌하리니 곧 죽이는 칼과 찢는 개와 삼켜 멸하는 공중의 새와 땅의 짐승으로 할 것이며"(렘 15:2~3)

하나님께서는 남유다 백성들이 죽음으로, 칼로, 기근으로, 포로로 끌려갈 것이며, 죽이는 칼, 찢는 개, 삼켜 멸하는 공중의 새와 땅의 짐승을 통해 심판받게 될 것이라고 말씀하십니다. 이는 므낫세의 범죄로 말미암아 결정된 심판으로 바벨론에게 멸망하고 포로로 끌려갈 것임을 밝히신 것입니다.

"유다 왕 히스기야의 아들 므낫세가 예루살렘에 행한 것으로 말미암아 내가 그들을 세계 여러 민족 가운데에 흩으리라"(렘 15:4)

● 세 번째 포인트

하나님께서 실의에 빠진 예레미야에게 용기를 주시며 다시 담대하게 하십니다.

예레미야 선지자가 남유다 백성들에게 하나님의 심판 메시지를 전하자 남유다의 왕과 지도자들과 백성들, 심지어 예레미야의 고향 사람들까지 예레미야를 핍박하고 죽이려 들었습니다. 예레미야 선지자가 참다 참다 결국 하나님께 자신을 보호해달라고 호소합니다.

"내게 재앙이로다 나의 어머니여 어머니께서 나를 온 세계에 다투는 자와 싸우는 자를 만날 자로 낳으셨도다 내가 꾸어 주지도 아니하였고 사람이 내게 꾸이지도 아니하였건마는 다 나를 저주하는도다"(렘 15:10)

"여호와여 주께서 아시오니 원하건대 주는 나를 기억하시며 돌보시사 나를 박해하는 자에게 보복하시고 주의 오래 참으심으로 말미암아 나로 멸망하지 아니하게 하옵시며 주를 위하여 내가 부끄러움 당하는 줄을 아시옵소서"(렘 15:15)

그러자 하나님께서 예레미야 선지자에게 위로의 말씀을 주십니다.

"여호와께서 이르시되 내가 진실로 너를 강하게 할 것이요 너에게 복을 받게 할 것이며 내가 진실로 네 원수로 재앙과 환난의 때에 네게 간구하게 하리라"(렘 15:11)

이어서 하나님께서는 실의에 빠진 예레미야에게 용기를 주시며 다시 하나님의 말씀을 담대히 전하게 하십니다.

"여호와께서 이와 같이 말씀하시되 네가 만일 돌아오면 내가 너를 다시 이끌어 내 앞에 세울 것이며 네가 만일 헛된 것을 버리고 귀한 것을 말한다면 너는 나의 입이 될 것이라 그들은 네게로 돌아오려니와 너는 그들에게로 돌아가지 말지니라 내가 너로 이 백성 앞에 견고한 놋 성벽이 되게 하리니 그들이 너를 칠지라도 이기지 못할 것은 내가 너와 함께 하여 너를 구하여 건짐이라 여호와의 말씀이니라 내가 너를 악한 자의 손에서 건지며 무서운 자의 손에서 구원하리라"(렘 15:19~21)

예레미야를 불러 소명을 주셨던 처음과 같은 약속을 이렇게 다시 한번 확인해주신 것입니다.

● **네 번째 포인트**

하나님께서는 남유다의 멸망을 선포해야 하는 예레미야 선지자에게 세 가지를 금지시키십니다.

하나님께서 예레미야 선지자에게 세 가지를 하지 말라고 명령하십니다. 남유다의 멸망을 더 확실히 말씀하시기 위함이었습니다.

첫째, 결혼하지 말라는 것입니다.

"너는 이 땅에서 아내를 맞이하지 말며 자녀를 두지 말지니라"(렘 16:2)

참 어려운 시대에 하나님의 대언자로 부르심을 받은 예레미야에게는 기본적인 행복마저도 허락되지 않았습니다. 하나님께서는 예레미야가 자기의 가정에 묶이지 않고 국가 전체를 하나님의 마음으로 끌어안고 사역하기를 바라셨습니다.

둘째, 초상집에 가지 말라는 것입니다.

"여호와께서 이와 같이 말씀하시되 초상집에 들어가지 말라 가서 통곡하지 말며 그들을 위하여 애곡하지 말라 내가 이 백성에게서 나의 평강을 빼앗으며 인자와 사랑을 제함이라 여호와의 말씀이니라"(렘 16:5)

이는 하나님의 심판으로 너무 많은 자가 죽게 될 것을 말씀하신 것입니다.

"그 죽은 자로 말미암아 슬퍼하는 자와 떡을 떼며 위로하는 자가 없을 것이며 그들의 아버지나 어머니의 상사를 위하여 위로의 잔을 그들에게 마시게 할 자가 없으리라"(렘 16:7)

셋째, 잔칫집에 가지 말라는 것입니다.

"너는 잔칫집에 들어가서 그들과 함께 앉아 먹거나 마시지 말라"(렘 16:8)

이는 하나님의 심판으로 참석할 잔칫집이 없을 것을 말씀하신 것입니다.

"만군의 여호와 이스라엘의 하나님께서 이와 같이 말씀하시니라 보라 기뻐하는 소리와 즐거워하는 소리와 신랑의 소리와 신부의 소리를 내가 네 목전, 네 시대에 이 곳에서 끊어지게 하리라"(렘 16:9)

온통 슬픔이요, 기쁨이 없는 암흑과 같은 시간들이 예언되고 있습니다. 슬픈 일이든 기쁜 일이든 이웃 간에 서로 나눌 수 없는 삭막한 상태가 다가오는 것입니다. 남유다에게 임할 진노는 그들의 슬픔과 고통을 뛰어넘는 우리 하나님의 더 깊은 슬픔입니다.

● **다섯 번째 포인트**

하나님의 심판은 그동안 남유다가 저지른 죄악 때문입니다.

하나님께서는 자신들의 죄를 깨닫지 못하는 교만한 백성들을 향해 끝까지 인내하시며 그들의 잘못을 자세히 알려주십니다.

"네가 이 모든 말로 백성에게 말할 때에 그들이 네게 묻기를 여호와께서 우리에게 이 모든 큰 재앙을 선포하심은 어찌 됨이며 우리의 죄악은 무엇이며 우리가 우리 하나님 여호와께 범한 죄는 무엇이냐 하거든 너는 그들에게 대답하기를 여호와께서 말씀하시되 너희 조상들이 나를 버리고 다른 신들을 따라서 그들을 섬기며 그들에게 절하고 나를 버려 내 율법을 지키지 아니하였음이라"(렘 16:10~11)

따라서 죄를 범한 남유다는 바벨론 포로로 잡혀갈 것이라고 말씀하십니다.

"내가 너희를 이 땅에서 쫓아내어 너희와 너희 조상들이 알지 못하던 땅에 이르게 할 것이라 너희가 거기서 주야로 다른 신들을 섬기리니 이는 내가 너희에게 은혜를 베풀지 아니함이라 하셨다 하라"(렘 16:13)

이는 〈신명기〉의 말씀 그대로였습니다. 다시 말해 제사장 나라 법을 끝내 지키지 않을 경우 받게 되는 벌을 모세를 통해 미리 말씀해주신 것입니다.

"내가 오늘 천지를 불러 증거를 삼노니 너희가 요단을 건너가서 얻는 땅에서 속히 망할 것이라 너희가 거기서 너희의 날이 길지 못하고 전멸될 것이니라 여호와께서 너희를 여러 민족 중에 흩으실 것이요 여호와께서 너희를 쫓아 보내실 그 여러 민족 중에 너희의 남은 수가 많지 못할 것이며 너희는 거기서 사람의 손으로 만든 바 보지도 못하며 듣지도 못하며 먹지도 못하며 냄새도 맡지 못하는 목석의 신들을 섬기리라"(신 4:26~28)

또한 하나님께서는 남유다를 바벨론 포로 심판 후에 다시 구원할 것을 말씀하십니다.

"이스라엘 자손을 북방 땅과 그 쫓겨 났던 모든 나라에서 인도하여 내신 여호와께서 살아 계심을 두고 맹세하리라 내가 그들을 그들의 조상들에게 준 그들의 땅으로 인도하여 들이리라"(렘 16:15)

이 또한 〈신명기〉의 말씀대로 회복을 약속하신 말씀이었습니다.

"이 모든 일이 네게 임하여 환난을 당하다가 끝날에 네가 네 하나님 여호와께로 돌아와서 그의 말씀을 청종하리니 네 하나님 여호와는 자비하신 하나님이심이라 그가 너를 버리지 아니하시며 너를 멸하지 아니하시며 네 조상들에게 맹세하신 언약을 잊지 아니하시리라"(신 4:30~31)

예레미야 선지자는 결국 훗날 우상숭배하던 민족들이 돌아와 회개할 것을 예언합니다.

"여호와 나의 힘, 나의 요새, 환난날의 피난처시여 민족들이 땅 끝에서 주께 이르러 말하기를 우리 조상들의 계승한 바는 허망하고 거짓되고 무익한 것뿐이라 사람이 어찌 신 아닌 것을 자기의 신으로 삼겠나이까 하리이다 여호와께서 이르시되 보라 이번에 그들에게 내 손과 내 능력을 알려서 그들로 내 이름이 여호와인 줄 알게 하리라"(렘 16:19~21)

예전에는 잘못하고 돌아오면 용서하고 받아주셨던 하나님께서 이제는 어떠한 일이 있어도 그 뜻을 돌이키지 않겠다고 하십니다. 하나님께서 남유다 백성들에게서 등을 돌리신 것입니다.

이제 예레미야의 탄원도 하나님께 받아들여지지 않습니다. 혹시 남유다를 향한 하나님의 이 결정이 가혹하다고 여겨진다면 이제까지 하나님께서 얼마나 많은 시간 동안 그 백성들을 용서해오셨는지를 제대로 보지 못한 것입니다. 그러나 하나님의 심판은 심판으로 끝나지 않습니다. 심판을 통해 다시 제사장 나라 교육을 받게 하시고 끝내 구원에 이르게 하십니다. 그리고 관계를 회복하십니다.

사랑과 공의의 하나님께서는 하나님의 백성들과 새로운 관계를 시작하기 위해 다음 걸음으로 나아가고 계십니다. 언제나 하나님의 계획은 결국 용서와 사랑과 긍휼을 통해 우리를 구원하시기 위한 놀라운 은혜입니다.

207일

남유다의 죄악들 (렘 17~20장)

애피타이저 APPETIZER

하나님께서 예레미야 선지자에게 토기장이의 집을 방문하라고 말씀하십니다. 토기장이가 진흙으로 그릇을 만드는 것과 같이 하나님께서 모든 민족과 나라를 다스리시며 세우기도 하시고 멸하기도 하신다는 사실을 알게 하기 위함입니다.

예레미야 선지자는 하나님께서 말씀하신 대로 함께 가는 자의 목전에서 그 옹기를 깨뜨립니다(렘 19:10). 이는 토기장이의 그릇을 한 번 깨뜨리면 다시 완전하게 할 수 없듯이 남유다 백성들과 예루살렘성을 이처럼 완전히 멸하시겠다는 하나님의 메시지였습니다.

예레미야 선지자는 자신의 온 삶을 바쳐 예루살렘의 멸망을 전했지만, 예레미야의 외침은 그에게 해(害)와 핍박으로 되돌아 옵니다. 멸망을 선포해야 하는 예레미야 선지자의 사역은 결코 쉽지 않았습니다. 예레미야 선지자는 종일토록 치욕과 모욕거리가 되었습니다. 그럼에도 불구하고 예레미야는 "마음이 불붙는 것 같아서"(렘 20:9) 하나님의 말씀을 전하는 일을 멈출 수 없었습니다.

성경통독 BIBLETONGDOK

《일년일독 통독성경》 예레미야 17~20장

통通으로 숲이야기 ; 통숲 TONG OBSERVATION

● 첫 번째 포인트

하나님께서는 남유다의 죄에 대해서 금강석 끝 철필로 기록되었다고 말씀하십니다.

하나님께서는 "우리의 죄악은 무엇이며 우리가 우리 하나님 여호와께 범한 죄는 무엇이냐"(렘 16:10)라고 묻는 남유다에게 다시 한번 그들의 죄를 지적하십니다.

"유다의 죄는 금강석 끝 철필로 기록되되 그들의 마음 판과 그들의 제단 뿔에 새겨졌거늘"(렘 17:1)

"나 여호와는 심장을 살피며 폐부를 시험하고 각각 그의 행위와 그의 행실대로 보응하나니"(렘 17:10)

하나님께서는 남유다 백성들에게 하나님을 의뢰하는 사람에게는 복이, 하나님을 떠난 사람에게는 저주가 임함을 말씀하십니다.

"여호와께서 이와 같이 말씀하시니라 무릇 사람을 믿으며 육신으로 그의 힘을 삼고 마음이 여호와에게서 떠난 그 사람은 저주를 받을 것이라"(렘 17:5)

"그러나 무릇 여호와를 의지하며 여호와를 의뢰하는 그 사람은 복을 받을 것이라 그는 물 가에 심어진 나무가 그 뿌리를 강변에 뻗치고 더위가 올지라도 두려워하지 아니하며 그 잎이 청청하며 가무는 해에도 걱정이 없고 결실이 그치지 아니함 같으리라"(렘 17:7~8)

좋은 나무가 되고 또 나무가 잘 자라기 위해서는 그 나무가 어디에 뿌리를 내리고 있느냐가 중요합니다. 나무가 뿌리를 내리는 곳에 따라 사막의 떨기나무가 될 수도 있고, 물가에 심은 나무가 될 수도 있는 것입니다. 남유다 백성들이 하나님께 복을 받음으로 물가에 심어진 나무가 되었다면 좋았을 텐데 이들은 하나님을 떠남으로 멸망하는 것입니다.

한편 예레미야 선지자는 하나님께 자신을 비롯해 의로운 남유다 백성들만은 보호해달라고 탄원합니다.

"이스라엘의 소망이신 여호와여 무릇 주를 버리는 자는 다 수치를 당할 것이라 무릇 여호와를 떠나는 자는 흙에 기록이 되오리니 이는 생수의 근원이신 여호와를 버림이니이다 여호와여 주는 나의 찬송이시오니 나를 고치소서 그리하시면 내가 낫겠나이다 나를 구원하소서 그리하시면 내가 구원을 얻으리이다"(렘 17:13~14)

"주는 내게 두려움이 되지 마옵소서 재앙의 날에 주는 나의 피난처시니이다 나를 박해하는 자로 치욕을 당하게 하시고 나로 치욕을 당하게 마옵소서 그들은 놀라게 하시고 나는 놀라게 하지 마시옵소서 재앙의 날을 그들에게 임하게 하시며 배나 되는 멸망으로 그들을 멸하소서"(렘 17:17~18)

● **두 번째 포인트**

안식일에 짐을 지고 예루살렘 성문으로 들어오면 하나님께서 성문에 불을 놓아 예루살렘 궁전을 사르게 하겠다고 말씀하십니다.

....

....

....

....

제사장 나라의 두 가지 기초는 '안식일'과 '다섯 가지 제사'입니다. 제사장 나라는 창세기 1장에서 시작된 안식일을 기준으로 안식년과 희년, 그리고 유월절, 칠칠절, 초막절을 지키는 것이 첫 번째 기초입니다.

"안식일을 기억하여 거룩하게 지키라 엿새 동안은 힘써 네 모든 일을 행할 것이나 일곱째 날은 네 하나님 여호와의 안식일인즉 너나 네 아들이나 네 딸이나 네 남종이나 네 여종이나 네 가축이나 네 문안에 머무는 객이라도 아무 일도 하지 말라 이는 엿새 동안에 나 여호와가 하늘과 땅과 바다와 그 가운데 모든 것을 만들고 일곱째 날에 쉬었음이라 그러므로 나 여호와가 안식일을 복되게 하여 그 날을 거룩하게 하였느니라"(출 20:8~11)

안식일과 함께 제사장 나라의 두 번째 기초는 앞서 언급한 대로 번제, 소제, 화목제, 속죄제, 속건제, 이렇게 다섯 가지 제사입니다. 그런데 남유다 백성들은 제사장 나라의 첫 번째 기본인 안식일조차 지키지 않았습니다. 그래서 하나님께서 예레미야 선지자를 통해 이를 책망하십니다.

"여호와께서 이와 같이 말씀하시되 너희는 스스로 삼가서 안식일에 짐을 지고 예루살렘 문으로 들어오지 말며 안식일에 너희 집에서 짐을 내지 말며 어떤 일이라도 하지 말고 내가 너희 조상들에게 명령함 같이 안식일을 거룩히 할지어다 그들은 순종하지 아니하며 귀를 기울이지 아니하며 그 목을 곧게 하여 듣지 아니하며 교훈을 받지 아니하였느니라"(렘 17:21~23)

하나님께서는 남유다 백성들에게 안식일을 거룩히 지키는 자는 복을 받고 안식일을 범하는 자는 저주를 받는다는 제사장 나라의 기초 중의 기초를 다시 말씀하십니다.

"여호와의 말씀이니라 너희가 만일 삼가 나를 순종하여 안식일에 짐을 지고 이 성문으로 들어오지 아니하며 안식일을 거룩히 하여 어떤 일이라도 하지 아니하면 다윗의 왕위에 앉아 있는 왕들과 고관들이 병거와 말을 타고 이 성문으로 들어오되 그들과 유다 모든 백성과 예루살렘 주민들이 함께 그리할 것이요 이 성은 영원히 있을 것이며"(렘 17:24~25)

"그러나 만일 너희가 나를 순종하지 아니하고 안식일을 거룩되게 아니하여 안식일에 짐을 지고 예루살렘 문으로 들어오면 내가 성문에 불을 놓아 예루살렘 궁전을 삼키게 하리니 그 불이 꺼지지 아니하리라 하셨다 할지니라 하시니라"(렘 17:27)

하나님께서는 안식일을 탐욕의 눈으로 바라보는 남유다의 현실을 경고하신 것입니다.

하나님께서는 이미 이사야 선지자를 통해서 말씀하셨듯이 안식일에 오락을 하지 않고 안식일을 존귀한 날로 지킨다면 물

댄 동산 같을 것이라고 말씀하셨습니다.

"여호와가 너를 항상 인도하여 메마른 곳에서도 네 영혼을 만족하게 하며 네 뼈를 견고하게 하리니 너는 물 댄 동산 같겠고 물이 끊어지지 아니하는 샘 같을 것이라"(사 58:11)

"만일 안식일에 네 발을 금하여 내 성일에 오락을 행하지 아니하고 안식일을 일컬어 즐거운 날이라, 여호와의 성일을 존귀한 날이라 하여 이를 존귀하게 여기고 네 길로 행하지 아니하며 네 오락을 구하지 아니하며 사사로운 말을 하지 아니하면 네가 여호와 안에서 즐거움을 얻을 것이라 내가 너를 땅의 높은 곳에 올리고 네 조상 야곱의 기업으로 기르리라 여호와의 입의 말씀이니라"(사 58:13~14)

이후에 바벨론 포로에서 돌아온 느헤미야는 남유다 백성들이 또다시 안식일에 짐을 지고 예루살렘에 들어오는 것에 대해 예레미야 선지자와 같은 통탄의 말을 합니다.

"그 때에 내가 본즉 유다에서 어떤 사람이 안식일에 술틀을 밟고 곡식단을 나귀에 실어 운반하며 포도주와 포도와 무화과와 여러 가지 짐을 지고 안식일에 예루살렘에 들어와서 음식물을 팔기로 그 날에 내가 경계하였고 또 두로 사람이 예루살렘에 살며 물고기와 각양 물건을 가져다가 안식일에 예루살렘에서도 유다 자손에게 팔기로 내가 유다의 모든 귀인들을 꾸짖어 그들에게 이르기를 너희가 어찌 이 악을 행하여 안식일을 범하느냐 너희 조상들이 이같이 행하지 아니하였느냐 그래서 우리 하나님이 이 모든 재앙을 우리와 이 성읍에 내리신 것이 아니냐 그럼에도 불구하고 너희가 안식일을 범하여 진노가 이스라엘에게 더욱 심하게 임하도록 하는도다"(느 13:15~18)

● **세 번째 포인트**

예레미야 선지자도 이사야 선지자처럼 토기장이 비유를 통해 남유다를 가르칩니다.

하나님께서 예레미야를 한 토기장이의 집으로 보내십니다. 예레미야는 토기장이가 진흙으로 그릇을 만들었다가 다시 허물고 또 다른 모양으로 만드는 모습을 지켜봅니다.

"너는 일어나 토기장이의 집으로 내려가라 내가 거기에서 내 말을 네게 들려 주리라 하시기로 내가 토기장이의 집으로 내려가서 본즉 그가 녹로로 일을 하는데"(렘 18:2~3)

하나님께서는 토기장이가 진흙으로 그릇을 만드는 것처럼 하나님께서 모든 민족과 나라를 다스리고 계심을 보여주십니다.

"여호와의 말씀이니라 이스라엘 족속아 이 토기장이가 하는 것 같이 내가 능히 너희에게 행하지 못하겠느냐 이스라엘 족속아 진흙이 토기

장이의 손에 있음 같이 너희가 내 손에 있느니라"(렘 18:6)

이사야 선지자가 토기장이 비유를 들어 하나님께 기도했던 내용입니다.

"그러나 여호와여, 이제 주는 우리 아버지시니이다 우리는 진흙이요 주는 토기장이시니 우리는 다 주의 손으로 지으신 것이니이다"(사 64:8)

이 말씀은 이후에 사도 바울에 의해 〈로마서〉에서 다시 인용됩니다.

"이 사람아 네가 누구이기에 감히 하나님께 반문하느냐 지음을 받은 물건이 지은 자에게 어찌 나를 이같이 만들었느냐 말하겠느냐 토기장이가 진흙 한 덩이로 하나는 귀히 쓸 그릇을, 하나는 천히 쓸 그릇을 만들 권한이 없느냐"(롬 9:20~21)

토기장이 비유에 이어 예레미야 선지자는 하나님의 명령대로 또다시 회개하지 않는 남유다를 향해 심판의 메시지를 전합니다.

"무릇 내 백성은 나를 잊고 허무한 것에게 분향하거니와 이러한 것들은 그들로 그들의 길 곧 그 옛길에서 넘어지게 하며 곁길 곧 닦지 아니한 길로 행하게 하여 그들의 땅으로 두려움과 영원한 웃음거리가 되게 하리니 그리로 지나는 자마다 놀라서 그의 머리를 흔들리라 내가 그들을 그들의 원수 앞에서 흩어 버리기를 동풍으로 함 같이 할 것이며 그들의 재난의 날에는 내가 그들에게 등을 보이고 얼굴을 보이지 아니하

리라"(렘 18:15~17)

그런데 하나님의 말씀을 전해 들은 남유다 백성들이 회개하기는커녕 오히려 예레미야 선지자를 죽이려 합니다.

"그들이 말하기를 오라 우리가 꾀를 내어 예레미야를 치자 제사장에게서 율법이, 지혜로운 자에게서 책략이, 선지자에게서 말씀이 끊어지지 아니할 것이니 오라 우리가 혀로 그를 치고 그의 어떤 말에도 주의하지 말자 하나이다"(렘 18:18)

그러자 예레미야 선지자가 남유다 백성들의 악을 하나님께 고발하며 그들에게 하나님의 심판이 임하기를 호소하기에 이릅니다.

"주께서 군대로 갑자기 그들에게 이르게 하사 그들의 집에서 부르짖음이 들리게 하옵소서 이는 그들이 나를 잡으려고 구덩이를 팠고 내 발을 빠뜨리려고 올무를 놓았음이니이다 여호와여 그들이 나를 죽이려 하는 계략을 주께서 다 아시오니 그 악을 사하지 마옵시며 그들의 죄를 주의 목전에서 지우지 마시고 그들을 주 앞에 넘어지게 하시되 주께서 노하시는 때에 이같이 그들에게 행하옵소서 하니라"(렘 18:22~23)

● **네 번째 포인트**

토기장이의 옹기를 깨뜨리는 예레미야의 퍼포먼스를 통해 하나님

께서는 남유다의 멸망을 확정하십니다.

하나님께서는 예레미야 선지자에게 토기장이의 옹기를 사서 남유다 지도자들과 함께 힌놈의 아들의 골짜기로 가라고 말씀하십니다.

"여호와께서 이와 같이 말씀하시되 가서 토기장이의 옹기를 사고 백성의 어른들과 제사장의 어른 몇 사람과 하시드 문 어귀 곁에 있는 힌놈의 아들의 골짜기로 가서 거기에서 내가 네게 이른 말을 선포하여"(렘 19:1~2)

이는 하나님께서 남유다에게 메시지를 주시기 위해 몰렉의 우상숭배 현장으로 가게 하신 것입니다. 그리고 그곳에서 예레미야 선지자를 통해 남유다를 향한 심판을 선언하십니다.

"말하기를 너희 유다 왕들과 예루살렘 주민아 여호와의 말씀을 들으라 만군의 여호와 이스라엘의 하나님이 이같이 말씀하시되 보라 내가 이 곳에 재앙을 내릴 것이라 그것을 듣는 모든 자의 귀가 떨리니 이는 그들이 나를 버리고 이 곳을 불결하게 하며 이 곳에서 자기와 자기 조상들과 유다 왕들이 알지 못하던 다른 신들에게 분향하며 무죄한 자의 피로 이 곳에 채웠음이며"(렘 19:3~4)

이는 하나님의 법을 어기고 우상을 숭배한 남유다 백성들에게 레위기 26장에서 말씀하셨던 처벌을 내리시겠다는 뜻입니다.

"이 성읍으로 놀람과 조롱거리가 되게 하리니 그 모든 재앙으로 말미암아 지나는 자마다 놀라며 조롱할 것이며 그들이 그들의 원수와 그들의 생명을 찾는 자에게 둘러싸여 곤경에 빠질 때에 내가 그들이 그들의 아들의 살, 딸의 살을 먹게 하고 또 각기 친구의 살을 먹게 하리라"(렘 19:8~9)

"내가 진노로 너희에게 대항하되 너희의 죄로 말미암아 칠 배나 더 징벌하리니 너희가 아들의 살을 먹을 것이요 딸의 살을 먹을 것이며"(레 26:28~29)

하나님께서는 예레미야 선지자의 옹기를 깨뜨리는 퍼포먼스를 통해 남유다의 멸망을 다시 한번 확정하십니다.

"너는 함께 가는 자의 목전에서 그 옹기를 깨뜨리고 그들에게 이르기를 만군의 여호와께서 이와 같이 말씀하시되 사람이 토기장이의 그릇을 한 번 깨뜨리면 다시 완전하게 할 수 없나니 이와 같이 내가 이 백성과 이 성읍을 무너뜨리리니 도벳에 매장할 자리가 없을 만큼 매장하리라"(렘 19:10~11)

하나님께서는 예레미야 선지자에게 힌놈의 아들의 골짜기에서 토기장이의 비유와 옹기를 깨뜨리는 퍼포먼스를 하게 하신 후 이번에는 예루살렘 성전 뜰에서 또다시 남유다의 재앙을 선포하게 하십니다.

"예레미야가 여호와께서 자기를 보내사 예언하게 하신 도벳에서 돌아와 여호와의 집 뜰에 서서 모든 백성에게 말하되 만군의 여호와 이스라엘의 하나님께서 이와 같이 말씀하시되 보라 내가 이 성읍에 대하여 선언한 모든 재앙을 이 성읍과 그 모든 촌락에 내리리니 이는 그들의 목을 곧게 하여 내 말을 듣지 아니함이라 하시니라"(렘 19:14~15)

하나님께서 그토록 정성스럽게 빚었던 예루살렘이었건만 그들은 "내가 거룩하니 너희도 거룩하라"(레 19:2)라는 말씀을 담아내기에는 너무나 더럽고 냄새나는 옹기로 변해버렸습니다.

그래서 예루살렘 집들과 유다 왕들의 집들이 그 누구도 가까이 하기 싫어하는 장소의 대명사였던 도벳처럼 될 것이라고 말씀하시는 것입니다. 이 모든 것은 그들의 심각한 죄악으로 인해 일어날 결과입니다.

● 다섯 번째 포인트

예루살렘 성전의 제사장 바스훌은 예레미야 선지자를 때리고 나무 고랑을 씌웁니다.

예레미야 선지자가 예루살렘 성전 뜰에서 남유다의 재앙을 선포하자 예루살렘 성전의 제사장 바스훌이 예레미야를 때리며 핍박합니다.

"임멜의 아들 제사장 바스훌은 여호와의 성전의 총감독이라 그가 예레미야의 이 일 예언함을 들은지라 이에 바스훌이 선지자 예레미야를 때리고 여호와의 성전에 있는 베냐민 문 위층에 목에 씌우는 나무 고랑으로 채워 두었더니"(렘 20:1~2)

그러자 하나님께서는 예레미야 선지자를 통해 바스훌을 향한 하나님의 말씀을 전하십니다.

"바스훌아 너와 네 집에 사는 모든 사람이 포로 되어 옮겨지리니 네가 바벨론에 이르러 거기서 죽어 거기 묻힐 것이라 너와 너의 거짓 예언을 들은 네 모든 친구도 그와 같으리라 하셨느니라"(렘 20:6)

거짓 예언자 바스훌과 그의 친구들이 바벨론으로 끌려가 죽임당할 것을 예언하게 하신 것입니다.

하나님께서는 예레미야 선지자를 통해 바스훌의 이름을 바꿔 '마골밋사빕'이라 부르게 하십니다. 이는 '사방의 두려움'이라는 뜻입니다. 즉, 남유다가 이방 민족의 침입으로 두려움에 빠질 것을 의미한 것입니다.

"나는 무리의 비방과 사방이 두려워함을 들었나이다 그들이 이르기를 고소하라 우리도 고소하리라 하오며 내 친한 벗도 다 내가 실족하기를

기다리며 그가 혹시 유혹을 받게 되면 우리가 그를 이기어 우리 원수를 갚자 하나이다"(렘 20:10)

예레미야 선지자는 하나님의 말씀을 전하는 일로 계속 고난과 어려움을 당하자 하나님께 자신의 고난을 아뢰며 기도합니다.

"여호와여 주께서 나를 권유하시므로 내가 그 권유를 받았사오며 주께서 나보다 강하사 이기셨으므로 내가 조롱거리가 되니 사람마다 종일토록 나를 조롱하나이다 내가 말할 때마다 외치며 파멸과 멸망을 선포하므로 여호와의 말씀으로 말미암아 내가 종일토록 치욕과 모욕거리가 됨이니이다 내가 다시는 여호와를 선포하지 아니하며 그의 이름으로 말하지 아니하리라 하면 나의 마음이 불붙는 것 같아서 골수에 사무치니 답답하여 견딜 수 없나이다"(렘 20:7~9)

예레미야 선지자의 탄식은 마치 고난 속에 있었던 욥의 탄식과도 같았습니다.

먼저 예레미야 선지자의 탄식입니다.

"내 생일이 저주를 받았더면, 나의 어머니가 나를 낳던 날이 복이 없었더면,"(렘 20:14)

"어찌하여 내가 태에서 나와서 고생과 슬픔을 보며 나의 날을 부끄러움으로 보내는고 하니라"(렘 20:18)

이어서 욥의 탄식입니다.

"그 후에 욥이 입을 열어 자기의 생일을 저주하니라 욥이 입을 열어 이르되 내가 난 날이 멸망하였더라면, 사내 아이를 배었다 하던 그 밤도 그러하였더라면, 그 날이 캄캄하였더라면, 하나님이 위에서 돌아보지 않으셨더라면, 빛도 그 날을 비추지 않았더라면,"(욥 3:1~4)

예레미야 선지자는 자신의 사정을 이렇게 하나님께 고하며 탄식하지만 그럼에도 불구하고 자신에게 주신 하나님의 사명을 끝까지 감당하고 있습니다.

디저트 DESSERT

하나님의 말씀을 남유다 백성들에게 전하는 예레미야 선지자의 입장은 참으로 난처했습니다. 하나님의 말씀을 전하면 하루 종일 모욕과 수치를 당하고, 다시는 하나님의 말씀을 전하지 않겠다고 결심하면 마음이 불붙는 것 같았습니다. 어두운 미래를 향해 달려가는 동족들을 향한 간절한 사랑이 예레미야 선지자의 마음을 다그치고 있었던 것입니다.

예레미야 선지자는 힘들 때마다 오직 생각과 마음을 감찰하시는 하나님께 자신의 억울한 사정을 아뢰니다. 그러한 중에 예레미야 선지자는 가난한 자의 생명을 행악자의 손에서 구원하시는 하나님의 은혜를 경험합니다.

견디기 어려운 고난 속에서 자신의 생일을 저주하며 한탄하기도 했지만 예레미야 선지자가 자신의 달려갈 길을 계속해서 달려갈 수 있었던 이유는 자신을 구원하실 하나님을 믿었기 때문입니다.

208일

거짓 선지자들을 향한 진노 (렘 21~23장)

애피타이저 APPETIZER

남유다의 멸망이 점차 현실로 다가오고 있습니다. 이러한 급박한 상황 속에서 선포되는 예레미야 선지자의 메시지는 하나님께서 결정하신 징계에 순종하여 바벨론에 항복하는 것만이 구원의 길이라는 것입니다.

남유다의 멸망에 대한 예레미야 선지자의 예언은 이제 더 이상 공허한 소리가 아닙니다. 바벨론의 왕 느부갓네살이 남유다를 공격하기 시작한 것입니다. 그러자 시드기야 왕이 예레미야 선지자에게 급한 소식을 전합니다. 지금까지 줄곧 하나님의 명령을 무시해왔던 시드기야 왕이 지푸라기라도 잡는 심정으로 예레미야 선지자에게 기도 요청을 한 것입니다.

예레미야 선지자는 남유다가 하나님의 심판을 인정하고 받아들이는 것만이 유일한 구원의 길임을 알고 있었기에 시드기야 왕에게 바벨론에게 항복할 것을 강력히 권고합니다. 그러나 시드기야 왕은 끝까지 예레미야 선지자의 권고를 받아들이지 않고 항복을 거부합니다.

한편 미래의 왕 메시아에 대한 예언의 말씀이 예레미야 23장을 통해 선포됩니다. 자기 권력으로 백성들을 다스리는 남유다 왕들과 아첨과 거짓된 축복으로 백성들을 유혹하는 거짓 제사장들을 폐하고 메시아를 보내는 것이 하나님의 생각이셨습니다. 이는 하나님께서 메시아를 통해 새로운 희망의 나라, 하나님 나라를 세우시겠다는 뜻이었습니다.

성경통독 BIBLETONGDOK

《일년일독 통독성경》 예레미야 21~23장

● 첫 번째 포인트

시드기야 왕은 예레미야 선지자에게 '혹시나 하는 마음'으로 하나님의 기적을 바라며 기도를 부탁합니다.

남유다의 마지막 왕 시드기야는 과거 150여 년 전 히스기야 왕이 다스리고 이사야 선지자가 활동하던 때 하나님께서 남유다를 앗수르 제국의 손에서 건져주셨던 것처럼 이번에도 남유다를 바벨론 제국의 손에서 건져주시기를 기대하며 예레미야 선지자에게 도움을 구합니다.

150여 년 전 히스기야 왕은 앗수르의 침략에 자기의 옷을 찢고 굵은 베 옷을 입고 성전으로 들어가 기도하며 이사야 선지자에게 도움을 구했습니다.

"당신의 하나님 여호와께서 랍사게의 말을 들으셨을 것이라 그가 그의 상전 앗수르 왕의 보냄을 받고 살아 계시는 하나님을 훼방하였은즉 당신의 하나님 여호와께서 혹시 그 말로 말미암아 견책하실까 하노라 그런즉 바라건대 당신은 이 남아 있는 자를 위하여 기도하라 하시더이다 하니라 그리하여 히스기야 왕의 신하들이 이사야에게 나아가매 이사야가 그들에게 이르되 너희는 너희 주에게 이렇게 말하라 여호와께서 이같이 말씀하시되 너희가 들은 바 앗수르 왕의 종들이 나를 능욕한 말로 말미암아 두려워하지 말라"(사 37:4~6)

이때 하나님께서 남유다를 구해주셨습니다.

"내가 나와 나의 종 다윗을 위하여 이 성을 보호하여 구원하리라 하셨나이다 하였더라 이 밤에 여호와의 사자가 나와서 앗수르 진영에서 군사 십팔만 오천 명을 친지라 아침에 일찍이 일어나 보니 다 송장이 되었더라"(왕하 19:34~35)

이제 150여 년이 지나 시드기야 왕이 예레미야 선지자에게 기도를 요청하는 내용은 다음과 같습니다.

"시드기야 왕이 말기야의 아들 바스훌과 제사장 마아세야의 아들 스바냐를 예레미야에게 보내니라 바벨론의 느부갓네살 왕이 우리를 치니 청컨대 너는 우리를 위하여 여호와께 간구하라 여호와께서 혹시 그의 모든 기적으로 우리를 도와 행하시면 그가 우리를 떠나리라 하니"(렘 21:1~2)

예레미야 선지자의 예언대로 바벨론의 침략이 시작되자 남유다의 마지막 왕인 시드기야는 하나님께서 기적을 나타내셔서 바벨론 군대를 물리쳐주실 것을 간구합니다. 그런데 이는 시드기야 왕이 하나님의 말씀을 듣고 회개하는 것이 아니라 단지 하나님의 도움만을 구하는 것이었습니다.

시드기야 왕의 이 요구는 지금까지 예레미야 선지자의 모든 외침, 즉 바벨론에 순순히 항복하고 하나님의 징계를 달게 받으라는 외침을 헛되게 만드는 안타까운 일이었습니다. 그럼에도 예레미야 선지자는 하나님께 여쭙고 하나님의 뜻을 그대로 전합니다.

> "여호와께서 말씀하시기를 보라 내가 너희 앞에 생명의 길과 사망의 길을 두었노라 너는 이 백성에게 전하라 하셨느니라 이 성읍에 사는 자는 칼과 기근과 전염병에 죽으려니와 너희를 에워싼 갈대아인에게 나가서 항복하는 자는 살 것이나 그의 목숨은 전리품 같이 되리라 여호와의 말씀이니라 내가 나의 얼굴을 이 성읍으로 향함은 복을 내리기 위함이 아니요 화를 내리기 위함이라 이 성읍이 바벨론 왕의 손에 넘김이 될 것이요 그는 그것을 불사르리라"(렘 21:8~10)

하나님께서 주신 생명의 길은 바벨론에 항복하는 것입니다. 이에 순종하면 생명을 구할 수 있습니다.

● **두 번째 포인트**

예레미야 선지자를 통한 하나님의 대답은 "예루살렘을 위한 기적이 아닌 여호와의 분노의 불을 끌 자가 없으리라"라는 것입니다.

하나님께서는 예레미야 선지자를 통해 남유다 왕가에 말씀하십니다.

"여호와께서 이와 같이 말씀하시니라 다윗의 집이여 너는 아침마다 정의롭게 판결하여 탈취 당한 자를 압박자의 손에서 건지라 그리하지 아니하면 너희의 악행 때문에 내 분노가 불 같이 일어나서 사르리니 능히 끌 자가 없으리라"(렘 21:12)

이는 하나님께서 남유다 왕들이 공의와 정의로 나라를 다스리지 않았음으로 그들을 처벌할 것이라는 말씀이었습니다.

가장 정의로워야 할 이들이 정의 앞에 심판을 받을 수밖에 없을 만큼 타락해버렸음을 지적하시며 이제 직접 하나님께서 그들의 대적이 될 것이라고 말씀하십니다.

계속해서 남유다 왕가에 주시는 말씀입니다.

"여호와께서 이와 같이 말씀하시되 너희가 정의와 공의를 행하여 탈취 당한 자를 압박하는 자의 손에서 건지고 이방인과 고아와 과부를 압제하거나 학대하지 말며 이 곳에서 무죄한 피를 흘리지 말라 너희가 참으로 이 말을 준행하면 다윗의 왕위에 앉을 왕들과 신하들과 백성이 병거와 말을 타고 이 집 문으로 들어오게 되리라"(렘 22:3~4)

하나님의 말씀에 순종하지 않으면 예루살렘이 멸망하고 조롱거리가 될 것이라고 말씀하십니다.

"여러 민족들이 이 성읍으로 지나가며 서로 말하기를 여호와가 이 큰 성읍에 이같이 행함은 어찌 됨인고 하겠고 그들이 대답하기는 이는 그들이 자기 하나님 여호와의 언약을 버리고 다른 신들에게 절하고 그를 섬긴 까닭이라 하셨다 할지니라"(렘 22:8~9)

하나님의 말씀대로 남유다는 시드기야 왕을 끝으로 더 이상 다윗의 후손들이 왕이 되지 못합니다. 이스라엘의 '왕정 500년'이 이렇게 끝이 나고 있습니다.

● **세 번째 포인트**

하나님께서는 남유다가 더 이상 왕정을 이어가지 못할 것이라고 선언하십니다.

남유다 말기에 요시야 왕의 아들이었던 여호야김 왕에 대한 예언입니다.

"네 두 눈과 마음은 탐욕과 무죄한 피를 흘림과 압박과 포악을 행하려 할 뿐이니라 그러므로 여호와께서 유다의 왕 요시야의 아들 여호야김에게 대하여 이와 같이 말씀하시니라 무리가 그를 위하여 슬프다 내 형제여, 슬프다 내 자매여 하며 통곡하지 아니할 것이며 그를 위하여 슬프다 주여 슬프다 그 영광이여 하며 통곡하지도 아니할 것이라 그가 끌려

예루살렘 문 밖에 던져지고 나귀 같이 매장함을 당하리라"(렘 22:17~19)

하나님의 말씀대로 여호야김은 바벨론과의 전쟁에서 죽습니다.

"여호야김 시대에 바벨론의 왕 느부갓네살이 올라오매 여호야김이 삼 년간 섬기다가 돌아서 그를 배반하였더니 여호와께서 그의 종 선지자들을 통하여 하신 말씀과 같이 갈대아의 부대와 아람의 부대와 모압의 부대와 암몬 자손의 부대를 여호야김에게로 보내 유다를 쳐 멸하려 하시니"(왕하 24:1~2)

하나님께서는 예레미야 선지자를 통해 여호야김 왕의 아들 여호야긴에 대해서도 다음과 같이 예언하게 하셨습니다.

"여호와의 말씀이니라 나의 삶으로 맹세하노니 유다 왕 여호야김의 아들 고니야가 나의 오른손의 인장반지라 할지라도 내가 빼어 네 생명을 찾는 자의 손과 네가 두려워하는 자의 손 곧 바벨론의 왕 느부갓네살의 손과 갈대아인의 손에 줄 것이라 내가 너와 너를 낳은 어머니를 너희가 나지 아니한 다른 지방으로 쫓아내리니 너희가 거기에서 죽으리라"(렘 22:24~26)

'고니야'와 '여고냐'라는 이름은 모두 '여호야긴' 왕을 지칭합니다. 하나님의 말씀대로 여호야긴 왕과 왕후, 그리고 남유다의 권세 있는 자들, 에스겔과 기술자들 1만여 명이 바벨론 2차 포로로 끌려갑니다(왕하 24:15). 이후에 여호야긴 왕은 바벨론 감옥에서 37년 만에 풀려나고 바벨론에서 높임을 받기는 하지만 끝내 예루살렘으로 돌아오지는 못합니다.

"유다의 왕 여호야긴이 사로잡혀 간 지 삼십칠 년 곧 바벨론의 왕 에윌므로닥이 즉위한 원년 십이월 그 달 이십칠일에 유다의 왕 여호야긴을 옥에서 내놓아 그 머리를 들게 하고 그에게 좋게 말하고 그의 지위를 바벨론에 그와 함께 있는 모든 왕의 지위보다 높이고 그 죄수의 의복을 벗게 하고 그의 일평생에 항상 왕의 앞에서 양식을 먹게 하였고 그가 쓸 것은 날마다 왕에게서 받는 양이 있어서 종신토록 끊이지 아니하였더라"(왕하 25:27~30)

여호야긴의 아들들은 왕위를 잇지 못하고 시드기야를 마지막으로 남유다의 왕정이 끝이 납니다.

"여호와께서 이와 같이 말씀하시니라 너희는 이 사람이 자식이 없겠고 그의 평생 동안 형통하지 못할 자라 기록하라 이는 그의 자손 중 형통하여 다윗의 왕위에 앉아 유다를 다스릴 사람이 다시는 없을 것임이라 하시니라"(렘 22:30)

● **네 번째 포인트**

하나님께서는 남유다의 심판과 궁극적으로 도래하게 될 메시아의

....

....

....

....

나라에 대해 말씀하십니다.

하나님께서는 예레미야 선지자를 통해 남유다 지도자들의 심판을 말씀하시면서 '그 후에' 남유다가 회복될 것이라고 말씀하십니다.

"여호와의 말씀이니라 내 목장의 양 떼를 멸하며 흩어지게 하는 목자에게 화 있으리라"(렘 23:1)

"내가 내 양 떼의 남은 것을 그 몰려 갔던 모든 지방에서 모아 다시 그 우리로 돌아오게 하리니 그들의 생육이 번성할 것이며 내가 그들을 기르는 목자들을 그들 위에 세우리니 그들이 다시는 두려워하거나 놀라거나 잃어 버리지 아니하리라 여호와의 말씀이니라"(렘 23:3~4)

이는 하나님께서 바벨론 포로 귀환 후 다시 세워질 제사장 나라를 말씀하신 것입니다. 이어서 하나님께서는 메시아의 탄생과 하나님의 나라를 말씀하십니다.

"여호와의 말씀이니라 보라 때가 이르리니 내가 다윗에게 한 의로운 가지를 일으킬 것이라 그가 왕이 되어 지혜롭게 다스리며 세상에서 정의와 공의를 행할 것이며 그의 날에 유다는 구원을 받겠고 이스라엘은 평안히 살 것이며 그의 이름은 여호와 우리의 공의라 일컬음을 받으리라"(렘 23:5~6)

메시아 예언은 이사야의 기록을 통해서도 볼 수 있습니다.

"이새의 줄기에서 한 싹이 나며 그 뿌리에서 한 가지가 나서 결실할 것이요"(사 11:1)

또한 미가의 기록을 통해서도 볼 수 있습니다.

"베들레헴 에브라다야 너는 유다 족속 중에 작을지라도 이스라엘을 다스릴 자가 네게서 내게로 나올 것이라 그의 근본은 상고에, 영원에 있느니라"(미 5:2)

이 예언은 800여 년 후에 "아브라함과 다윗의 자손 예수 그리스도의 계보라"(마 1:1)라는 말씀으로 성취됩니다.

또한 빌라도와 예수님과의 대화 속에서도 성취됩니다.

"빌라도가 이르되 그러면 네가 왕이 아니냐 예수께서 대답하시되 네 말과 같이 내가 왕이니라 내가 이를 위하여 태어났으며 이를 위하여 세상에 왔나니 곧 진리에 대하여 증언하려 함이로라 무릇 진리에 속한 자는 내 음성을 듣느니라"(요 18:37)

● **다섯 번째 포인트**

하나님께서는 거짓 선지자들을 향한 진노를 말씀하십니다.

하나님께서는 예레미야 선지자를 통해 거짓 선지자들에게

경고하십니다.

"여호와의 말씀이니라 선지자와 제사장이 다 사악한지라 내가 내 집에서도 그들의 악을 발견하였노라 그러므로 그들의 길이 그들에게 어두운 가운데 미끄러운 곳과 같이 되고 그들이 밀어냄을 당하여 그 길에 엎드러질 것이라 그들을 벌하는 해에 내가 그들에게 재앙을 내리리라 여호와의 말씀이니라"(렘 23:11~12)

북이스라엘과 남유다의 멸망에 결정적인 원인을 제공한 사람들은 바로 거짓 선지자들이었습니다. 그들은 하나님의 말씀이 아닌 거짓을 백성들에게 전함으로 백성들이 하나님께로 돌아가는 길을 막았습니다.

"내가 사마리아 선지자들 가운데 우매함을 보았나니 그들은 바알을 의지하고 예언하여 내 백성 이스라엘을 그릇되게 하였고 내가 예루살렘 선지자들 가운데도 가증한 일을 보았나니 그들은 간음을 행하며 거짓을 말하며 악을 행하는 자의 손을 강하게 하여 사람으로 그 악에서 돌이킴이 없게 하였은즉 그들은 다 내 앞에서 소돔과 다름이 없고 그 주민은 고모라와 다름이 없느니라"(렘 23:13~14)

거짓 선지자들의 예언과 가르침은 다음과 같습니다.

첫째, 거짓 선지자들은 자기 마음에서 나온 헛된 것을 가르쳤습니다.

"그들은 너희에게 헛된 것을 가르치나니 그들이 말한 묵시는 자기 마음으로 말미암은 것이요 여호와의 입에서 나온 것이 아니니라"(렘 23:16)

둘째, 거짓 선지자들은 하나님을 멸시하는 자들과 완악하게 행동하는 자들에게 평안을 말하며 그들에게 힘을 실어주었습니다.

"항상 그들이 나를 멸시하는 자에게 이르기를 너희가 평안하리라 여호와의 말씀이니라 하며 또 자기 마음이 완악한 대로 행하는 모든 사람에게 이르기를 재앙이 너희에게 임하지 아니하리라 하였느니라"(렘 23:17)

셋째, 거짓 선지자들은 하나님의 회의에 참여하지도, 하나님의 보내심을 받지도 않았습니다.

"이 선지자들은 내가 보내지 아니하였어도 달음질하며 내가 그들에게 이르지 아니하였어도 예언하였은즉 그들이 만일 나의 회의에 참여하였더라면 내 백성에게 내 말을 들려서 그들을 악한 길과 악한 행위에서 돌이키게 하였으리라"(렘 23:21~22)

넷째, 거짓 선지자들은 하나님의 이름으로 거짓을 예언했습니다.

"내 이름으로 거짓을 예언하는 선지자들의 말에 내가 꿈을 꾸었다 꿈을 꾸었다고 말하는 것을 내가 들었노라"(렘 23:25)

다섯째, 거짓 선지자들은 백성들이 하나님을 잊어버리도록 이끌었습니다.

"그들이 서로 꿈 꾼 것을 말하니 그 생각인즉 그들의 조상들이 바알로 말미암아 내 이름을 잊어버린 것 같이 내 백성으로 내 이름을 잊게 하려 함이로다"(렘 23:27)

여섯째, 거짓 선지자들은 하나님의 말을 도둑질했습니다.

"여호와의 말씀이라 그러므로 보라 서로 내 말을 도둑질하는 선지자들을 내가 치리라"(렘 23:30)

이러한 거짓 선지자들을 향한 하나님의 진노는 다음과 같습니다.

"여호와의 말씀이니라 보라 그들이 혀를 놀려 여호와가 말씀하셨다 하는 선지자들을 내가 치리라 여호와의 말씀이니라 보라 거짓 꿈을 예언하여 이르며 거짓과 헛된 자만으로 내 백성을 미혹하게 하는 자를 내가 치리라 내가 그들을 보내지 아니하였으며 명령하지 아니하였나니 그들은 이 백성에게 아무 유익이 없느니라 여호와의 말씀이니라"(렘 23:31~32)

하나님께서는 거짓 선지자들에 대해 "내가 치리라"(렘 23:30, 31,32)라는 말씀을 계속하시며 그들에게 임할 심판을 강하게 드러내십니다.

"이 백성이나 선지자나 제사장이 네게 물어 이르기를 여호와의 엄중한 말씀이 무엇인가 묻거든 너는 그들에게 대답하기를 엄중한 말씀이 무엇이냐 묻느냐 여호와의 말씀에 내가 너희를 버리리라 하셨고 또 여호와의 엄중한 말씀이라 하는 선지자에게나 제사장에게나 백성에게는 내가 그 사람과 그 집안을 벌하리라 하셨다 하고"(렘 23:33~34)

남유다 백성들이 하나님의 엄중한 말씀을 비웃는 질문에 대해 하나님께서는 예레미야 선지자를 통해 그들을 버릴 것이라고 답하시며 망령되게 말하지 않고 겸손히 말씀을 받으라며 심판을 경고하십니다.

디저트 DESSERT

'선지자'란 자신의 생각이 아닌 하나님의 뜻을 백성들에게 전달하는 사명을 부여받은 사람들입니다. 하지만 예레미야 당시 거짓 선지자들은 자신들이 해야 할 일에 집중하는 것이 아니라 그들에게 이익이 되는 일에 집중하며 살아가는, 사명을 잃어버린 자들이었습니다.

그들은 하나님의 말씀을 전하는 것이 아니라 자기의 생각을 하나님의 말씀으로 둔갑시켜 백성들을 호도했습니다. 백성들을 하나님께로 인도하기는커녕 오히려 백성들을 자신들의 생계유지를 위한 수단으로만 대했습니다.

우리는 남유다 멸망의 시기에 하나님의 말씀을 가감 없이 전했던 예레미야 선지자의 삶과 메시지를 통해 이 시대를 향한 하나님의 말씀을 다시금 진지하게 들어야 합니다.

이 시대를 향하신 하나님의 말씀도 모두 성경에 기록되어 있습니다. 그래서 하나님의 모든 말씀은 굿 뉴스입니다.

209일

극상품 무화과 열매 프로젝트 (렘 24~25장)

애피타이저 APPETIZER

바벨론에 저항하지 말고 순순히 항복하는 것이 하나님께 구원받는 길임을 역설한 예레미야 선지자의 선포는 남유다의 거짓 선지자들과 백성들의 반발을 불러일으켰습니다.

하나님의 말씀을 듣지 않고 죄를 짓고도 회개할 줄 모르는 남유다 백성들은 회개하기는커녕 예레미야 선지자를 바벨론 제국의 편에 선 매국노라고 매도합니다. 그러나 하나님의 계획은 분명하고도 확실했습니다. 비록 예레미야 선지자의 선포가 거짓 선지자들과 백성들로부터 거부당했지만 하나님께서는 예레미야 선지자에게 '무화과 두 광주리 환상'을 보여주시면서 확신을 갖게 하셨습니다.

성경통독 BIBLETONGDOK

《일년일독 통독성경》 예레미야 24~25장

통通으로 숲이야기 ; 통숲 TONG OBSERVATION

● 첫 번째 포인트

하나님께서 예레미야에게 '극상품 무화과 열매 만들기 프로젝트'를 본격적으로 말씀하십니다.

남유다 백성들이 바벨론 포로로 끌려가는 것은 그들의 잘못에 대한 처벌이지만 하나님의 큰 그림 계획으로 보면 극상품 무화과 열매 만들기 프로젝트입니다.

"바벨론의 느부갓네살 왕이 유다 왕 여호야김의 아들 여고냐와 유다 고관들과 목공들과 철공들을 예루살렘에서 바벨론으로 옮긴 후에 여호와께서 여호와의 성전 앞에 놓인 무화과 두 광주리를 내게 보이셨는데 한 광주리에는 처음 익은 듯한 극히 좋은 무화과가 있고 한 광주리

에는 나빠서 먹을 수 없는 극히 나쁜 무화과가 있더라"(렘 24:1~2)

남유다에 남아 있던 백성들은 1차와 2차 포로로 바벨론에 끌려간 사람들을 보면서 자신들은 위기를 모면했다고 안도의 한숨을 쉬고 있었습니다. 그러나 사실 바벨론에 끌려간 이들이 좋은 무화과요, 오히려 예루살렘에 남아 있는 백성들은 나쁜 무화과였습니다.

하나님께서는 바벨론 1차 포로인 다니엘과 세 친구, 그리고 2차 포로인 에스겔과 전문 기술자 1만여 명을 좋은 무화과로 키워 그들을 통해 다시 제사장 나라를 리셋(reset)할 계획이셨습니다.

"이스라엘의 하나님 여호와께서 이와 같이 말씀하시니라 내가 이 곳에서 옮겨 갈대아인의 땅에 이르게 한 유다 포로를 이 좋은 무화과 같이 잘 돌볼 것이라 내가 그들을 돌아보아 좋게 하여 다시 이 땅으로 인도하여 세우고 헐지 아니하며 심고 뽑지 아니하겠고 내가 여호와인 줄 아는 마음을 그들에게 주어서 그들이 전심으로 내게 돌아오게 하리니 그들은 내 백성이 되겠고 나는 그들의 하나님이 되리라"(렘 24:5~7)

하나님께서 "세우고, 헐지 아니하며, 심고 뽑지 아니하겠다"라고 하신 말씀은 제사장 나라 리셋을 위해 바벨론으로 끌려간 1차, 2차 포로들을 희망의 씨앗으로 사용하시겠다는 말씀입니다.

● 두 번째 포인트

시드기야 왕을 비롯한 바벨론에 항복하지 않은 자들과 애굽으로 도망한 자들은 나쁜 무화과와 같이 될 것입니다.

하나님께서는 예레미야 선지자를 통해 '나쁜 무화과'에 대해 다음과 같이 말씀하십니다.

"여호와께서 이와 같이 말씀하시니라 내가 유다의 왕 시드기야와 그 고관들과 예루살렘의 남은 자로서 이 땅에 남아 있는 자와 애굽 땅에 사는 자들을 나빠서 먹을 수 없는 이 나쁜 무화과 같이 버리되"(렘 24:8)

하나님께서 나쁜 무화과에 빗대어 말씀하신 사람은 남유다의 마지막 왕인 시드기야와 남유다에 남아 바벨론의 항복 명령에 저항하는 자들과 애굽 땅으로 도망하는 자들입니다. 그들은 하나님의 엄중한 심판을 받게 될 것입니다.

하나님께서는 과거 아브라함에게 '보여줄 땅'을 말씀하셨고 그 이후에도 이스라엘 백성들이 나아갈 방향을 늘 제시해주셨습니다. 이번에 하나님께서 지시하시는 방향은 '바벨론'입니다. 그래서 결코 '애굽'으로는 가지 말라고 말씀하셨습니다.

"유다의 남은 자들아 여호와께서 너희를 두고 하신 말씀에 너희는 애굽으로 가지 말라 하셨고 나도 오늘 너희에게 경고한 것을 너희는 분명

히 알라"(렘 42:19)

이후의 일이지만 하나님의 이 경고에 순종하지 않고 끝내 애굽으로 가는 자들이 생겨납니다. 그들은 심지어 예레미야 선지자까지 끌고 애굽으로 내려가는 악을 저지릅니다.

"이에 가레아의 아들 요하난과 모든 군 지휘관과 모든 백성이 유다 땅에 살라 하시는 여호와의 목소리를 순종하지 아니하고 가레아의 아들 요하난과 모든 군 지휘관이 유다의 남은 자 곧 쫓겨났던 여러 나라 가운데에서 유다 땅에 살려 하여 돌아온 자 곧 남자와 여자와 유아와 왕의 딸들과 사령관 느부사라단이 사반의 손자 아히감의 아들 그다랴에게 맡겨 둔 모든 사람과 선지자 예레미야와 네리야의 아들 바룩을 거느리고 애굽 땅에 들어가 다바네스에 이르렀으니 그들이 여호와의 목소리를 순종하지 아니함이러라"(렘 43:4~7)

하나님께서는 70년 동안 바벨론에 살면서 포로의 징계를 통해 제사장 나라 재교육을 받으라고 말씀하셨습니다. 하나님의 이 뜻을 거부하고 지금 당장의 안락만을 좇은 그들에게 미래는 없었습니다.

● **세 번째 포인트**

남유다는 예레미야 선지자를 통한 지난 23년간의 하나님의 말씀

에 끝까지 귀 기울이지 않았습니다.

남유다의 왕과 지도자들과 백성들은 죄에서 돌이켜 하나님께로 돌아오라는 예레미야 선지자를 통한 하나님의 말씀을 끝내 외면했습니다.

"유다의 왕 아몬의 아들 요시야 왕 열셋째 해부터 오늘까지 이십삼 년 동안 여호와의 말씀이 내게 임하기로 내가 너희에게 꾸준히 일렀으나 너희가 순종하지 아니하였느니라 그러므로 여호와께서 그의 모든 종 선지자를 너희에게 끊임없이 보내셨으나 너희가 순종하지 아니하였으며 귀를 기울여 듣지도 아니하였도다"(렘 25:3~4)

하나님께서는 예레미야를 비롯한 많은 선지자를 남유다에 보내셔서 그들에게 회개를 촉구하셨습니다. 그러나 그들은 끝내 예레미야를 통한 하나님의 말씀을 듣지 않았습니다. 하나님의 진노를 바꿔보려 하거나 진노를 피하려고 하기보다는 하나님께로 돌아서서 회개하는 것이 구원의 길입니다.

하나님께서 백성들을 향해 거듭 경고하시는 이유는 심판이 목적이 아니라 돌아오기를 원하시기 때문입니다. 돌아올 수 있는 기회를 만들기 위해 애쓰시는 하나님의 안타까움을 바라봅니다.

● **네 번째 포인트**

하나님께서 내 종 바벨론의 느부갓네살을 불러다가 모든 나라를 심판한다고 말씀하십니다.

당시 남유다 사람들은 하나님보다도 바벨론 제국의 왕 느부갓네살을 더 크게 여기고 있었습니다. 그러나 하나님께서는 분명히 말씀하십니다. 바벨론의 왕 느부갓네살은 하나님의 일을 하는 데 사용되는 도구이고 하나님의 종일 뿐이라고 말입니다.

"그러므로 만군의 여호와께서 이와 같이 말씀하시니라 너희가 내 말을 듣지 아니하였느니라 보라 내가 북쪽 모든 종족과 내 종 바벨론의 왕 느부갓네살을 불러다가 이 땅과 그 주민과 사방 모든 나라를 쳐서 진멸하여 그들을 놀램과 비웃음거리가 되게 하며 땅으로 영원한 폐허가 되게 할 것이라 여호와의 말씀이니라"(렘 25:8~9)

그리고 하나님께서는 남유다를 비롯한 많은 나라가 70년간 바벨론 제국의 지배하에 있을 것을 말씀하십니다.

"이 모든 땅이 폐허가 되어 놀랄 일이 될 것이며 이 민족들은 칠십 년 동안 바벨론의 왕을 섬기리라"(렘 25:11)

하나님의 말씀대로 이후 남유다는 B.C.586년 바벨론 제국에 의해 완전히 멸망하고, 이때 바벨론에 끝까지 저항했던 시드기야 왕과 남유다 사람들이 3차 포로로 바벨론에 끌려가게 됩니다. 3차 포로들은 1차와 2차 포로와 달리 쇠사슬에 매어 채찍에 맞으며 끌려갈 것입니다.

"또 하나님의 전의 대소 그릇들과 여호와의 전의 보물과 왕과 방백들의 보물을 다 바벨론으로 가져가고 또 하나님의 전을 불사르며 예루살렘 성벽을 헐며 그들의 모든 궁실을 불사르며 그들의 모든 귀한 그릇들을 부수고 칼에서 살아 남은 자를 그가 바벨론으로 사로잡아가매 무리가 거기서 갈대아 왕과 그의 자손의 노예가 되어 바사국이 통치할 때까지 이르니라 이에 토지가 황폐하여 땅이 안식년을 누림 같이 안식하여 칠십 년을 지냈으니 여호와께서 예레미야의 입으로 하신 말씀이 이루어졌더라"(대하 36:18~21)

● 다섯 번째 포인트

하나님께서는 70년 후에 바벨론 제국을 처벌할 것이라고 미리 말씀하십니다.

하나님께서는 예레미야 선지자를 통해 남유다를 멸망하게 할 바벨론 제국 또한 70년 후에 멸망하게 될 것이라고 말씀하십니다.

"여호와의 말씀이니라 칠십 년이 끝나면 내가 바벨론의 왕과 그의 나

라와 갈대아인의 땅을 그 죄악으로 말미암아 벌하여 영원히 폐허가 되게 하되"(렘 25:12)

하나님의 이 말씀은 이후 B.C.539년 바벨론이 페르시아 제국에 의해 멸망하면서 성취됩니다.

"이에 벨사살이 명하여 그들이 다니엘에게 자주색 옷을 입히게 하며 금 사슬을 그의 목에 걸어 주고 그를 위하여 조서를 내려 나라의 셋째 통치자로 삼으니라 그 날 밤에 갈대아 왕 벨사살이 죽임을 당하였고"(단 5:29~30)

갈대아 왕, 즉 바벨론 왕 벨사살이 페르시아 제국에 의해 죽음으로 바벨론 제국이 멸망합니다. 여기까지 말씀하신 하나님께서는 다시 남유다 주변 열방을 향한 하나님의 심판을 예레미야를 통해 선언하십니다.

"이스라엘의 하나님 여호와께서 이같이 내게 이르시되 너는 내 손에서 이 진노의 술잔을 받아가지고 내가 너를 보내는 바 그 모든 나라로 하여금 마시게 하라"(렘 25:15)

"만군의 여호와께서 이와 같이 말씀하시니라 보라 재앙이 나서 나라에서 나라에 미칠 것이며 큰 바람이 땅 끝에서 일어날 것이라 그 날에 여호와에게 죽임을 당한 자가 땅 이 끝에서 땅 저 끝에 미칠 것이나 그들을 위하여 애곡하는 자도 없고 시신을 거두어 주는 자도 없고 매장하여

주는 자도 없으리니 그들은 지면에서 분토가 되리로다"(렘 25:32~33)

하나님께서는 남유다 주변 국가들인 애굽, 우스, 에돔, 모압, 암몬, 두로, 드단, 데마, 부스, 아라비아, 시므리, 엘람, 메대 등에 대해 하나님의 심판을 선언하십니다. 이처럼 하나님께서 온 세상을 통치하시며 역사를 주관하십니다.

디저트 DESSERT

예레미야 선지자를 통하여 모든 나라를 향한 하나님의 심판의 말씀이 들려지고 있습니다. 비록 바벨론 제국이 당시에는 최강국으로 고대 근동 전체를 석권할 것처럼 보였지만 그들마저도 하나님의 심판 앞에서는 자유로울 수 없습니다. 또한 남유다 주변 나라들 역시 하나님의 진노의 잔을 피할 수가 없습니다.

하나님께서는 분명 사랑과 은혜가 풍성하신 분입니다. 하지만 하나님께서는 사랑하는 이 땅, 이 세상을 바로 일구기 위해 공의를 세우는 작업도 병행하십니다. 하나님께서는 모든 인생에게 사랑을 베풀어주시는 동시에 공의로 다스리십니다. 하나님께서 베푸시는 은혜의 잔과 진노의 잔은 언제나 우리 인생 앞에 함께 놓여 있습니다.

210일

예레미야의 '줄과 멍에' 퍼포먼스 (렘 26~28장)

애피타이저 APPETIZER

하나님께서는 '바벨론 포로 70년' 기간을 통해 새로운 역사를 계획하고 계십니다. 하나님께서는 오랜 세월 제사장 나라 언약을 지키지 않은 남유다 백성들을 징계하시기 위해 바벨론 포로로 70년간 지내게 하십니다.

그 고난과 훈련의 기간을 견디는 가운데 이들이 하나님의 은혜를 깨닫고 다시 제사장 나라 거룩한 시민이 되어 예루살렘으로 돌아오게 하시려는 것입니다. 그런데 예레미야 선지자가 예루살렘 성전 뜰에서 이 놀라운 하나님의 계획을 전하다가 남유다의 종교 지도자들과 백성들에게 죽을 위기에 처하게 됩니다. 그들은 "네가 반드시 죽어야 하리라"(렘 26:8)라고 말하며 예레미야를 정말 죽이려 했습니다. 이때 예레미야는 아히감의 도움으로 겨우 죽음의 위기를 벗어납니다.

한편 하나님께서는 예레미야 선지자에게 줄과 멍에를 메는 퍼포먼스를 통해 하나님의 계획을 남유다와 남유다 주변 나라에까지 알리도록 하십니다. 그러나 시드기야 왕을 비롯한 종교 지도자들과 백성들은 끝내 예레미야 선지자를 통한 하나님의 말씀을 듣지 않습니다. 오히려 재앙 대신 '평안'을 외치는 거짓 선지자 하나냐의 말에 환호를 보냅니다. 거짓 선지자 하나냐는 당시 사람들이 '무엇을 듣고 싶어하는지'를 간파하고 하나님의 뜻 대신 사람들의 니드(need)를 채워주는 말, 즉 재앙 대신 평안을 말해주고 호의호식하며 살았던 것입니다.

거짓 선지자들은 이처럼 거짓된 평안과 허황된 복을 남발하며 성전을 통해 이익만을 챙기는 탐욕스러운 자들이었습니다. 결국 하나냐는 패역한 말을 한 그해에 하나님의 심판을 받아 죽습니다. 하지만 남유다 백성들은 죽은 하나냐가 했던 말을 여전히 믿고 싶어 했고 하나님께 돌아오지 않습니다. 이 때문에 예레미야 선지자의 고통은 더해만 갑니다.

성경통독 BIBLETONGDOK

《일년일독 통독성경》 예레미야 26~28장

통通으로 숲이야기 ; 통숲 TONG OBSERVATION

● 첫 번째 포인트

하나님께서는 예레미야 선지자에게 예루살렘 성전 뜰에서 하나님의 공개 메시지를 전하게 하십니다.

예레미야 26장의 성전 설교는 예레미야 7장의 내용과 동일합니다.

"유다의 왕 요시야의 아들 여호야김이 다스리기 시작한 때에 여호와께로부터 이 말씀이 임하여 이르시되 여호와께서 이와 같이 말씀하시니라 너는 여호와의 성전 뜰에 서서 유다 모든 성읍에서 여호와의 성전에 와서 예배하는 자에게 내가 네게 명령하여 이르게 한 모든 말을 전하되 한 마디도 감하지 말라"(렘 26:1~2)

예레미야의 성전 뜰 메시지, 즉 성전 설교의 내용은 다음과 같습니다.

"그들이 듣고 혹시 각각 그 악한 길에서 돌아오리라 그리하면 내가 그들의 악행으로 말미암아 그들에게 재앙을 내리려 하던 뜻을 돌이키리라 너는 그들에게 이와 같이 이르라 여호와의 말씀에 너희가 나를 순종하지 아니하며 내가 너희 앞에 둔 내 율법을 행하지 아니하며 내가 너희에게 나의 종 선지자들을 꾸준히 보내 그들의 말을 순종하라고 하였으나 너희는 순종하지 아니하였느니라 내가 이 성전을 실로 같이 되게 하고 이 성을 세계 모든 민족의 저줏거리가 되게 하리라 하셨느니라" (렘 26:3~6)

이는 남유다 백성들이 예루살렘 성전에 와서 예배는 드리지만 율법대로 행하지 않고 선지자들을 통한 하나님의 말씀에 귀를 기울이지 않은 것에 대한 하나님의 강한 질책과 책망이셨습니다. 마침내 하나님께서는 예루살렘 성전을 '실로 같이' 되게 하겠다고 말씀하십니다.

'실로'는 이스라엘 백성들이 가나안에 들어간 이후 회막을 세우고 언약궤를 두어 매년 절기를 지키던 곳입니다. 엘리 제사장 시대에 실로에 있던 궤를 빼앗긴 적도 있었습니다.

"하나님의 궤는 빼앗겼고 엘리의 두 아들 홉니와 비느하스는 죽임을 당하였더라"(삼상 4:11)

그리고 이후 실로가 있던 북이스라엘이 망했습니다. 이와 같이 하나님의 율법을 지키지 않으면 예루살렘 성전도 망할 수 있음을 말씀하신 것입니다.

예레미야 7장의 말씀입니다.

"너희는 내가 처음으로 내 이름을 둔 처소 실로에 가서 내 백성 이스라엘의 악에 대하여 내가 어떻게 행하였는지를 보라 여호와의 말씀이니라 이제 너희가 그 모든 일을 행하였으며 내가 너희에게 말하되 새벽부터 부지런히 말하여도 듣지 아니하였고 너희를 불러도 대답하지 아니하였느니라"(렘 7:12~13)

예레미야 26장의 말씀입니다.

"어찌하여 네가 여호와의 이름을 의지하고 예언하여 이르기를 이 성전이 실로 같이 되겠고 이 성이 황폐하여 주민이 없으리라 하느냐 하며 그 모든 백성이 여호와의 성전에서 예레미야를 향하여 모여드니라"(렘 26:9)

그런데 예레미야 선지자를 통한 하나님의 말씀을 듣고서 남유다의 종교 지도자들과 정치 지도자들, 백성들의 반응은 사뭇 달랐습니다. 성전의 제사장들과 거짓 선지자들, 즉 종교 지도자들과 일부 백성들의 반응은 '예레미야는 죽어야 한다'는 것입니다.

"예레미야가 여호와께서 명령하신 말씀을 모든 백성에게 전하기를 마치매 제사장들과 선지자들과 모든 백성이 그를 붙잡고 이르되 네가 반드시 죽어야 하리라"(렘 26:8)

이때 예레미야는 자신은 하나님이 보내신 사람이며 하나님의 뜻을 예언한 것이라고 말합니다. 그리고 회개를 촉구합니다.

"예레미야가 모든 고관과 백성에게 말하여 이르되 여호와께서 나를 보내사 너희가 들은 바 모든 말로 이 성전과 이 성을 향하여 예언하게 하셨느니라 그런즉 너희는 너희 길과 행위를 고치고 너희 하나님 여호와의 목소리를 청종하라 그리하면 여호와께서 너희에게 선언하신 재앙에 대하여 뜻을 돌이키시리라"(렘 26:12~13)

한편 남유다의 일부 고관들, 즉 정치 지도자들의 반응은 종교 지도자들의 반응과 달랐습니다. 예레미야는 참 선지자이므로 '죽이면 안 된다'는 것입니다.

"고관들과 모든 백성이 제사장들과 선지자들에게 이르되 이 사람이 우리 하나님 여호와의 이름으로 우리에게 말하였으니 죽일 만한 이유가 없느니라"(렘 26:16)

그러자 남유다의 장로들 일부가 직접 나서서 예레미야 선지자를 도와줍니다. 그들은 B.C.8세기 미가 선지자의 예를 들어 예레미야 선지자의 예언이 참임을 증명하려 했습니다.

"그 지방의 장로 중 몇 사람이 일어나 백성의 온 회중에게 말하여 이르기를 유다의 왕 히스기야 시대에 모레셋 사람 미가가 유다의 모든 백성에게 예언하여 이르되 만군의 여호와께서 이와 같이 말씀하셨느니라 시온은 밭 같이 경작지가 될 것이며 예루살렘은 돌 무더기가 되며 이 성전의 산은 산당의 숲과 같이 되리라 하였으나 유다의 왕 히스기야와 모든 유다가 그를 죽였느냐 히스기야가 여호와를 두려워하여 여호와께 간구하매 여호와께서 그들에게 선언한 재앙에 대하여 뜻을 돌이키지 아니하셨느냐 우리가 이같이 하면 우리의 생명을 스스로 심히 해롭게 하는 것이니라"(렘 26:17~19)

사실 이 상황은 예레미야 선지자가 실제 죽을 수 있는 위기였습니다. 왜냐하면 얼마 전 선지자 우리야도 예레미야 선지자처럼 하나님의 말씀을 전하다가 순교를 당했기 때문입니다.

"또 여호와의 이름으로 예언한 사람이 있었는데 곧 기럇여아림 스마야의 아들 우리야라 그가 예레미야의 모든 말과 같이 이 성과 이 땅에 경고하여 예언하매 … 그들이 우리야를 애굽에서 연행하여 여호야김 왕에게로 그를 데려오매 왕이 칼로 그를 죽이고 그의 시체를 평민의 묘지에 던지게 하니라"(렘 26:20~23)

실제 우리야 선지자가 왕에게 죽은 것처럼 예레미야 선지자에게도 또 이런 일이 일어날까봐 아히감이 나서서 예레미야 선지자의 생명을 구합니다.

"사반의 아들 아히감의 손이 예레미야를 도와 주어 그를 백성의 손에 내어 주지 아니하여 죽이지 못하게 하니라"(렘 26:24)

아히감은 예루살렘 성전에서 율법책을 발견한 후 요시야 왕이 하나님의 뜻을 묻기 위해 훌다 선지자에게 파송했던 사람 중 한 사람입니다(왕하 22:13~14). 그리고 이후에 유대의 총독이 되는 그다랴의 아버지입니다.

● 두 번째 포인트

예레미야 선지자는 시드기야 왕이 주재한 '6개국 동맹' 국제회의장에서 '줄과 멍에' 퍼포먼스를 시행합니다.

바벨론 제국의 힘이 고대 근동 전체를 뒤흔들자 시드기야 왕이 남유다 주변 5개국 대표들을 예루살렘으로 초청해 국제회의를 개최합니다. 하나님께서는 그곳 회의장에 예레미야 선지자를 보내십니다.

"유다의 왕 요시야의 아들 여호야김이 다스리기 시작할 때에 여호와께서 말씀으로 예레미야에게 임하시니라 여호와께서 이와 같이 내게 말씀하시되 너는 줄과 멍에를 만들어 네 목에 걸고 유다의 왕 시드기야를 보러 예루살렘에 온 사신들의 손에도 그것을 주어 에돔의 왕과 모압의 왕과 암몬 자손의 왕과 두로의 왕과 시돈의 왕에게 보내며"(렘 27:1~3)

당시 남유다를 포함한 6개국이 모인 '예루살렘 국제회의'의

면모를 자세히 살펴보면 다음과 같습니다.

국제회의의 주관은 남유다, 장소는 남유다의 수도 예루살렘, 때는 시드기야 왕 즉위 초, 참가자는 남유다와 에돔, 모압, 암몬, 두로, 시돈의 사신들이었습니다. 그리고 회의의 안건은 바벨론 제국 등장에 따른 국제 안보 논의였습니다. 이 논의에 대한 발제는 남유다 왕 시드기야가 합니다.

그 내용은 고대 근동에서 유일하게 앗수르 제국의 지배를 피하고 오히려 앗수르 제국의 군대 18만 5천 명을 물리친 남유다 히스기야 왕 때의 역사 경험을 공유하며 앞으로 6개국이 힘을 합해 바벨론 제국에 대응할 전략을 찾자는 것이었습니다.

당시 바벨론으로 잡혀간 조카 여호야긴 왕을 대신해 왕이 된 시드기야는 일촉즉발의 위기 속에 있는 남유다를 통치하고 있었습니다. 그는 바벨론에 의해 세워진 왕이라는 이유로 자신에게 싸늘한 남유다의 국내 여론을 바꾸어 상황을 유리하게 만들기 위해 남유다 주변 5개국의 사신들을 예루살렘으로 초청해 국제적 규모의 이벤트를 만들었던 것입니다.

그런데 바로 그 자리, 국제회의가 진행되는 그 자리에 예레미야 선지자가 뜬금없이 나타나 '줄과 나무 멍에' 퍼포먼스를 벌이며 시드기야 왕을 몹시 불편하게 합니다.

초대받지도 않은 예레미야 선지자가 국제회의장에 들어와서 전한 하나님의 메시지는 다음과 같습니다.

첫째, 줄을 보여주며 "하나님의 측량이 이미 끝났으니 그러므로 남유다는 바벨론 포로로 끌려갈 것"이라고 말합니다.

둘째, 멍에를 보여주며 "나무 멍에를 지지 않으면 쇠 멍에를 메게 될 것이고 이 또한 남유다가 바벨론 포로로 끌려가는 것"이라고 말합니다.

"유다의 왕 시드기야를 보러 예루살렘에 온 사신들의 손에도 그것을 주어 에돔의 왕과 모압의 왕과 암몬 자손의 왕과 두로의 왕과 시돈의 왕에게 보내며 그들에게 명령하여 그들의 주에게 말하게 하기를 만군의 여호와 이스라엘의 하나님께서 이와 같이 말씀하시되 너희는 너희의 주에게 이같이 전하라 나는 내 큰 능력과 나의 쳐든 팔로 땅과 지상에 있는 사람과 짐승들을 만들고 내가 보기에 옳은 사람에게 그것을 주었노라 이제 내가 이 모든 땅을 내 종 바벨론의 왕 느부갓네살의 손에 주고 또 들짐승들을 그에게 주어서 섬기게 하였나니 모든 나라가 그와 그의 아들과 손자를 그 땅의 기한이 이르기까지 섬기리라 또한 많은 나라들과 큰 왕들이 그 자신을 섬기리라 여호와의 말씀이니라 바벨론의 왕 느부갓네살을 섬기지 아니하며 그 목으로 바벨론의 왕의 멍에를 메지 아니하는 백성과 나라는 내가 그들이 멸망하기까지 칼과 기근과 전

염병으로 그 민족을 벌하리라"(렘 27:3~8)

"그러나 그 목으로 바벨론의 왕의 멍에를 메고 그를 섬기는 나라는 내가 그들을 그 땅에 머물러 밭을 갈며 거기서 살게 하리라 하셨다 하라 여호와의 말씀이니라 하시니라"(렘 27:11)

하나님께서 예레미야 선지자에게 줄과 멍에를 만들어 그것을 목에 메라고 말씀하신 것입니다. 그리고 그것을 남유다의 왕과 신하들, 에돔, 모압, 암몬, 두로, 시돈에서 온 사신들에게 모두 보여주고 각자 자기 나라 왕들에게 메시지를 전달하라고 말씀하신 것입니다. 바벨론 왕 느부갓네살이 이렇게 너희 모두에게 멍에를 씌울 것임을 경고하라는 뜻입니다.

예레미야 선지자의 예언은 남유다 주변국 모두에게 불편하기 이를 데 없는 메시지였습니다. 이 때문에 국제회의가 중단되고 시드기야 왕의 리더십은 치명상을 입을 수밖에 없었습니다.

● 세 번째 포인트

예레미야 선지자는 시드기야 왕에게 바벨론 왕에게 항복하고 거짓 선지자들의 말은 듣지 말라고 권고합니다.

이제 예레미야 선지자는 시드기야 왕에게 죽음을 각오하고 담대하게 하나님의 뜻을 분명하게 전합니다.

첫째, 하나님의 말씀대로 바벨론에게 항복하고 '바벨론 왕을 섬기라'는 것입니다.

"내가 이 모든 말씀대로 유다의 왕 시드기야에게 전하여 이르되 왕과 백성은 바벨론 왕의 멍에를 목에 메고 그와 그의 백성을 섬기소서 그리하면 사시리라 어찌하여 당신과 당신의 백성이 여호와께서 바벨론의 왕을 섬기지 아니하는 나라에 대하여 하신 말씀과 같이 칼과 기근과 전염병에 죽으려 하나이까"(렘 27:12~13)

둘째, 거짓 선지자들의 말을 듣지 말라는 것입니다.

"당신들은 바벨론의 왕을 섬기게 되지 아니하리라 하는 선지자의 말을 듣지 마소서 그들은 거짓을 예언함이니이다 이는 여호와의 말씀이니라 내가 그들을 보내지 아니하였거늘 그들이 내 이름으로 거짓을 예언하니 내가 너희를 몰아내리니 너희와 너희에게 예언하는 선지자들이 멸망하리라"(렘 27:14~15)

계속해서 예레미야 선지자는 예루살렘 성전의 제사장들과 백성들에게도 하나님의 말씀을 전합니다.

첫째, 거짓 선지자의 말을 듣지 말라.

둘째, 바벨론 왕을 섬기라.

셋째, 지금은 성전 기구들까지 모두 바벨론에게 빼앗기겠지만 결국 그 모든 것은 다시 돌려받게 될 것이라고 말합니다.

"만군의 여호와께서 기둥들과 큰 대야와 받침들과 이 성에 남아 있는 기구에 대하여 이같이 말씀하시나니"(렘 27:19)

이는 예루살렘 성전에서 가장 무거운 기둥, 대야, 받침 등 놋으로 만든 기구들까지 바벨론으로 모두 옮겨진다는 것입니다. 결국 예루살렘 성전에는 아무것도 남지 않게 된다는 뜻입니다. 그러나 이후에 이 성전 기구들을 다시 돌려받게 될 것이라고 예언합니다.

"만군의 여호와 이스라엘의 하나님께서 여호와의 성전과 유다의 왕의 궁전과 예루살렘에 남아 있는 그 기구에 대하여 이와 같이 말씀하셨느니라 그것들이 바벨론으로 옮겨지고 내가 이것을 돌보는 날까지 거기에 있을 것이니라 그 후에 내가 그것을 올려 와 이 곳에 그것들을 되돌려 두리라 여호와의 말씀이니라"(렘 27:21~22)

● **네 번째 포인트**

예루살렘 국제회의가 무산되자 시드기야 왕은 거짓 선지자 하나냐를 주 강사로 세워 '구국 성회'를 개최합니다.

예레미야 선지자의 '줄과 멍에' 퍼포먼스 때문에 국제회의가 중단되고 5개국 사신들이 모두 자국으로 돌아가 버리자 시드기야 왕이 이번에는 또 다른 '이벤트'로 남유다 백성들의 마음을 자신에게로 돌리려 합니다. 그 이벤트는 바로 '구국 성회'를 성대하게 개최하는 것이었습니다.

"그 해 곧 유다 왕 시드기야가 다스리기 시작한 지 사 년 다섯째 달 기브온앗술의 아들 선지자 하나냐가 여호와의 성전에서 제사장들과 모든 백성이 보는 앞에서 내게 말하여 이르되"(렘 28:1)

시드기야 왕이 개최한 예루살렘 성전 구국 성회의 주 강사는 '선지자 하나냐'입니다. 장소는 예루살렘 성전, 때는 시드기야 왕 취임 4주년을 맞이하는 5월, 대상은 제사장들과 남유다의 모든 백성들입니다. 그리고 이 대회의 주제는 "내가 바벨론 왕의 멍에를 꺾었다"입니다.

당시 남유다는 바벨론 1차 포로로 소수 인원이 차출되어 끌려갔고 바벨론 2차 포로로 여호야긴 왕과 에스겔과 1만여 명이 끌려감으로 상황이 매우 심각했으며 예루살렘 성전 기명들도 1, 2차에 걸쳐 약탈되었기 때문에 곧 다시 쳐들어올 바벨론으로 인하여 매우 두려운 상황이었습니다. 이러한 때 구국 성회에서 하나냐가 하나님의 말씀이라며 메시지를 전한 것입니다.

"내가 바벨론의 왕 느부갓네살이 이 곳에서 빼앗아 바벨론으로 옮겨

간 여호와의 성전 모든 기구를 이 년 안에 다시 이 곳으로 되돌려 오리라 내가 또 유다의 왕 여호야김의 아들 여고니야와 바벨론으로 간 유다 모든 포로를 다시 이 곳으로 돌아오게 하리니 이는 내가 바벨론의 왕의 멍에를 꺾을 것임이라 여호와의 말씀이니라 하니라"(렘 28:3~4)

하나냐의 이 메시지를 듣고 백성들은 열화와 같이 환호했지만, 예레미야 선지자는 그 자리에서 대놓고 "하나냐는 거짓 선지자"라고 선포합니다. 그리고 하나님께서 보내신 '선지자의 정체성'에 대해 정확하게 말합니다.

"나와 너 이전의 선지자들이 예로부터 많은 땅들과 큰 나라들에 대하여 전쟁과 재앙과 전염병을 예언하였느니라 평화를 예언하는 선지자는 그 예언자의 말이 응한 후에야 그가 진실로 여호와께서 보내신 선지자로 인정 받게 되리라"(렘 28:8~9)

이미 하나님께서는 모세를 통해 거짓 선지자가 누구인지 〈신명기〉에서 분명하게 구분해주셨습니다.

"만일 선지자가 있어 여호와의 이름으로 말한 일에 증험도 없고 성취함도 없으면 이는 여호와께서 말씀하신 것이 아니요 그 선지자가 제 마음대로 한 말이니 너는 그를 두려워하지 말지니라"(신 18:22)

그러자 예레미야 선지자의 말에 화가 난 시드기야 왕과 백성들 모두가 보는 앞에서 하나냐는 예레미야 선지자에게 반격을 가합니다.

"선지자 하나냐가 선지자 예레미야의 목에서 멍에를 빼앗아 꺾고 모든 백성 앞에서 하나냐가 말하여 이르되 여호와께서 이와 같이 말씀하시니라 내가 이 년 안에 모든 민족의 목에서 바벨론의 왕 느부갓네살의 멍에를 이와 같이 꺾어 버리리라 하셨느니라"(렘 28:10~11)

하나냐가 예레미야 선지자의 나무 멍에를 빼앗아 꺾음으로 바벨론 왕의 멍에를 꺾을 수 있음을 보여준 것입니다. 그들은 나무 멍에를 메지 않으면 결국 쇠 멍에를 메게 된다는 것을 알지도, 믿지도 않았습니다.

● 다섯 번째 포인트

예레미야 선지자는 바벨론 포로 기간이 2년이라고 주장하는 하나냐에게 올해 죽을 것이라고 예언합니다.

하나님께서는 예레미야 선지자를 통해 남유다와 거짓 선지자 하나냐에게 다음과 같이 말씀하십니다.

첫째, 남유다는 나무 멍에 대신 더 무거운 쇠 멍에를 멜 것이고 바벨론에 의한 남유다의 멸망은 변하지 않을 것이라고 예언합니다.

"만군의 여호와 이스라엘의 하나님께서 이와 같이 말씀하시니라 내가 쇠 멍에로 이 모든 나라의 목에 메워 바벨론의 왕 느부갓네살을 섬기게 하였으니 그들이 그를 섬기리라 내가 들짐승도 그에게 주었느니라 하라"(렘 28:14)

둘째, 거짓 선지자 하나냐는 하나님의 심판을 받게 될 것이라고 예언합니다.

"선지자 예레미야가 선지자 하나냐에게 이르되 하나냐여 들으라 여호와께서 너를 보내지 아니하셨거늘 네가 이 백성에게 거짓을 믿게 하는도다 그러므로 여호와께서 이와 같이 말씀하시되 내가 너를 지면에서 제하리니 네가 여호와께 패역한 말을 하였음이라 네가 금년에 죽으리라 하셨느니라"(렘 28:15~16)

하나냐에 대한 예언은 그 말씀이 전해진 지 2개월 후에 하나냐가 죽음으로 이루어집니다.

"선지자 하나냐가 그 해 일곱째 달에 죽었더라"(렘 28:17)

그러나 하나냐의 죽음으로도 남유다 백성들은 하나님께로 돌아서지 않았습니다. 그들은 살아 계신 하나님의 말씀, 바벨론 포로 70년 징계보다는 자신들이 듣고 싶은 말, 즉 바벨론의 멍에를 2년 안에 꺾을 수 있다는 말을 믿고 싶었으며 이 말에 열광할 뿐이었습니다.

예루살렘 성전의 제사장들과 거짓 선지자들과 모든 백성들은 예레미야 선지자를 통한 하나님의 말씀을 듣고 아멘은커녕 도리어 화를 내며 예레미야 선지자를 죽이려 했습니다.

그들은 자신들이 지은 죄의 무게가 얼마나 큰지에 대해서는 생각하지 않고 여전히 귀에 달콤한 축복과 평안의 말만 원했던 것입니다. 그들은 생계를 위해 복과 평안을 예언하는 거짓 선지자들의 말을 좋아했고, 제사장들은 예루살렘 성전을 통해 종교귀족으로서의 삶을 유지하고 싶을 뿐이었습니다.

하나님께서 끊임없이 선지자들을 보내셔서 제사장 나라의 길을 제시해주셨음에도 그들은 그 길에서 조금씩 멀어져 가더니 이제는 돌이킬 수 없는 지경에까지 이르게 되었습니다. 그래서 하나님의 아픈 가슴을 품은 예레미야 선지자는 눈물의 선지자가 될 수밖에 없었습니다. 하나님의 아픔과 예레미야 선지자의 눈물은 하나님의 사랑, 그 때문입니다.

211일

'새 언약', 구약과 신약의 징검다리 (렘 29~31장)

애피타이저 APPETIZER

바벨론 포로로 끌려간 남유다 백성들은 그곳에서 좌절의 시간을 보내고 있었습니다. 예레미야 선지자는 그들이 왜 바벨론 포로로 끌려갔는지, 그리고 그곳에서 어떻게 살아야 하는지 편지를 써서 바벨론으로 보냈습니다.

편지의 내용은 바벨론 포로로 살아야 하는 기간이 70년으로, 결코 짧지 않다는 것입니다. 그러니 그곳에서 집을 짓고 과일 나무를 심으며 결혼하여 자손을 낳으라는 것입니다. 또 바벨론성의 평안을 위하여 기도하라는 것입니다. 그래야 남유다 백성들이 바벨론의 전쟁에 노예 병사로 차출되지 않기 때문입니다. 그리고 70년의 기간이 차면 하나님께서 약속하셨던 대로 남유다 백성들을 예루살렘으로 돌아오게 하실 것이라고 전했습니다 그것이 남유다를 향한 하나님의 계획이셨습니다.

당시의 상황만 보았을 때는 예레미야 선지자의 노력이 크게 영향력을 미치지 못하는 것처럼 보였습니다. 그러나 이후에 보면 예레미야 선지자가 보낸 이 편지를 읽고 다니엘을 비롯한 여러 사람이 긴 포로 기간 동안 기도와 신앙으로 인내하며 훈련되었다는 것을 확인할 수 있습니다.

성경통독 BIBLETONGDOK

《일년일독 통독성경》 예레미야 29~31장

통通으로 숲이야기 ; 통숲 TONG OBSERVATION

● 첫 번째 포인트

예레미야 선지자는 바벨론 포로로 끌려간 남유다 백성들에게 편지를 씁니다.

예레미야 선지자는 바벨론에 1차, 2차 포로로 끌려간 남유다 백성들에게 편지로 하나님의 뜻을 전합니다.

"선지자 예레미야가 예루살렘에서 이같은 편지를 느부갓네살이 예루살렘에서 바벨론으로 끌고 간 포로 중 남아 있는 장로들과 제사장들과 선지자들과 모든 백성에게 보냈는데 그 때는 여고니야 왕과 왕후와 궁중 내시들과 유다와 예루살렘의 고관들과 기능공과 토공들이 예루살렘에서 떠난 후라"(렘 29:1~2)

"그런즉 내가 예루살렘에서 바벨론으로 보낸 너희 모든 포로여 여호와의 말씀을 들을지니라"(렘 29:20)

바벨론으로 끌려간 2차 포로들이 바벨론의 그발 강가에 모여 살면서 강제 노역에 동원되고 있을 때 예레미야 선지자는 혼신의 힘을 다해 바벨론에 포로로 끌려가 있는 남유다 백성들에게 편지를 써 보냅니다. 그 내용은 다음과 같습니다.

첫째, 바벨론에서 삶의 뿌리를 내려 번성하고 줄어들지 말라는 것입니다.

"너희는 집을 짓고 거기에 살며 텃밭을 만들고 그 열매를 먹으라 아내를 맞이하여 자녀를 낳으며 너희 아들이 아내를 맞이하며 너희 딸이 남편을 맞아 그들로 자녀를 낳게 하여 너희가 거기에서 번성하고 줄어들지 아니하게 하라"(렘 29:5~6)

바벨론 포로 기간 70년은 제사장 나라 재교육을 받는 기간이므로 그곳에서 월등한 민족으로 거듭나기 위해 최선을 다해 노력하며 살 것을 요구하고 있습니다.

둘째, 그곳에서 바벨론성(城)의 평안을 위해 부르짖으며 기도하라는 것입니다.

> "너희는 내가 사로잡혀 가게 한 그 성읍의 평안을 구하고 그를 위하여 여호와께 기도하라 이는 그 성읍이 평안함으로 너희도 평안할 것임이라"(렘 29:7)

전쟁 때 노예 군인들은 최전선 방패막이에 불과한 존재입니다. 만약 바벨론 제국이 전쟁에 휘말리면 노예 신분으로 강제 노역을 하고 있는 남유다 백성들이 군인으로 동원될 가능성이 매우 높습니다. 그러니 70년 동안은 그 땅에 전쟁이 없기를 부르짖어 기도하라는 것입니다.

셋째, 거짓 선지자들에게 미혹되지 말라는 것입니다.

> "만군의 여호와 이스라엘의 하나님께서 이와 같이 말씀하시니라 너희 중에 있는 선지자들에게와 점쟁이에게 미혹되지 말며 너희가 꾼 꿈도 곧이 듣고 믿지 말라 내가 그들을 보내지 아니하였어도 그들이 내 이름으로 거짓을 예언함이라 여호와의 말씀이니라"(렘 29:8~9)

넷째, 바벨론 포로 기간 70년이 끝나면 남유다로 다시 돌아오게 될 것이라는 것입니다.

"여호와께서 이와 같이 말씀하시니라 바벨론에서 칠십 년이 차면 내가 너희를 돌보고 나의 선한 말을 너희에게 성취하여 너희를 이 곳으로 돌아오게 하리라 여호와의 말씀이니라 너희를 향한 나의 생각을 내가 아나니 평안이요 재앙이 아니니라 너희에게 미래와 희망을 주는 것이니라"(렘 29:10~11)

이후에 다니엘은 예레미야 선지자의 이 편지를 받고 70년이 차면 바벨론 제국이 끝날 것임을 알고 늘 기도했습니다.

"곧 그 통치 원년에 나 다니엘이 책을 통해 여호와께서 말씀으로 선지자 예레미야에게 알려 주신 그 연수를 깨달았나니 곧 예루살렘의 황폐함이 칠십 년만에 그치리라 하신 것이니라 내가 금식하며 베옷을 입고 재를 덮어쓰고 주 하나님께 기도하며 간구하기를 결심하고"(단 9:2~3)

다섯째, 포로 기간 동안 기도하며 살라는 것입니다.

"너희가 내게 부르짖으며 내게 와서 기도하면 내가 너희들의 기도를 들을 것이요 너희가 온 마음으로 나를 구하면 나를 찾을 것이요 나를 만나리라"(렘 29:12~13)

예레미야 선지자를 통한 하나님의 이 말씀은 [262일] 통숲 때 '다니엘의 기도'와 다니엘이 알고 있었던 '솔로몬의 기도'를 통해 자세히 다루겠습니다. 미리 성경 본문만 말씀드린다면 열왕기상 8장 48절에서 49절까지, 그리고 다니엘 6장 10절, 다니엘 9장 16절에서 17절까지의 말씀입니다.

● 두 번째 포인트

하나님께서는 예레미야 선지자를 통해 거짓 예언자 아합, 시드기야, 스마야에게 심판을 말씀하십니다.

하나님께서는 하나님의 이름으로 거짓을 예언하는 거짓 선지자 골라야의 아들 아합과 마아세야의 아들 시드기야를 향해 다음과 같이 심판할 것을 말씀하십니다.

> "만군의 여호와 이스라엘의 하나님께서 골라야의 아들 아합과 마아세야의 아들 시드기야에 대하여 이와 같이 말씀하시니라 그들은 내 이름으로 너희에게 거짓을 예언한 자라 보라 내가 그들을 바벨론의 왕 느부갓네살의 손에 넘기리니 그가 너희 눈 앞에서 그들을 죽일 것이라 바벨론에 있는 유다의 모든 포로가 그들을 저줏거리로 삼아서 이르기를 여호와께서 너를 바벨론 왕이 불살라 죽인 시드기야와 아합 같게 하시기를 원하노라 하리니"(렘 29:21~22)

하나님의 이름으로 거짓을 예언한 이들은 비참한 죽음을 당하게 될 것이고 이후에 그들의 이름은 비참한 죽음의 대명사가 될 것이라고 말씀하십니다.

한편 바벨론에서 포로로 있는 중에 활동한 거짓 선지자 스마야는 예레미야가 편지로 남유다 백성들의 바벨론 포로 생활이 오래될 것이라고 한 것에 대해 강력하게 비판하며 예루살렘에 있는 제사장 스바냐에게 편지를 보내 예레미야에 대한 조치를 취하도록 합니다.

바벨론 포로 중에 있던 거짓 선지자 스마야가 예루살렘 성전 감독자 스바냐에게 보낸 편지의 내용입니다.

> "여호와께서 너를 제사장 여호야다를 대신하여 제사장을 삼아 여호와의 성전 감독자로 세우심은 모든 미친 자와 선지자 노릇을 하는 자들을 목에 씌우는 나무 고랑과 목에 씌우는 쇠 고랑을 채우게 하심이어늘 이제 네가 어찌하여 너희 중에 선지자 노릇을 하는 아나돗 사람 예레미야를 책망하지 아니하느냐 그가 바벨론에 있는 우리에게 편지하기를 오래 지내야 하리니 너희는 집을 짓고 살며 밭을 일구고 그 열매를 먹으라 하셨다 하니라"(렘 29:26~28)

거짓 선지자 스마야는 자신의 잘못을 대오 각성하거나 회개하기는커녕 오히려 예루살렘에 있는 예레미야를 감금 조치하여 바벨론으로 편지 같은 것을 보내지 못하게 해야 한다고 주장합니다.

이에 대해 하나님께서는 예레미야를 통해 거짓 선지자 스마야에 대한 심판을 말씀하십니다.

"너는 모든 포로에게 전언하여 이르기를 여호와께서 느헬람 사람 스마야를 두고 이같이 말씀하셨느니라 내가 그를 보내지 아니하였거늘 스마야가 너희에게 예언하고 너희에게 거짓을 믿게 하였도다 그러므로 여호와께서 이와 같이 말씀하시니라 보라 내가 느헬람 사람 스마야와 그의 자손을 벌하리니 그가 나 여호와께 패역한 말을 하였기 때문에 이 백성 중에 살아 남을 그의 자손이 하나도 없을 것이라 내가 내 백성에게 행하려 하는 복된 일을 그가 보지 못하리라 하셨느니라 이것은 여호와의 말씀이니라"(렘 29:31~32)

● **세 번째 포인트**

하나님께서는 포로 된 남유다 백성들에게 70년이 지나면 다시 귀환하게 됨을 말씀하십니다.

하나님께서는 남유다 백성들이 다시 귀환하게 될 것을 다음과 같이 말씀하십니다.

"여호와의 말씀이니라 보라 내가 내 백성 이스라엘과 유다의 포로를 돌아가게 할 날이 오리니 내가 그들을 그 조상들에게 준 땅으로 돌아오

게 할 것이니 그들이 그 땅을 차지하리라 여호와께서 말씀하시니라"(렘 30:3)

"만군의 여호와의 말씀이라 그 날에 내가 네 목에서 그 멍에를 꺾어 버리며 네 포박을 끊으리니 다시는 이방인을 섬기지 않으리라"(렘 30:8)

"이는 여호와의 말씀이라 내가 너와 함께 있어 너를 구원할 것이라 너를 흩었던 그 모든 이방을 내가 멸망시키리라 그럴지라도 너만은 멸망시키지 아니하리라 그러나 내가 법에 따라 너를 징계할 것이요 결코 무죄한 자로만 여기지는 아니하리라"(렘 30:11)

하나님께서는 이 계획을 책에 기록하여 남기기를 원하셨습니다. 지금은 예레미야 선지자를 통해 주시는 하나님의 말씀을 도무지 들으려 하지 않지만 시간이 지나 그들이 책에 기록된 내용을 읽게 되면 하나님께서 남유다 백성들을 바벨론 포로로 가게 하신 뜻을 알게 될 것이기 때문입니다.

이어서 하나님께서는 바벨론 포로가 된 남유다 백성들에게 다음과 같은 약속을 말씀하십니다.

첫째, 하나님께서 친히 그들의 대적들을 물리쳐주고 그들의 상처를 치료해줄 것이라고 약속해주십니다.

"그러므로 너를 먹는 모든 자는 잡아먹힐 것이며 네 모든 대적은 사로잡혀 갈 것이고 너에게서 탈취해 간 자는 탈취를 당할 것이며 너에게서 노략질한 모든 자는 노략물이 되리라 여호와의 말씀이니라 그들이 쫓겨난 자라 하매 시온을 찾는 자가 없은즉 내가 너의 상처로부터 새 살이 돋아나게 하여 너를 고쳐 주리라"(렘 30:16~17)

둘째, 바벨론 군인들에 의해 불타버린 예루살렘성의 재건을 약속해주십니다.

"여호와께서 말씀하시니라 보라 내가 야곱 장막의 포로들을 돌아오게 할 것이고 그 거처들에 사랑을 베풀 것이라 성읍은 그 폐허가 된 언덕 위에 건축될 것이요 그 보루는 규정에 따라 사람이 살게 되리라"(렘 30:18)

셋째, 바벨론 포로가 된 남유다 백성들에게 가장 필요한 '평안'을 약속해주십니다.

"그들에게서 감사하는 소리가 나오고 즐거워하는 자들의 소리가 나오리라 내가 그들을 번성하게 하리니 그들의 수가 줄어들지 아니하겠고 내가 그들을 존귀하게 하리니 그들은 비천하여지지 아니하리라"(렘 30:19)

넷째, 장차 그들에게 통치자를 줄 것도 약속해주십니다.

"그 영도자는 그들 중에서 나올 것이요 그 통치자도 그들 중에서 나오리라 내가 그를 가까이 오게 하리니 그가 내게 가까이 오리라 참으로 담대한 마음으로 내게 가까이 올 자가 누구냐 여호와의 말씀이니라"(렘

30:21)

그렇게 바벨론 포로 기간 70년이 차면 남유다 백성들과 하나님과의 관계가 다시 회복될 것입니다.

"너희는 내 백성이 되겠고 나는 너희들의 하나님이 되리라"(렘 30:22)

● **네 번째 포인트**

하나님께서는 예레미야 선지자를 통해 북이스라엘과 남유다의 완전한 회복을 말씀해주십니다.

먼저 북이스라엘을 향한 회복의 메시지입니다.

"여호와의 말씀이니라 그 때에 내가 이스라엘 모든 종족의 하나님이 되고 그들은 내 백성이 되리라"(렘 31:1)

"네가 다시 사마리아 산들에 포도나무들을 심되 심는 자가 그 열매를 따기 시작하리라 에브라임 산 위에서 파수꾼이 외치는 날이 있을 것이라 이르기를 너희는 일어나라 우리가 시온에 올라가서 우리 하나님 여호와께로 나아가자 하리라"(렘 31:5~6)

이는 하나님께서 이스라엘 열두 지파 모두를 회복시키심을 의미하며 북이스라엘 백성들이 예루살렘 성전에 올라가 하나님께 예배드리게 될 것을 말씀하신 것입니다.

"그들이 울며 돌아오리니 나의 인도함을 받고 간구할 때에 내가 그들을 넘어지지 아니하고 물 있는 계곡의 곧은 길로 가게 하리라 나는 이스라엘의 아버지요 에브라임은 나의 장자니라"(렘 31:9)

이처럼 하나님께서 북이스라엘을 회복시키시는 이유는 다음과 같습니다. 그들이 하나님께 택함을 받은 제사장 나라 거룩한 시민이기 때문입니다. 그리고 호세아 선지자를 통해 이미 말씀하셨듯이 하나님의 마음에 북이스라엘을 향한 긍휼이 불일 듯 일어나기 때문입니다.

"에브라임이여 내가 어찌 너를 놓겠느냐 이스라엘이여 내가 어찌 너를 버리겠느냐 내가 어찌 너를 아드마 같이 놓겠느냐 어찌 너를 스보임 같이 두겠느냐 내 마음이 내 속에서 돌이키어 나의 긍휼이 온전히 불붙듯 하도다"(호 11:8)

이어서 남유다를 향한 회복의 메시지입니다.

"만군의 여호와 이스라엘의 하나님께서 이와 같이 말씀하시니라 내가 그 사로잡힌 자를 돌아오게 할 때에 그들이 유다 땅과 그 성읍들에서 다시 이 말을 쓰리니 곧 의로운 처소여, 거룩한 산이여, 여호와께서 네게 복 주시기를 원하노라 할 것이며 유다와 그 모든 성읍의 농부와 양 떼를 인도하는 자가 거기에 함께 살리니 이는 내가 그 피곤한 심령을 상쾌하게 하며 모든 연약한 심령을 만족하게 하였음이라"(렘 31:23~25)

바벨론에서의 포로 생활 70년이 지나면 남유다 백성들은 다시 회복된 예루살렘에서 평안과 복을 누리게 될 것입니다. 하나님께서 포로 생활 때의 피곤하고 연약했던 심령을 회복시켜주실 것입니다. 그러면 그때 북이스라엘과 남유다가 모두 완전한 회복을 이룰 것입니다.

> "여호와의 말씀이니라 보라 내가 사람의 씨와 짐승의 씨를 이스라엘 집과 유다 집에 뿌릴 날이 이르리니 깨어서 그들을 뿌리 뽑으며 무너뜨리며 전복하며 멸망시키며 괴롭게 하던 것과 같이 내가 깨어서 그들을 세우며 심으리라 여호와의 말씀이니라"(렘 31:27~28)

지금 예레미야가 전하는 희망의 메시지는 그 시대 거짓 예언자들이 떠들어대는 거짓 희망과는 전혀 다릅니다.

거짓 예언자들은 지금 당장 바벨론 포로에서 풀려날 것이라고 예언했습니다. 그러나 예레미야 선지자의 희망 예언은 미래에 이루어질 일이며 그들의 후손들에게 베풀어질 하나님의 선물입니다. 비록 현실은 고통스럽지만 믿음으로 인내한 사람들에게 주시는 하나님의 진정한 복이요, 평안이요, 완전한 회복인 것입니다.

● 다섯 번째 포인트

예레미야 선지자는 구약성경에서 예수님으로 이어지는 가장 중요한 고리인 '새 언약'을 예고합니다.

하나님께서는 예레미야 선지자를 통해 '옛 언약'이 아닌 '새 언약'을 예고해주십니다. 이 '새 언약 예고'는 구약성경에서 예수님으로 이어지는 가장 중요한 고리입니다.

"여호와의 말씀이니라 보라 날이 이르리니 내가 이스라엘 집과 유다 집에 새 언약을 맺으리라 이 언약은 내가 그들의 조상들의 손을 잡고 애굽 땅에서 인도하여 내던 날에 맺은 것과 같지 아니할 것은 내가 그들의 남편이 되었어도 그들이 내 언약을 깨뜨렸음이라 여호와의 말씀이니라 그러나 그 날 후에 내가 이스라엘 집과 맺을 언약은 이러하니 곧 내가 나의 법을 그들의 속에 두며 그들의 마음에 기록하여 나는 그들의 하나님이 되고 그들은 내 백성이 될 것이라 여호와의 말씀이니라 그들이 다시는 각기 이웃과 형제를 가르쳐 이르기를 너는 여호와를 알라 하지 아니하리니 이는 작은 자로부터 큰 자까지 다 나를 알기 때문이라 내가 그들의 악행을 사하고 다시는 그 죄를 기억하지 아니하리라 여호와의 말씀이니라"(렘 31:31~34)

히브리서 기자는 새 언약에 대해 말합니다.

"내가 그들의 불의를 긍휼히 여기고 그들의 죄를 다시 기억하지 아니하리라 하셨느니라 새 언약이라 말씀하셨으매 첫 것은 낡아지게 하신 것이니 낡아지고 쇠하는 것은 없어져 가는 것이니라"(히 8:12~13)

예레미야 선지자를 통한 하나님의 '새 언약'이 예고되기까지의 과정은 다음과 같습니다.

첫째, 새 언약과 대비되는 '옛 언약'은 하나님께서 아브라함, 이삭, 야곱에게 주신 '은혜 언약'이었습니다.

"내가 너로 큰 민족을 이루고 네게 복을 주어 네 이름을 창대하게 하리니 너는 복이 될지라 너를 축복하는 자에게는 내가 복을 내리고 너를 저주하는 자에게는 내가 저주하리니 땅의 모든 족속이 너로 말미암아 복을 얻을 것이라 하신지라"(창 12:2~3)

둘째, '은혜 언약'의 기반 위에 출애굽이 이루어졌고 하나님께서는 출애굽한 아브라함의 후손들과 시내산에서 제사장 나라 거룩한 시민 언약인 '쌍무 언약', 즉 '모세 언약'을 맺으셨습니다.

"세계가 다 내게 속하였나니 너희가 내 말을 잘 듣고 내 언약을 지키면 너희는 모든 민족 중에서 내 소유가 되겠고 너희가 내게 대하여 제사장 나라가 되며 거룩한 백성이 되리라 너는 이 말을 이스라엘 자손에게 전할지니라"(출 19:5~6)

'쌍무 언약'은 말 그대로 하나님과 이스라엘 백성들이 서로 약속한 것을 지키기로 한 언약입니다. 하나님께서는 이스라엘의 하나님이 되어주시고 이스라엘 백성들은 하나님께서 주신 율법을 지켜 행하기로 언약을 맺은 것입니다.

셋째, 시내산에서 하나님과 '쌍무 언약'을 맺은 이스라엘 백성들은 광야 40년 생활 끝에 가나안에 도착합니다. 그리고 가나안에 들어간 이후 900여 년 만에 하나님께서 예레미야 선지자를 통해 '새 언약을 예고'해주십니다.

> "여호와의 말씀이니라 보라 날이 이르리니 내가 이스라엘 집과 유다 집에 새 언약을 맺으리라"(렘 31:31)

그리고 그때로부터 600여 년 후에 우리 예수님께서 이 땅에 오셔서 예레미야 선지자가 예고한 대로 '새 언약'을 말씀하십니다.

> "또 떡을 가져 감사 기도 하시고 떼어 그들에게 주시며 이르시되 이것은 너희를 위하여 주는 내 몸이라 너희가 이를 행하여 나를 기념하라 하시고 저녁 먹은 후에 잔도 그와 같이 하여 이르시되 이 잔은 내 피로 세우는 새 언약이니 곧 너희를 위하여 붓는 것이라"(눅 22:19~20)

'새 언약'은 예수 그리스도의 피로 세운 십자가로 완성됩니다.

'옛 언약'은 은혜 언약에 이은 쌍무 언약, 즉 모세 언약으로 시내산에서 받은 율법을 이스라엘 백성들이 지켜 행함으로써 하나님의 공과 의를 열방에 드러내는 것을 말합니다. 그러나 이스라엘 백성들은 약속의 땅 가나안에 들어가 900여 년 동안 살면서 하나님과 맺은 언약을 지키지 않았습니다. 그래서 그들이 지금 〈레위기〉의 말씀대로 제사장 나라 3단계 처벌을 받고 있는 것입니다.

그런데 놀랍게도 하나님께서는 그때 그들에게 제사장 나라 3단계 처벌을 잘 받으면 새로운 언약을 주겠다고 이미 말씀하셨습니다.

> "그들이 나를 거스른 잘못으로 자기의 죄악과 그들의 조상의 죄악을 자복하고 또 그들이 내게 대항하므로 나도 그들에게 대항하여 내가 그들을 그들의 원수들의 땅으로 끌어 갔음을 깨닫고 그 할례 받지 아니한 그들의 마음이 낮아져서 그들의 죄악의 형벌을 기쁘게 받으면 내가 야곱과 맺은 내 언약과 이삭과 맺은 내 언약을 기억하며 아브라함과 맺은 내 언약을 기억하고 그 땅을 기억하리라"(레 26:40~42)

'새 언약'은 십계명의 돌판처럼 닳아 없어지는 것에 새기는 것이 아니라 우리의 마음에 새기는 놀라운 사랑의 법입니다. 그리고 예수 그리스도의 십자가를 통해 우리 모두를 구원해주시는 놀라운 하나님의 은혜와 사랑과 긍휼의 '새 언약'입니다. 하나님께서 이 놀라운 '새 언약'을 예레미야 선지자를 통해 미리 예고해주신 것입니다. 하나님의 그 사랑이 오늘도 우리 가슴을 뛰게 합니다.

212일

크고 은밀한 일, 두 가지 (렘 32~33장)

애피타이저 APPETIZER

남유다의 마지막 왕인 시드기야는 바벨론 제국에 의해 세워진 왕이었습니다. 그럼에도 시드기야는 거짓 선지자들의 말만 믿고 남유다가 결코 바벨론 제국에게 망하지 않을 것이라고 생각했습니다. 그래서 시드기야는 바벨론의 군대가 예루살렘을 점령하기 위해 예루살렘성을 포위하고 공성전을 벌이고 있음에도 아직도 사태 파악을 하지 못하고 예레미야 선지자를 통한 하나님의 말씀에 순종하지 않습니다.

그 무렵 예레미야 선지자는 남유다가 바벨론 제국에게 망하고 시드기야 왕은 바벨론으로 끌려갈 것이라는 하나님의 말씀을 전한 까닭에 남유다 왕의 궁중에 있는 시위대 뜰에 갇혀 있었습니다.

그때 예레미야의 숙부의 아들 하나멜이 시위대 뜰로 찾아와 예레미야에게 아나돗에 있는 밭을 팝니다. 그러자 예레미야 선지자는 은 17세겔을 달아주고 그 땅에 대한 증서를 받습니다.

이는 비록 지금은 남유다가 바벨론 제국에 의해 멸망하지만 하나님의 계획대로 바벨론에서의 70년 징계 기간이 끝나면 "사람이 이 땅에서 집과 밭과 포도원을 다시 사게 되리라"(렘 32:15)는 하나님의 약속을 나타내는 행동이었습니다.

예레미야 선지자는 예레미야 33장에서 다시 예루살렘의 회복을 예언하기 시작합니다. 징계와 함께 다가올 미래의 희망을 노래합니다. 하나님께서는 "크고 은밀한 일"(렘 33:3)을 이루시는 분입니다.

성경통독 BIBLETONGDOK

《일년일독 통독성경》 예레미야 32~33장

● **첫 번째 포인트**

시드기야 왕은 예레미야 선지자의 예언 내용을 문제 삼아 그를 시위대 뜰에 가둡니다.

"유다의 시드기야 왕 열째 해 곧 느부갓네살 열여덟째 해에 여호와의 말씀이 예레미야에게 임하니라 그 때에 바벨론 군대는 예루살렘을 에워싸고 선지자 예레미야는 유다의 왕의 궁중에 있는 시위대 뜰에 갇혔으니"(렘 32:1~2)

예레미야 선지자가 시위대 뜰에 갇힌 이유는 다음과 같습니다.

"이는 그가 예언하기를 여호와의 말씀에 보라 내가 이 성을 바벨론 왕의 손에 넘기리니 그가 차지할 것이며 유다 왕 시드기야는 갈대아인의 손에서 벗어나지 못하고 반드시 바벨론 왕의 손에 넘겨진 바 되리니 입이 입을 대하여 말하고 눈이 서로 볼 것이며 그가 시드기야를 바벨론으로 끌어 가리니 시드기야는 내가 돌볼 때까지 거기에 있으리라 여호와께서 이와 같이 말씀하시니라 너희가 갈대아인과 싸울지라도 승리하지 못하리라 하셨다 하였더니 유다 왕 시드기야가 이르되 네가 어찌하여 이같이 예언하였느냐 하고 그를 가두었음이었더라"(렘 32:3~5)

바벨론 제국의 군대가 예루살렘성을 포위하고 있을 때였지만 바벨론이 애굽 군대와의 전투로 잠시 예루살렘성의 포위가 풀리자 시드기야 왕과 고관들은 애굽에 의해 바벨론 군대가 물러갈 것이라고 생각했습니다. 그런데 예레미야 선지자가 계속 남유다의 멸망을 예언하자 시드기야 왕이 이를 이유로 예레미야를 시위대 뜰에 가둔 것입니다.

"이스라엘의 하나님 여호와께서 이와 같이 말씀하시니라 너희를 보내어 내게 구하게 한 유다의 왕에게 아뢰라 너희를 도우려고 나왔던 바로의 군대는 자기 땅 애굽으로 돌아가겠고 갈대아인이 다시 와서 이 성을 쳐서 빼앗아 불사르리라 여호와께서 이와 같이 말씀하시니라 너희는 스스로 속여 말하기를 갈대아인이 반드시 우리를 떠나리라 하지 말라 그들이 떠나지 아니하리라 가령 너희가 너희를 치는 갈대아인의 온 군대를 쳐서 그 중에 부상자만 남긴다 할지라도 그들이 각기 장막에서 일어나 이 성을 불사르리라"(렘 37:7~10)

● 두 번째 포인트

하나님께서 예레미야 선지자에게 그의 고향 땅 아나돗의 밭을 사게 하십니다.

하나님께서는 왕의 시위대 뜰에 갇혀 있는 예레미야 선지자에게 고향 땅 아나돗의 밭을 사게 하십니다.

"여호와의 말씀과 같이 나의 숙부의 아들 하나멜이 시위대 뜰 안 나에게 와서 이르되 청하노니 너는 베냐민 땅 아나돗에 있는 나의 밭을 사라 기업의 상속권이 네게 있고 무를 권리가 네게 있으니 너를 위하여 사라 하는지라 내가 이것이 여호와의 말씀인 줄 알았으므로 내 숙부의 아들 하나멜의 아나돗에 있는 밭을 사는데 은 십칠 세겔을 달아 주되" (렘 32:8~9)

일단 예레미야 선지자가 밭을 산 표면적인 이유는 제사장 나라 법 가운데 가까운 친족이 밭을 사서 다른 지파에게 기업이 옮겨가지 않도록 한 '기업 무를 자의 법' 권리를 따른 것입니다.

"너희 기업의 온 땅에서 그 토지 무르기를 허락할지니 만일 네 형제가 가난하여 그의 기업 중에서 얼마를 팔았으면 그에게 가까운 기업 무를 자가 와서 그의 형제가 판 것을 무를 것이요"(레 25:24~25)

그런데 하나님께서 예레미야 선지자에게 밭을 사게 하신 진정한 이유는 다음과 같습니다.

"만군의 여호와 이스라엘의 하나님께서 이와 같이 말씀하시니라 사람이 이 땅에서 집과 밭과 포도원을 다시 사게 되리라 하셨다 하니라"(렘 32:15)

이는 하나님께서 남유다를 회복하실 때에 바벨론 포로에서 귀환한 자들이 다시 돌아와 토지의 소유권을 행사할 것을 상징한 것입니다. 즉, 하나님께서는 반드시 남유다 백성들을 바벨론 포로에서 돌아오게 하실 것이며 돌아온 뒤 그들이 다시 평안하게 제사장 나라의 경영대로 일상생활을 하게 하신다는 복의 말씀이었습니다.

● **세 번째 포인트**

예레미야 선지자는 남유다가 다시 회복될 날을 위해 기도합니다.

고향 땅 아나돗의 밭을 산 예레미야 선지자가 다음과 같이 하나님께 기도를 드립니다.

"내가 매매 증서를 네리야의 아들 바룩에게 넘겨 준 뒤에 여호와께 기도하여 이르되 슬프도소이다 주 여호와여 주께서 큰 능력과 펴신 팔로 천지를 지으셨사오니 주에게는 할 수 없는 일이 없으시니이다"(렘 32:16~17)

"보옵소서 이 성을 빼앗으려고 만든 참호가 이 성에 이르렀고 칼과 기근과 전염병으로 말미암아 이 성이 이를 치는 갈대아인의 손에 넘긴 바 되었으니 주의 말씀대로 되었음을 주께서 보시나이다 주 여호와여 주께서 내게 은으로 밭을 사며 증인을 세우라 하셨으나 이 성은 갈대아인

의 손에 넘기신 바 되었나이다"(렘 32:24~25)

예레미야 선지자가 이렇게 하나님께 기도하자 하나님께서 다음과 같이 응답해주십니다.

첫째, 남유다의 멸망은 결정되었다는 것입니다.

"나는 여호와요 모든 육체의 하나님이라 내게 할 수 없는 일이 있겠느냐 그러므로 여호와께서 이와 같이 말씀하시니라 보라 내가 이 성을 갈대아인의 손과 바벨론의 느부갓네살 왕의 손에 넘길 것인즉 그가 차지할 것이라"(렘 32:27~28)

둘째, 남유다의 멸망 이유는 우상숭배와 악행, 그리고 하나님의 가르침을 듣지 않았기 때문이라고 말씀하십니다.

"이는 이스라엘 자손과 유다 자손이 예로부터 내 눈 앞에 악을 행하였을 뿐이라 이스라엘 자손은 그의 손으로 만든 것을 가지고 나를 격노하게 한 것뿐이니라 여호와의 말씀이니라"(렘 32:30)

"그들이 등을 내게로 돌리고 얼굴을 내게로 향하지 아니하며 내가 그들을 가르치되 끊임없이 가르쳤는데도 그들이 교훈을 듣지 아니하며 받지 아니하고 내 이름으로 일컫는 집에 자기들의 가증한 물건들을 세워서 그 집을 더럽게 하며 힌놈의 아들의 골짜기에 바알의 산당을 건축하였으며 자기들의 아들들과 딸들을 몰렉 앞으로 지나가게 하였느니라 그들이 이런 가증한 일을 행하여 유다로 범죄하게 한 것은 내가 명

령한 것도 아니요 내 마음에 둔 것도 아니니라"(렘 32:33~35)

셋째, 그럼에도 하나님께서는 남유다의 회복을 약속해주십니다.

"보라 내가 노여움과 분함과 큰 분노로 그들을 쫓아 보내었던 모든 지방에서 그들을 모아들여 이 곳으로 돌아오게 하여 안전히 살게 할 것이라 그들은 내 백성이 되겠고 나는 그들의 하나님이 될 것이며"(렘 32:37~38)

"너희가 말하기를 황폐하여 사람이나 짐승이 없으며 갈대아인의 손에 넘긴 바 되었다 하는 이 땅에서 사람들이 밭을 사되 베냐민 땅과 예루살렘 사방과 유다 성읍들과 산지의 성읍들과 저지대의 성읍들과 네겝의 성읍들에 있는 밭을 은으로 사고 증서를 기록하여 봉인하고 증인을 세우리니 이는 내가 그들의 포로를 돌아오게 함이니라 여호와의 말씀이니라"(렘 32:43~44)

이는 밭을 산 예레미야 선지자의 행동에 대한 하나님의 직접적인 답변으로, 바벨론 포로 기간을 잘 보내고 난 후 포로 귀환과 다시 회복될 남유다의 미래를 말씀해주신 것입니다.

하나님께서 바벨론에 항복하라고 명령하시는 이유는 남유다 백성들을 살리기 위함이셨습니다. 남유다 백성들은 이 사실과 함께 정하신 기간이 차면 하나님께서 그들을 예루살렘으로 데려

오실 것이라는 사실 또한 믿어야 했습니다.

● 네 번째 포인트

하나님께서 말씀하신 크고 은밀한 일 두 가지는 '포로 귀환과 회복, 그리고 메시아 나라'입니다.

하나님께서는 예레미야 선지자에게 '크고 은밀한 일' 두 가지를 말씀하십니다.

"일을 행하시는 여호와, 그것을 만들며 성취하시는 여호와, 그의 이름을 여호와라 하는 이가 이와 같이 이르시도다 너는 내게 부르짖으라 내가 네게 응답하겠고 네가 알지 못하는 크고 은밀한 일을 네게 보이리라"(렘 33:2~3)

하나님께서 말씀하신 크고 은밀한 일은 '포로 귀환과 회복', 그리고 '메시아의 나라' 이야기였습니다. 신앙과 정치의 중심지인 예루살렘이 바벨론의 칼끝 앞에 있는 현실 속에서 예레미야는 다시금 예루살렘의 부흥을 예언하고 있습니다.

바벨론의 군대가 예루살렘을 더욱 압박할수록 예레미야에게 임하시는 하나님의 말씀은 더욱 확고하게 '시온성의 회복'이었고, 이후 숲에서 보면 예루살렘 멸망의 순간부터 하나님께서는 에스겔을 통하여 예루살렘 회복의 장면을 장엄하고도 화려하게 보여주십니다(겔 34~48장).

이어서 하나님께서는 남유다가 멸망할 수밖에 없는 이유를 말씀해주십니다. 이는 예레미야 선지자가 왕의 시위대 뜰에 갇혀 있을 때 주신 하나님의 두 번째 말씀으로 남유다의 멸망과 회복에 관한 말씀이었습니다.

"이스라엘의 하나님 여호와께서 말씀하시니라 무리가 이 성읍의 가옥과 유다 왕궁을 헐어서 갈대아인의 참호와 칼을 대항하여 싸우려 하였으나 내가 나의 노여움과 분함으로 그들을 죽이고 그들의 시체로 이 성을 채우게 하였나니 이는 그들의 모든 악행으로 말미암아 나의 얼굴을 가리어 이 성을 돌아보지 아니하였음이라"(렘 33:4~5)

당시 남유다는 그들이 할 수 있는 모든 방법을 총동원해서 바벨론에 맞섰지만 하나님의 계획은 그들의 악행으로 말미암아 남유다가 바벨론 제국에게 멸망하는 것입니다. 그러나 하나님께서는 바벨론 포로 70년 후에 이루어질 남유다 회복까지 계획하고 계셨습니다.

"그러나 보라 내가 이 성읍을 치료하며 고쳐 낫게 하고 평안과 진실이 풍성함을 그들에게 나타낼 것이며 내가 유다의 포로와 이스라엘의 포로를 돌아오게 하여 그들을 처음과 같이 세울 것이며 내가 그들을 내게

범한 그 모든 죄악에서 정하게 하며 그들이 내게 범하며 행한 모든 죄악을 사할 것이라"(렘 33:6~8)

이는 남유다를 처음과 같이 다시 제사장 나라 거룩한 시민으로 리셋(reset)하겠다는 하나님의 계획을 말씀하신 것입니다. 더 나아가 궁극적으로 메시아 나라를 통하여 남유다의 포로들과 북이스라엘의 포로들을 모두 돌아오게 하여 그들을 다시 한 민족으로 회복시키시겠다는 뜻이었습니다.

"이 성읍이 세계 열방 앞에서 나의 기쁜 이름이 될 것이며 찬송과 영광이 될 것이요 그들은 내가 이 백성에게 베푼 모든 복을 들을 것이요 내가 이 성읍에 베푼 모든 복과 모든 평안으로 말미암아 두려워하며 떨리라 여호와께서 이와 같이 말씀하시니라 너희가 가리켜 말하기를 황폐하여 사람도 없고 짐승도 없다 하던 여기 곧 황폐하여 사람도 없고 주민도 없고 짐승도 없던 유다 성읍들과 예루살렘 거리에서 즐거워하는 소리, 기뻐하는 소리, 신랑의 소리, 신부의 소리와 및 만군의 여호와께 감사하라, 여호와는 선하시니 그 인자하심이 영원하다 하는 소리와 여호와의 성전에 감사제를 드리는 자들의 소리가 다시 들리리니 이는 내가 이 땅의 포로를 돌려보내어 지난 날처럼 되게 할 것임이라 여호와의 말씀이니라"(렘 33:9~11)

● 다섯 번째 포인트

하나님의 남유다 회복 메시지의 최종 결론은 '메시아의 나라'입니다.

하나님께서는 예레미야 선지자에게 '메시아의 나라'를 예언하게 하십니다.

"그 날 그 때에 내가 다윗에게서 한 공의로운 가지가 나게 하리니 그가 이 땅에 정의와 공의를 실행할 것이라 그 날에 유다가 구원을 받겠고 예루살렘이 안전히 살 것이며 이 성은 여호와는 우리의 의라는 이름을 얻으리라 여호와께서 이와 같이 말씀하시니라 이스라엘 집의 왕위에 앉을 사람이 다윗에게 영원히 끊어지지 아니할 것이며 내 앞에서 번제를 드리며 소제를 사르며 다른 제사를 항상 드릴 레위 사람 제사장들도 끊어지지 아니하리라 하시니라"(렘 33:15~18)

하나님께서 예레미야 선지자를 통해 예언하게 하신 메시아는 다윗의 자손으로 오실 예수님이십니다.

"보라 네가 잉태하여 아들을 낳으리니 그 이름을 예수라 하라 그가 큰 자가 되고 지극히 높으신 이의 아들이라 일컬어질 것이요 주 하나님께서 그 조상 다윗의 왕위를 그에게 주시리니 영원히 야곱의 집을 왕으로 다스리실 것이며 그 나라가 무궁하리라"(눅 1:31~33)

인생들을 향하신 하나님의 놀라운 구원의 약속, 곧 그리스도의 나심과 이를 통하여 이 땅에 이룩될 공평과 정의, 이것이 새 예루살렘을 향한 하나님의 소망입니다.

"여호와께서 이와 같이 말씀하시니라 내가 주야와 맺은 언약이 없다든지 천지의 법칙을 내가 정하지 아니하였다면 야곱과 내 종 다윗의 자손을 버리고 다시는 다윗의 자손 중에서 아브라함과 이삭과 야곱의 자손을 다스릴 자를 택하지 아니하리라 내가 그 포로된 자를 돌아오게 하고 그를 불쌍히 여기리라"(렘 33:25~26)

하나님께서는 남유다의 회복을 믿지 못하는 바벨론 포로로 끌려가 있는 남유다 백성들에게 변개치 않는 자연법칙을 말씀하시며 하나님의 말씀에 확신을 주십니다. 예레미야 33장에 나타나 있는 남유다의 회복을 확인해주시는 표현들은 다음과 같습니다.

"이 성읍을 치료하며 고쳐 낫게 하고 평안과 진실이 풍성함을 그들에게 나타낼 것이며"(렘 33:6)

"유다의 포로와 이스라엘의 포로를 돌아오게 하여 그들을 처음과 같이 세울 것이며"(렘 33:7)

"그들이 내게 범하며 행한 모든 죄악을 사할 것이라"(렘 33:8)

"이 성읍이 세계 열방 앞에서 나의 기쁜 이름이 될 것이며 찬송과 영광이 될 것이요"(렘 33:9)

"사람도 없고 주민도 없고 짐승도 없던 유다 성읍들과 예루살렘 거리에서 즐거워하는 소리, 기뻐하는 소리, 신랑의 소리, 신부의 소리와 및 만군의 여호와께 감사하라, 여호와는 선하시니 그 인자하심이 영원하다 하는 소리와 여호와의 성전에 감사제를 드리는 자들의 소리가 다시 들리리니"(렘 33:10~11)

"황폐하여 사람도 없고 짐승도 없던 이 곳과 그 모든 성읍에 다시 목자가 살 곳이 있으리니 그의 양 떼를 눕게 할 것이라"(렘 33:12)

"양 떼가 다시 계수하는 자의 손 아래로 지나리라"(렘 33:13)

"그 날에 유다가 구원을 받겠고 예루살렘이 안전히 살 것이며"(렘 33:16)

"이스라엘 집의 왕위에 앉을 사람이 다윗에게 영원히 끊어지지 아니할 것이며"(렘 33:17)

"내 앞에서 번제를 드리며 소제를 사르며 다른 제사를 항상 드릴 레위 사람 제사장들도 끊어지지 아니하리라"(렘 33:18)

"내가 그 포로 된 자를 돌아오게 하고 그를 불쌍히 여기리라"(렘 33:26)

디저트 DESSERT

느부갓네살 왕의 바벨론 군대가 남유다의 예루살렘성을 포위하고 압박하듯이 시드기야 왕이 지금 예레미야 선지자를 왕의 시위대 뜰에 가두고 그를 압박하고 있습니다.

시위대 뜰에 갇혀 있는 상황에서도 예레미야 선지자의 입술에서는 "하나님께서 남유다를 구원하시리라"라는 놀라운 예언이 선포됩니다.

남유다가 겪는 고통과 징계는 멸망 자체를 위한 70년 포로 기간만이 아니라 제사장 나라 거룩한 시민으로 리셋되는, 즉 남유다의 새로운 역사 출발을 위한 과정이었던 것입니다.

죄에 대한 징계를 달게 받는 것 그것은 하나님의 자녀가 마땅히 취해야 할 행동입니다. 그러면 하나님께서 기뻐하시는 백성으로 회복되어 놀라운 하나님의 역사에 동참할 기회가 다시 주어지기 때문입니다.

213일

레갑의 후손들(렘 34~36장)

애피타이저 APPETIZER

예레미야 34장에서는 예루살렘 멸망에 대한 예언이 더 구체적으로 묘사되고 있습니다. 예루살렘은 성과 성벽과 성전과 집들이 모두 불타고 파괴될 것이며, 시드기야 왕은 바벨론 포로로 잡혀갈 것이 예언되고 있습니다.

이어지는 예레미야 35장에서 36장은 시간을 거슬러 올라가 이전 여호야김 왕 시절에 있었던 사건을 기록하고 있습니다. 예레미야 선지자가 하나님의 말씀을 말로 선포할 수 없는 처지에 놓였을 때, 하나님께서는 예레미야로 하여금 글을 쓰게 하셨습니다. 하나님께서 이렇게까지 하시는 것은 남유다 백성들의 마음에 하나님의 말씀을 새기고자 하시는 하나님의 열심 때문입니다.

예레미야 선지자가 쓴 글의 두루마리는 당시 겨울 궁전에 머물고 있었던 여호야김 왕에게 보내졌지만, 왕은 그 소중한 두루마리를 화로 불에 던져버립니다. 이는 예레미야 선지자를 통해 주시는 하나님의 말씀을 듣지 않겠다는 확고한 표현이었습니다. 예레미야 선지자의 두루마리 내용은 경고와 징계였지만 그것은 남유다가 회개하고 돌아오기를 바라시는 하나님의 마음이었습니다. 그런데 여호야김 왕이 이를 버린 것입니다.

성경통독 BIBLETONGDOK

《일년일독 통독성경》 예레미야 34~36장

통通으로 숲이야기 ; 통숲 TONG OBSERVATION

● 첫 번째 포인트

시드기야 왕은 국가의 긴급한 위기 가운데 제사장 나라 노예해방법을 지키겠다고 맹세하고는 다시 그 계약을 파기해버립니다.

당시 남유다는 바벨론의 군인들이 남유다의 모든 성읍을 다 차지하고 겨우 예루살렘과 예루살렘을 방어하는 요새인 라기스와 아세가만 남아 있는 긴급한 국가 위기 상황에 놓여 있었습니다. 바로 이때 예루살렘 성전에서 시드기야 왕과 지도자들이 제사장 나라 법인 노예해방법을 지키겠다고 하나님 앞에서 계약을 맺는 놀라운 일을 행했습니다.

"시드기야 왕이 예루살렘에 있는 모든 백성과 한 가지로 하나님 앞에서 계약을 맺고 자유를 선포한 후에 여호와께로부터 말씀이 예레미야에게 임하니라 그 계약은 사람마다 각기 히브리 남녀 노비를 놓아 자유롭게 하고 그의 동족 유다인을 종으로 삼지 못하게 한 것이라"(렘 34:8~9)

이는 〈신명기〉에서 이미 제시된 법이었습니다.

"네 동족 히브리 남자나 히브리 여자가 네게 팔렸다 하자 만일 여섯 해 동안 너를 섬겼거든 일곱째 해에 너는 그를 놓아 자유롭게 할 것이요" (신 15:12)

그런데 참으로 안타깝게도 얼마 가지 않아 시드기야 왕과 지도자들은 노예해방을 선포했던 계약을 모두 취소하고 놓아주었던 노예들을 다시 잡아들여 그들을 전처럼 압제합니다.

"이 계약에 가담한 고관들과 모든 백성이 각기 노비를 자유롭게 하고 다시는 종을 삼지 말라 함을 듣고 순복하여 놓았더니 후에 그들의 뜻이 변하여 자유를 주었던 노비를 끌어다가 복종시켜 다시 노비로 삼았더라"(렘 34:10~11)

이로 인해 하나님께서는 예레미야 선지자를 통해 다시 한번 남유다를 향한 책망과 심판의 메시지를 주십니다.

"너희는 이제 돌이켜 내 눈 앞에 바른 일을 행하여 각기 이웃에게 자유를 선포하되 내 이름으로 일컬음을 받는 집에서 내 앞에서 계약을 맺었거늘 너희가 돌이켜 내 이름을 더럽히고 각기 놓아 그들의 마음대로 자유롭게 하였던 노비를 끌어다가 다시 너희에게 복종시켜 너희의 노비로 삼았도다"(렘 34:15~16)

남유다는 예루살렘 성전에서, 그것도 하나님 앞에서 맺은 계약을 변개했습니다. 그래서 하나님께서 그 죄를 물으신 것입니다. 하나님께서는 그들이 반드시 심판을 받을 것이라고 엄중히 말씀하십니다.

"그러므로 여호와께서 이와 같이 말씀하시니라 너희가 나에게 순종하지 아니하고 각기 형제와 이웃에게 자유를 선포한 것을 실행하지 아니하였은즉 내가 너희를 대적하여 칼과 전염병과 기근에게 자유를 주리라 여호와의 말씀이니라 내가 너희를 세계 여러 나라 가운데에 흩어지게 할 것이며"(렘 34:17)

"또 내가 유다의 시드기야 왕과 그의 고관들을 그의 원수의 손과 그의 생명을 찾는 자의 손과 너희에게서 떠나간 바벨론 왕의 군대의 손에 넘기리라 여호와의 말씀이니라 보라 내가 그들에게 명령하여 이 성읍에 다시 오게 하리니 그들이 이 성을 쳐서 빼앗아 불사를 것이라 내가 유다의 성읍들을 주민이 없어 처참한 황무지가 되게 하리라"(렘 34:21~22)

● **두 번째 포인트**

하나님께서는 여호야김 왕 시대에 조상들의 교훈을 지키며 살아가고 있던 레갑 사람들을 칭찬하십니다.

여기에서 이야기는 잠시 여호야김 왕 시대로 거슬러 올라갑니다.

하나님께서는 조상들의 교훈을 잘 지키며 살아가는 레갑 사람들을 주목하셨습니다. 하나님께서는 예레미야에게 레갑의 후손들을 찾아가 만난 후 그들을 여호와의 집, 한 방으로 초대하여 포도주를 대접하라고 말씀하십니다. 그러자 예레미야의 포도주 대접을 받은 레갑 족속의 사람들이 말합니다.

"우리가 레갑의 아들 우리 선조 요나답이 우리에게 명령한 모든 말을 순종하여 우리와 우리 아내와 자녀가 평생 동안 포도주를 마시지 아니하며 살 집도 짓지 아니하며 포도원이나 밭이나 종자도 가지지 아니하고 장막에 살면서 우리 선조 요나답이 우리에게 명령한 대로 다 지켜 행하였노라"(렘 35:8~10)

여기에서 '레갑 사람들'이란 겐 사람, 레갑의 자손들로 유목민들이었습니다. 그들은 가나안에 있던 족속들로, 여호수아가 그들을 정복하여 일부는 유다 자손들과 함께 살았고 일부는 가나안 남부 지역 등에서 살았습니다. 미디안의 제사장 모세의 장인 이드로도 겐 족속이었습니다. 그들의 선조 요나답(여호나답)은 북이스라엘 예후의 개혁에 합류하여 아합에게 속한 자들과 바알 숭배자들을 죽인 사람이었습니다.

"예후가 거기에서 떠나가다가 자기를 맞이하러 오는 레갑의 아들 여호나답을 만난지라 그의 안부를 묻고 그에게 이르되 내 마음이 네 마음을 향하여 진실함과 같이 네 마음도 진실하냐 하니 여호나답이 대답하되 그러하니이다 이르되 그러면 나와 손을 잡자 손을 잡으니 예후가 끌어 병거에 올리며 이르되 나와 함께 가서 여호와를 위한 나의 열심을 보라 하고 이에 자기 병거에 태우고 사마리아에 이르러 거기에 남아 있는 바 아합에게 속한 자들을 죽여 진멸하였으니 여호와께서 엘리야에게 이르신 말씀과 같이 되었더라"(왕하 10:15~17)

이후 요나답은 그의 후손들에게 첫째, 포도주를 마시지 말 것이며 둘째, 장막에 살며 유목 생활을 할 것을 맹세하게 했습니다. 즉, 집 짓기, 파종, 포도원 소유를 금지시켰습니다. 요나답이 그의 후손들에게 "그리하면 머물러 사는 그 땅에서 생명을 보존할 수 있을 것"이라고 말했던 것입니다. 그래서 요나답의 후손들은 당시 부패한 사회 속에서도 300여 년이 지난 이때까지 요나답의 유훈을 지키며 살고 있었습니다.

레갑 사람들이 당시 예루살렘에 살고 있었던 이유는 유목 생활 중에 바벨론 군대를 피해 예루살렘으로 들어와 있었기 때문입니다.

"바벨론의 느부갓네살 왕이 이 땅에 올라왔을 때에 우리가 말하기를 갈대아인의 군대와 수리아인의 군대를 피하여 예루살렘으로 가자 하고 우리가 예루살렘에 살았노라"(렘 35:11)

레갑 사람들은 가나안 땅에서 농경 생활을 하면 가나안의 바알 신앙에 동화될 위험이 있다고 보고 유목 생활을 고수하던 민족이었습니다. 따라서 그들은 바알 숭배가 이스라엘 곳곳에 퍼져 있던 시대에도 진실하게 하나님을 섬기며 살았습니다.

하나님께서는 예레미야 선지자를 통하여 그들을 시험하셨습니다. 유목 생활을 하다가 예루살렘성으로 피신한 레갑 족속에게 포도주를 주면서 마시라고 권했던 것입니다. 그러나 그들은 포도주를 단 한 방울도 입에 대지 않았습니다.

사사 시대에 사막의 오아시스와 같았던 〈룻기〉의 이야기처럼 죄와 우상숭배로 북이스라엘에 이어 남유다까지 멸망하는 그 시대에, 레갑 사람들은 이처럼 추수하는 날의 시원한 얼음냉수와 같은 멋진 하나님의 사람들이었습니다.

● 세 번째 포인트

하나님께서 레갑 사람들과 남유다 백성들을 비교하며 남유다 백성들을 책망하십니다.

"내가 내 종 모든 선지자를 너희에게 보내고 끊임없이 보내며 이르기를 너희는 이제 각기 악한 길에서 돌이켜 행위를 고치고 다른 신을 따라 그를 섬기지 말라 그리하면 너희는 내가 너희와 너희 선조에게 준 이 땅에 살리라 하여도 너희가 귀를 기울이지 아니하며 내게 순종하지 아니하였느니라 레갑의 아들 요나답의 자손은 그의 선조가 그들에게 명령한 그 명령을 지켜 행하나 이 백성은 내게 순종하지 아니하도다" (렘 35:15~16)

레갑의 아들 요나답의 유언을 그의 후손 레갑 족속이 잘 지키는 것을 하나님께서 기뻐하십니다. 북이스라엘과 남유다에게는 레갑 족속보다 더 깊고 더 아름다운 유언이 있었습니다. 그것은 그들의 조상 아브라함과 이삭과 야곱, 그리고 요셉으로 이어진 유언으로 약속의 땅, 가나안에 들어가면 하나님을 잘 섬기라는 것이었습니다. 하나님을 잘 섬기는 것이 너희의 생명길이라고 그들의 조상들이 삶을 마감하며 유언을 남겼건만 북이스라엘과 남유다는 순종하지 않았던 것입니다.

하나님께서는 예레미야 선지자를 통하여 조상들의 유훈을 잘 지켜온 레갑 사람들에게 복을 주십니다.

"그러므로 만군의 여호와 이스라엘의 하나님께서 이와 같이 말씀하시니라 레갑의 아들 요나답에게서 내 앞에 설 사람이 영원히 끊어지지 아니하리라 하시니라"(렘 35:19)

● 네 번째 포인트

여호야김 왕 시대에 하나님께서 예레미야 선지자에게 주신 말씀을 바룩이 기록하고 낭독합니다.

예레미야 선지자가 나가서 하나님의 말씀을 전할 수 없을 때, 하나님께서는 하나님의 말씀을 두루마리에 적어 기록하게 하십니다.

"너는 두루마리 책을 가져다가 내가 네게 말하던 날 곧 요시야의 날부터 오늘까지 이스라엘과 유다와 모든 나라에 대하여 내가 네게 일러 준 모든 말을 거기에 기록하라"(렘 36:2)

하나님께서 하나님의 말씀을 두루마리에 기록하게 하신 이유는 이 기록을 통해 하나님의 자녀들이 죄에서 돌이킬 때 용서하시기 위함이었습니다.

"유다 가문이 내가 그들에게 내리려 한 모든 재난을 듣고 각기 악한 길에서 돌이키리니 그리하면 내가 그 악과 죄를 용서하리라 하시니라"(렘 36:3)

이것이 하나님의 본뜻이었습니다. 하나님께서는 악인이 죽는 것을 기뻐하시는 분이 아니라 악인이 회개하고 하나님께 돌아오는 것을 기뻐하시는 분입니다. 하나님께서는 에스겔 선지자를 통하여 하나님의 마음을 드러내십니다.

"너는 그들에게 말하라 주 여호와의 말씀이니라 나의 삶을 두고 맹세하노니 나는 악인이 죽는 것을 기뻐하지 아니하고 악인이 그의 길에서 돌이켜 떠나 사는 것을 기뻐하노라 이스라엘 족속아 돌이키고 돌이키라 너희 악한 길에서 떠나라 어찌 죽고자 하느냐 하셨다 하라"(겔 33:11)

하나님의 말씀을 기록하게 하신 '두루마리(scroll)'는 히브리어로 '메길라(מְגִלָּה)'입니다. 이는 '굴리다'라는 뜻으로 파피루스나 양피지 등의 가죽을 길게 말아서 그 위에 글을 기록한 문서를 말합니다. 두루마리는 보통 폭 25~30cm에, 길이 9~10m 정도였습니다.

예레미야 선지자가 구금되어 하나님의 말씀을 전할 수 없을 때 바룩을 부릅니다. 그리고 바룩에게 하나님의 말씀을 두루마리에 받아 적게 한 후 바룩으로 하여금 그 두루마리를 가지고 금식일에 예루살렘 성전에 가서 그곳에 모인 모든 사람에게 들려주게 합니다.

"이에 예레미야가 네리야의 아들 바룩을 부르매 바룩이 예레미야가 불러 주는 대로 여호와께서 그에게 이르신 모든 말씀을 두루마리 책에 기록하니라 예레미야가 바룩에게 명령하여 이르되 나는 붙잡혔으므로 여호와의 집에 들어갈 수 없으니 너는 들어가서 내가 말한 대로 두루마리에 기록한 여호와의 말씀을 금식일에 여호와의 성전에 있는 백성의 귀에 낭독하고 유다 모든 성읍에서 온 자들의 귀에도 낭독하라"(렘 36:4~6)

바룩은 갇혀 있는 예레미야 선지자를 대신해 하나님의 말씀을 두루마리에 대필하고 성전에서 두루마리를 낭독했으며 예레미야 선지자를 위해 아나돗의 밭 매매 증서를 보관했습니다. 바룩은 당시 예레미야 선지자와 함께 고난을 받은 하나님의 사람이었습니다.

"네리야의 아들 바룩이 선지자 예레미야가 자기에게 명령한 대로 하여 여호와의 성전에서 책에 있는 여호와의 모든 말씀을 낭독하니라 유다의 요시야 왕의 아들 여호야김의 제오년 구월에 예루살렘 모든 백성과 유다 성읍들에서 예루살렘에 이른 모든 백성이 여호와 앞에서 금식을 선포한지라 바룩이 여호와의 성전 위뜰 곧 여호와의 성전에 있는 새 문 어귀 곁에 있는 사반의 아들 서기관 그마랴의 방에서 그 책에 기록된 예레미야의 말을 모든 백성에게 낭독하니라"(렘 36:8~10)

당시는 9월이었으므로 1년 한 차례 정기적인 금식일인 대속죄일은 아니었습니다. 이때는 바벨론 제국의 침략 등으로 인한 국가적 위기 앞에 책정한 '금식일'이었던 것 같습니다. 바로 그 '금식일'에 예루살렘 성전에 모인 모든 남유다 백성들 앞에서 바룩이 예레미야 선지자를 대신해 하나님의 말씀을 낭독했습니다.

● **다섯 번째 포인트**

여호야김 왕은 신하들의 만류에도 불구하고 예레미야 선지자의 두루마리를 불태워버립니다.

....

....

....

....

예레미야 선지자의 두루마리의 기록을 들은 사람들의 반응은 다음과 같았습니다.

첫째, 미가야는 예레미야의 두루마리 내용을 서기관 엘리사마, 들라야, 엘라단, 그마랴, 시드기야 등 고관들에게 전했습니다.

> "미가야가 바룩이 백성의 귀에 책을 낭독할 때에 들은 모든 말을 그들에게 전하매 이에 모든 고관이 구시의 증손 셀레먀의 손자 느다냐의 아들 여후디를 바룩에게 보내 이르되 너는 백성의 귀에 낭독한 두루마리를 손에 가지고 오라 네리야의 아들 바룩이 두루마리를 손에 가지고 그들에게로 오니"(렘 36:13~14)

둘째, 고관들은 왕에게 이 사실을 전하고 예레미야 선지자와 바룩을 피신시켰습니다.

> "이에 고관들이 바룩에게 이르되 너는 가서 예레미야와 함께 숨고 너희가 있는 곳을 사람에게 알리지 말라 하니라"(렘 36:19)

그들은 남유다의 심판 경고의 예언을 듣고 너무 놀라 일단 왕에게 먼저 이를 전하고 예레미야 선지자와 바룩을 피신시켰습니다. 왜냐하면 남유다 심판을 예언하다가 왕에게 죽은 우리야처럼(렘 26:20~23) 예레미야 선지자와 바룩이 죽을 수도 있기 때문입니다.

셋째, 여호야김 왕은 두루마리를 불에 태웠고 왕과 신하들은 끝내 회개하지 않았습니다.

"여후디가 서너 쪽을 낭독하면 왕이 칼로 그것을 연하여 베어 화로 불에 던져서 두루마리를 모두 태웠더라 왕과 그의 신하들이 이 모든 말을 듣고도 두려워하거나 자기들의 옷을 찢지 아니하였고"(렘 36:23~24)

당시 겨울 궁전에 머물고 있던 여호야김 왕은 이 소식을 듣고 두루마리를 가져오게 해서 불에 태워 아무 일이 아닌 것이 되게 했습니다. 이는 여호야김 왕의 아버지 요시야 왕의 태도와는 달라도 너무 다른 태도였습니다.

"또 서기관 사반이 왕에게 말하여 이르되 제사장 힐기야가 내게 책을 주더이다 하고 사반이 왕의 앞에서 읽으매 왕이 율법책의 말을 듣자 곧 그의 옷을 찢으니라"(왕하 22:10~11)

넷째, 왕의 신하들 중 몇몇은 엄청난 용기로 왕에게 직언합니다.

"엘라단과 들라야와 그마랴가 왕께 두루마리를 불사르지 말도록 아뢰어도 왕이 듣지 아니하였으며"(렘 36:25)

그러나 그들의 행동은 역부족이었습니다. 여호야김 왕의 명령으로 두루마리가 불에 태워지자 하나님께서는 예레미야에게 다시 두루마리에 말씀을 기록하게 하십니다.

"너는 다시 다른 두루마리를 가지고 유다의 여호야김 왕이 불사른 첫

두루마리의 모든 말을 기록하고"(렘 36:28)

이렇게 해서 다시 기록된 심판의 말씀 또한 바벨론 제국에 의한 남유다의 멸망과 여호야김 왕과 그의 자손과 신하들에 대한 심판의 메시지였습니다.

"또 유다의 여호야김 왕에 대하여 이와 같이 말하기를 여호와의 말씀에 네가 이 두루마리를 불사르며 말하기를 네가 어찌하여 바벨론의 왕이 반드시 와서 이 땅을 멸하고 사람과 짐승을 이 땅에서 없어지게 하리라 하는 말을 이 두루마리에 기록하였느냐 하도다 그러므로 여호와께서 유다의 왕 여호야김에 대하여 이와 같이 말씀하시니라 그에게 다윗의 왕위에 앉을 자가 없게 될 것이요 그의 시체는 버림을 당하여 낮에는 더위, 밤에는 추위를 당하리라 또 내가 그와 그의 자손과 신하들을 그들의 죄악으로 말미암아 벌할 것이라 내가 일찍이 그들과 예루살렘 주민과 유다 사람에게 그 모든 재난을 내리리라 선포하였으나 그들이 듣지 아니하였느니라"(렘 36:29~31)

결국 여호야김의 최후는 하나님의 말씀대로 성취됩니다.

"그러므로 여호와께서 유다의 왕 요시야의 아들 여호야김에게 대하여 이와 같이 말씀하시니라 무리가 그를 위하여 슬프다 내 형제여, 슬프다 내 자매여 하며 통곡하지 아니할 것이며 그를 위하여 슬프다 주여 슬프다 그 영광이여 하며 통곡하지도 아니할 것이라 그가 끌려 예루살렘 문

밖에 던져지고 나귀 같이 매장함을 당하리라"(렘 22:18~19)

디저트 DESSERT

하나님께서는 시드기야 왕과 지도자들이 히브리 동족 노예들을 해방시켰다가 다시 그 뜻을 번복해 잡아들인 것에 대해 하나님의 이름을 더럽혔다고 말씀하십니다.

하나님께서는 아브라함의 후손들이 제사장 나라 거룩한 시민이 되기를 기대하시며 소망을 가지고 수고하시고 애를 쓰셨는데, 그들은 하나님의 본심을 알지 못한 채 하나님의 마음을 아프게 하고 하나님의 이름을 더럽혔던 것입니다.

하나님께서는 이 땅의 모든 하나님의 자녀들이 서로가 서로를 노예로 부리는 것을 원하시지 않습니다. 하나님께서 원하시는 것은 이 땅에 모든 하나님의 자녀들이 서로가 서로를 존중하고 사랑하는 것입니다.

214일

남유다 멸망 직전 (렘 37~38장)

애피타이저 APPETIZER

이제 예루살렘성을 제외한 남유다의 모든 지역이 바벨론으로 넘어가고 예루살렘성을 포위하고 있는 바벨론 군대의 압박도 임계점에 다다르고 있습니다. 상황이 이렇게 급박해지자 시드기야 왕이 예레미야 선지자에게 신하들을 보내 앞으로 다가올 일에 대해 묻습니다. 그러나 예레미야 선지자는 이전과 동일하게 예루살렘의 멸망을 예언합니다. 이로 인해 예레미야는 또다시 감옥 뜰에 갇히게 됩니다.

그러던 어느 날, 시드기야 왕이 직접 예레미야 선지자를 비밀리에 불러 앞으로의 일에 대해 다시 묻습니다. 그러자 예레미야 선지자는 하나님께서 주신 말씀을 그대로 전합니다.

> "네가 만일 바벨론의 왕의 고관들에게 항복하면 네 생명이 살겠고 이 성이 불사름을 당하지 아니하겠고 너와 네 가족이 살려니와"(렘 38:17)

그러나 시드기야 왕은 자기가 항복하면 이미 바벨론의 느부갓네살 왕에게 잡혀 간 1, 2차 포로들, 즉 여호야긴 왕과 백성들이 자신을 조롱할까봐 두렵다고 말하며 예레미야 선지자의 간절한 설득을 끝내 듣지 않습니다.

결국 예레미야 선지자가 그토록 원했던 항복의 마지막 기회마저 다 사라지게 됩니다. 다시 말해 예루살렘이 멸망한다는 사실은 바뀌지 않겠지만 인명 피해와 성전과 성내의 파괴를 최소한으로 줄일 수 있는 마지막 기회마저 놓치게 된 것입니다. 이제 시드기야 왕과 고관들은 그들의 선택에 대한 결과를 고스란히 맞이하게 됩니다.

성경통독 BIBLETONGDOK

《일년일독 통독성경》 예레미야 37~38장

● 첫 번째 포인트

시드기야 왕은 150년 전 히스기야 왕 때의 기적만을 요구합니다.

시드기야는 자신의 조카이자 남유다의 19번째 왕이었던 여호야긴이 바벨론 2차 포로로 잡혀감으로 대신 왕이 되면서 남유다의 20번째 왕이자 마지막 왕이 되었습니다.

시드기야의 원래 이름은 '맛다니야'인데 바벨론의 느부갓네살 왕이 바벨론 식으로 '시드기야'라고 고쳐 부르고 남유다의 왕으로 세운 인물이기에 처음부터 남유다 백성들에게 신임을 받지 못했습니다.

"요시야의 아들 시드기야가 여호야김의 아들 고니야의 뒤를 이어 왕이 되었으니 이는 바벨론의 느부갓네살 왕이 그를 유다 땅의 왕으로 삼음이었더라"(렘 37:1)

당시 남유다에 남아 있던 백성들과 바벨론 포로로 끌려간 백성들 모두 그들의 왕은 시드기야가 아닌 여호야긴이라고 여기는 상황 가운데 시드기야 왕의 입지는 참으로 쉽지 않았습니다.

그러한 시드기야 왕이 예레미야 선지자에게 기도를 요청합니다. 그러나 시드기야가 기도를 요청한 본심은 하나님의 뜻을 묻는 기도가 아닌 150년 전 히스기야 왕 때처럼 기적으로 나라를 구하게 해달라는 것뿐이었습니다.

> "그와 그의 신하와 그의 땅 백성이 여호와께서 선지자 예레미야에게 하신 말씀을 듣지 아니하니라 시드기야 왕이 셀레먀의 아들 여후갈과 마아세야의 아들 제사장 스바냐를 선지자 예레미야에게 보내 청하되 너는 우리를 위하여 우리 하나님 여호와께 기도하라 하였으니"(렘 37:2~3)

시드기야 왕은 예레미야 선지자가 이미 전한 하나님의 뜻, 즉 남유다는 멸망할 것이니 바벨론에 항복하라는 말은 듣지 않고 오로지 히스기야 왕 때 앗수르에서 벗어난 기적을 그대로 일으켜 달라고 부탁하는 것입니다. 그러면서 또 한편으로 시드기야는 애굽의 도움을 받으려고 합니다.

> "바로의 군대가 애굽에서 나오매 예루살렘을 에워쌌던 갈대아인이 그 소문을 듣고 예루살렘에서 떠났더라"(렘 37:5)

이 시기는 남유다와 애굽의 동맹으로 애굽 군대가 남유다를 돕기 위해 출정하자 바벨론 군대가 애굽 군대와 맞서 싸우기 위해 잠시 예루살렘성의 포위를 풀었을 때입니다. 하나님께서는 예레미야 선지자를 통해 시드기야 왕의 기도에 대한 응답을 다음과 같이 말씀해주십니다.

"이스라엘의 하나님 여호와께서 이와 같이 말씀하시니라 너희를 보내어 내게 구하게 한 유다의 왕에게 아뢰라 너희를 도우려고 나왔던 바로의 군대는 자기 땅 애굽으로 돌아가겠고 갈대아인이 다시 와서 이 성을 쳐서 빼앗아 불사르리라"(렘 37:7~8)

하나님의 말씀대로 애굽 군대는 다시 돌아가고 바벨론 군대가 다시 예루살렘성을 포위합니다. 이때의 상황에 대해 에스겔 선지자는 다음과 같이 말합니다.

"그가 사절을 애굽에 보내 말과 군대를 구함으로 바벨론 왕을 배반하였으니 형통하겠느냐 이런 일을 행한 자가 피하겠느냐 언약을 배반하고야 피하겠느냐 주 여호와의 말씀이니라 내가 나의 삶을 두고 맹세하노니 바벨론 왕이 그를 왕으로 세웠거늘 그가 맹세를 저버리고 언약을 배반하였은즉 그 왕이 거주하는 곳 바벨론에서 왕과 함께 있다가 죽을 것이라 대적이 토성을 쌓고 사다리를 세우고 많은 사람을 멸절하려 할 때에 바로가 그 큰 군대와 많은 무리로도 그 전쟁에 그를 도와 주지 못하리라"(겔 17:15~17)

시드기야 왕의 기도 부탁을 듣고 난 후 예레미야 선지자가 이전과 똑같이 항복하라는 하나님의 말씀을 전하자 시드기야 왕의 신하들이 예레미야를 바벨론의 첩자이자 친바벨론주의자라고 매도합니다. 그리고 그를 체포해 서기관 요나단의 집 감옥에 가

두고 음식도 주지 않습니다.

"갈대아인의 군대가 바로의 군대를 두려워하여 예루살렘에서 떠나매 예레미야가 베냐민 땅에서 백성 가운데 분깃을 받으려고 예루살렘을 떠나 그리로 가려 하여 베냐민 문에 이른즉 하나냐의 손자요 셀레먀의 아들인 이리야라 이름하는 문지기의 우두머리가 선지자 예레미야를 붙잡아 이르되 네가 갈대아인에게 항복하려 하는도다 예레미야가 이르되 거짓이다 나는 갈대아인에게 항복하려 하지 아니하노라 이리야가 듣지 아니하고 예레미야를 잡아 고관들에게로 끌어 가매 고관들이 노여워하여 예레미야를 때려서 서기관 요나단의 집에 가두었으니 이는 그들이 이 집을 옥으로 삼았음이더라"(렘 37:11~15)

● 두 번째 포인트

남유다가 멸망하기 직전 시드기야 왕과 예레미야 선지자가 첫 번째 비밀 회동을 합니다.

서기관 요나단의 집 감옥에 갇혀 음식도 먹지 못하고 있던 예레미야 선지자를 시드기야 왕이 비밀리에 부릅니다. 당시 예레미야 선지자는 친바벨론주의자, 바벨론의 첩자로 의심받는 상황이었기 때문에 시드기야 왕이 예레미야를 비밀리에 만난 것입니다.

"예레미야가 뚜껑 씌운 웅덩이에 들어간 지 여러 날 만에 시드기야 왕이 사람을 보내어 그를 이끌어내고 왕궁에서 그에게 비밀히 물어 이르되 여호와께로부터 받은 말씀이 있느냐 예레미야가 대답하되 있나이다 또 이르되 왕이 바벨론의 왕의 손에 넘겨지리이다"(렘 37:16~17)

예레미야 선지자는 시드기야 왕에게 변함없는 하나님의 뜻을 전하면서 자신을 다시는 서기관 요나단의 집 감옥으로 돌려보내지 말 것을 탄원합니다. 그 감옥으로 돌아가면 죽을 것 같았기 때문입니다.

"바벨론의 왕이 와서 왕과 이 땅을 치지 아니하리라고 예언한 왕의 선지자들이 이제 어디 있나이까 내 주 왕이여 이제 청하건대 내게 들으시며 나의 탄원을 받으사 나를 서기관 요나단의 집으로 돌려보내지 마옵소서 내가 거기에서 죽을까 두려워하나이다 이에 시드기야 왕이 명령하여 예레미야를 감옥 뜰에 두고 떡 만드는 자의 거리에서 매일 떡 한 개씩 그에게 주게 하매 성중에 떡이 떨어질 때까지 이르니라 예레미야가 감옥 뜰에 머무니라"(렘 37:19~21)

예레미야 선지자는 거짓 선지자들과 비교하면서 자신의 예언이 하나님의 뜻임을 강조하며 재차 시드기야 왕을 설득했습니다. 그리고 탄원을 통해 서기관 요나단의 집 감옥으로 돌아가지 않고 왕의 감옥 뜰로 옮겨 음식을 제공받으며 지내게 됩니다.

● 세 번째 포인트

남유다의 고관들이 시드기야 왕을 협박해 예레미야 선지자를 구덩이에 던져 죽이려고 합니다.

시드기야 왕에게 탄원하여 간신히 서기관 요나단의 집 감옥에서 왕의 뜰 감옥으로 옮겨 하루에 떡 한 개라도 먹을 수 있게 된 예레미야는 다시 위험에 처하게 됩니다.

"이에 그 고관들이 왕께 아뢰되 이 사람이 백성의 평안을 구하지 아니하고 재난을 구하오니 청하건대 이 사람을 죽이소서 그가 이같이 말하여 이 성에 남은 군사의 손과 모든 백성의 손을 약하게 하나이다 시드기야 왕이 이르되 보라 그가 너희 손 안에 있느니라 왕은 조금도 너희를 거스를 수 없느니라 하는지라 그들이 예레미야를 끌어다가 감옥 뜰에 있는 왕의 아들 말기야의 구덩이에 던져 넣을 때에 예레미야를 줄로 달아내렸는데 그 구덩이에는 물이 없고 진창뿐이므로 예레미야가 진창 속에 빠졌더라"(렘 38:4~6)

예레미야 선지자가 계속해서 남유다가 바벨론의 손에 망하고 예루살렘이 바벨론 군대의 손에 넘겨질 것이라고 예언하자 남유다의 고관들이 이를 참지 못하고 시드기야 왕을 협박해 예레미야를 구덩이에 던져 넣은 것입니다.

그 구덩이는 당시에 우물로 쓰기 위해 파놓은 구덩이로 물이 마르고 진흙만 남은 곳이었습니다. 이렇게 예레미야 선지자가 또다시 죽음의 위험에 처해졌을 때 왕궁 내시 에벳멜렉이 예레미야 선지자를 구해줍니다.

> "에벳멜렉이 왕궁에서 나와 왕께 아뢰어 이르되 내 주 왕이여 저 사람들이 선지자 예레미야에게 행한 모든 일은 악하니이다 성 중에 떡이 떨어졌거늘 그들이 그를 구덩이에 던져 넣었으니 그가 거기에서 굶어 죽으리이다"(렘 38:8~9)

이렇게 구스 출신의 왕궁 내시 에벳멜렉의 충언으로 예레미야 선지자는 구출되어 다시 시위대 뜰에 머물게 됩니다. 예레미야가 이곳 시위대 뜰에 갇혀 있을 때 지난 [212일] 통숲에서 살펴본 대로 하나멜에게서 자기 고향 아나돗의 땅을 샀습니다.

● 네 번째 포인트

남유다가 멸망하기 직전 시드기야 왕과 예레미야 선지자가 두 번째이자 마지막 비밀 회동을 합니다.

예레미야 선지자가 구덩이에서 나와 다시 시위대 뜰에 머물게 되었을 때 시드기야 왕과 예레미야 선지자의 두 번째이자 마지막 비밀 회동이 이루어집니다.

"시드기야 왕이 사람을 보내어 선지자 예레미야를 여호와의 성전 셋째 문으로 데려오게 하고 왕이 예레미야에게 이르되 내가 네게 한 가지 일을 물으리니 한 마디도 내게 숨기지 말라"(렘 38:14)

이때 예레미야는 시드기야 왕에게 자기를 죽이지 않겠다는 약속을 받고 말을 시작합니다.

"시드기야 왕이 비밀히 예레미야에게 맹세하여 이르되 우리에게 이 영혼을 지으신 여호와께서 살아 계심을 두고 맹세하노니 내가 너를 죽이지도 아니하겠으며 네 생명을 찾는 그 사람들의 손에 넘기지도 아니하리라 하는지라"(렘 38:16)

풍전등화(風前燈火)와 같은 이 상황이 두려운 시드기야 왕이 마지막으로 다시 한번 예레미야 선지자를 통해 하나님의 뜻을 확인하고 싶었던 것입니다. 그러자 예레미야 선지자가 시드기야 왕에게 정말 간절히 '항복'을 설득합니다.

"예레미야가 시드기야에게 이르되 만군의 하나님이신 이스라엘의 하나님 여호와께서 이와 같이 말씀하시되 네가 만일 바벨론의 왕의 고관들에게 항복하면 네 생명이 살겠고 이 성이 불사름을 당하지 아니하겠고 너와 네 가족이 살려니와 네가 만일 나가서 바벨론의 왕의 고관들에게 항복하지 아니하면 이 성이 갈대아인의 손에 넘어가리니 그들이 이

성을 불사를 것이며 너는 그들의 손을 벗어나지 못하리라 하셨나이다"(렘 38:17~18)

예레미야 선지자를 통해 전하신 분명한 하나님의 뜻은 변함없이 '국가경영 포기'와 '바벨론 포로 70년'입니다. 예레미야 선지자는 이를 하루라도 빨리 인정하고 바벨론에게 항복해야 하는 이유를 세 가지로 설명합니다.

첫째, 빨리 바벨론에 항복하면 시드기야 왕 자신이 살 수 있습니다.

둘째, 빨리 바벨론에 항복하면 예루살렘성이 불타지 않을 것입니다.

셋째, 빨리 바벨론에 항복하면 왕의 가족이 살 것입니다.

그러나 예레미야의 말을 다 들은 시드기야 왕은 참으로 안타깝지만 끝내 바벨론에게 항복하지 않습니다.

"시드기야 왕이 예레미야에게 이르되 나는 갈대아인에게 항복한 유다인을 두려워하노라 염려하건대 갈대아인이 나를 그들의 손에 넘기면 그들이 나를 조롱할까 하노라 하는지라"(렘 38:19)

시드기야 왕이 예레미야 선지자에게 자신의 속내를 털어놓습니다. 예레미야의 말대로 바벨론에 항복하고 싶지만 만일 자기가 항복해서 바벨론으로 끌려갈 경우 바벨론에 이미 잡혀가 있는 백성들이 자신을 조롱할 텐데 이것이 두렵고 걱정이라는 것입니다. 한마디로 시드기야 왕은 자신에게 미칠 조롱이 두려워 바벨론에 항복하지 않음으로 남유다 백성들이 당하게 될 처참한 살육과 약탈을 외면하겠다는 것입니다. 한 나라의 책임자라고 보기에는 너무나 무책임한 안타까운 모습입니다.

● 다섯 번째 포인트

시드기야 왕이 예레미야에게 내린 마지막 명령은 자신과의 비밀 회동 사실을 발설하면 죽이겠다는 것입니다.

시드기야 왕은 끝내 하나님의 말씀에 불순종합니다. 그리고 예레미야에게 왕으로서 마지막 명령을 내립니다. 오늘 회동에 대해서 발설하면 죽이겠다는 것입니다.

> "시드기야가 예레미야에게 이르되 너는 이 말을 어느 사람에게도 알리지 말라 그리하면 네가 죽지 아니하리라"(렘 38:24)

이것이 다윗 왕가의 마지막 왕인 시드기야의 최후 결정이자 마지막 명령이었습니다. 이는 너무나 정치 감각이 떨어지는 수준 낮은 왕의 명령이었습니다. 시드기야 왕은 이날 밤 예레미야 선지자에게 이 명령 대신 예루살렘 성문을 열고 나가 왕다운 통치 명령을 내려야 했습니다.

"나는 바벨론에 항복하고 국가 경영권을 포기한다."

만약 그랬다면 예루살렘성에 대한 바벨론 왕 느부갓네살의 명령이 달랐을 것입니다. 이렇게 예레미야 선지자에게 마지막 명령을 내린 시드기야 왕의 비참한 최후에 대해서는 다음 [215일] 통숲에서 자세하게 살펴볼 것입니다.

한편 예레미야 선지자는 남유다가 바벨론에 완전히 멸망하는 날까지 감옥 뜰에 머물게 됩니다. 그런데 예레미야가 시드기야 왕과 비밀 회동을 했다는 사실을 어떻게 알게 되었는지 남유다 고관들이 예레미야를 다그칩니다.

> "모든 고관이 예레미야에게 와서 물으매 그가 왕이 명령한 모든 말대로 대답하였으므로 일이 탄로되지 아니하였고 그들은 그와 더불어 말하기를 그쳤더라 예레미야가 예루살렘이 함락되는 날까지 감옥 뜰에 머물렀더라"(렘 38:27~28)

디저트 DESSERT

선택의 기로에 있을 때, 더구나 그 결정이 자기 혼자에게뿐 아니라 많은 사람에게 영향을 미칠 때는 더욱더 신중히 생각해야 합니다. 그런데 지금 시드기야 왕은 남유다 멸망이 임박한 이 중요한 때 예레미야 선지자를 통한 하나님의 말씀을 믿지 않고 제대로 된 상황 판단과 결정을 내리지 못했습니다.

하나님께서는 남유다의 심판을 결정하신 순간에도 인자를 베푸셔서 예루살렘성과 남유다 백성들의 생명을 구원할 수 있는 방법을 알려주셨습니다. 바벨론에 지금이라도 항복하기만 하면 예루살렘성도 보존해주시고 시드기야 왕과 백성들도 살 수 있도록 해주신다는 것입니다. 그런데 시드기야 왕의 결정 기준은 자기 안위와 자존심을 지키는 데에서 한 발자국도 나가지 못했습니다.

시드기야는 하나님의 눈보다 사람의 눈을 더 의식했습니다. 죽음보다 조롱받는 게 더 두려웠습니다. 이런 어이없고 황당한 이유로 하나님의 뜻을 거역한 시드기야 왕 때문에 예루살렘은 큰 환난과 고통의 날을 맞이하게 됩니다.

성경을 통해 책임 맡은 지도자들의 판단이 얼마나 중요한지를 다시 보게 됩니다. 그래서 성경입니다. 성경이 기준이 되면 가장 지혜로운 판단을 할 수 있습니다.

예레미야 70년(왕하 25장, 렘 39~41장)

애피타이저 APPETIZER

바벨론 제국의 군대가 예루살렘성을 포위한 지 1년 6개월 만에 결국 예루살렘성이 함락됩니다. 바벨론의 느부갓네살 왕은 비밀 통로로 도망한 시드기야 왕의 가족들을 사로잡고 시드기야가 보는 앞에서 그의 두 아들을 죽이고 시드기야의 두 눈을 뽑습니다. 그리고 예루살렘 성안에서 살아남은 사람들과 시드기야 왕을 모두 쇠사슬로 결박해 바벨론으로 끌고 갑니다. 이때가 바벨론 3차 포로입니다.

한편 예레미야 선지자는 바벨론 포로로 잡혀가던 중에 자유의 몸이 되어 남유다 땅에 남아 있는 백성들을 향해 발걸음을 돌립니다. 그때 바벨론의 시위대장 느부사라단이 예레미야를 알아보고 만일 예레미야가 바벨론으로 가겠다고 하면 선처하겠다고 말합니다. 그러나 예레미야는 그의 호의를 거절하고 폐허가 된 예루살렘에 버려진 자신의 동포들에게로 돌아가는 길을 선택합니다.

예루살렘의 멸망을 기점으로 예레미야 선지자의 메시지는 남유다에 남아 있는 백성들을 향해 선포됩니다. 이제 남유다는 폐허가 되었고 이 땅을 일굴 비천한 소수의 사람들만 남아 있습니다. 바벨론의 느부갓네살 왕은 남유다에 남은 사람들을 통치하기 위해 그다랴(그달리야)를 남유다의 총독으로 세웁니다.

그다랴는 바벨론을 통해 역사하시는 하나님의 섭리에 순응하자고 백성들을 독려합니다. 그러나 예레미야 선지자의 예언대로 상황이 이렇게까지 전개되었음에도 불구하고 아직도 하나님의 뜻을 깨닫지 못하는 남유다 백성들 중 반바벨론주의자들이 총독 그다랴를 암살함으로 말미암아 폐허된 남유다는 더욱더 혼란과 위기에 빠지고 맙니다.

성경통독 BIBLETONGDOK

《일년일독 통독성경》 열왕기하 25장, 예레미야 39~41장

통通으로 숲이야기 ; 통숲 TONG OBSERVATION

● 첫 번째 포인트

바벨론의 3차 침략으로 남유다는 완전히 멸망합니다.

바벨론 군대가 예루살렘성을 포위하고 성 주변에 토성을 쌓으며 예루살렘을 압박하고 있습니다. 예루살렘성이 함락되는 것은 이제 시간문제입니다.

"시드기야 제구년 열째 달 십일에 바벨론의 왕 느부갓네살이 그의 모든 군대를 거느리고 예루살렘을 치러 올라와서 그 성에 대하여 진을 치고 주위에 토성을 쌓으매 그 성이 시드기야 왕 제십일년까지 포위되었더라"(왕하 25:1~2)

남유다의 성읍 중 마지막으로 남은 예루살렘성이 함락되어 완전히 멸망하는 내용은 [219일] 통숲에서 자세히 살펴보겠습니다.

결국 바벨론 군대가 예루살렘 성벽을 무너뜨립니다. 시드기야 왕은 비밀 통로로 도망하고 남유다 군인들은 모두 흩어집니다.

"그 해 넷째 달 구일에 성 중에 기근이 심하여 그 땅 백성의 양식이 떨어졌더라 그 성벽이 파괴되매 모든 군사가 밤중에 두 성벽 사이 왕의 동산 곁문 길로 도망하여 갈대아인들이 그 성읍을 에워쌌으므로 그가 아라바 길로 가더니 갈대아 군대가 그 왕을 뒤쫓아가서 여리고 평지에서 그를 따라 잡으매 왕의 모든 군대가 그를 떠나 흩어진지라"(왕하 25:3~5)

하나님께서 예레미야 선지자를 통해 수차례 말씀하셨던 남유다의 멸망은 이렇게 바벨론 제국에 의해 이루어집니다.

예레미야는 예루살렘이 멸망하기 전, 이렇게 되리라는 예언의 말을 편지에 써서 바벨론으로 끌려간 남유다 포로들에게 다음과 같이 보냈었습니다.

"다윗의 왕좌에 앉은 왕과 이 성에 사는 모든 백성 곧 너희와 함께 포로되어 가지 아니한 너희 형제에게 여호와께서 이와 같이 말씀하셨느니라 만군의 여호와께서 이와 같이 말씀하시되 보라 내가 칼과 기근과 전염병을 그들에게 보내어 그들에게 상하여 먹을 수 없는 몹쓸 무화과 같게 하겠고 내가 칼과 기근과 전염병으로 그들을 뒤따르게 하며 그들을 세계 여러 나라 가운데에 흩어 학대를 당하게 할 것이며 내가 그들을 쫓아낸 나라들 가운데에서 저주와 경악과 조소와 수모의 대상이 되게 하리라"(렘 29:16~18)

바벨론 군대에 의해 멸망하는 남유다의 모습은 실로 처참하기 이를 데 없습니다.

첫째, 바벨론은 도망가던 시드기야 왕을 잡아서 그가 보는 앞에서 그의 아들들을 죽였습니다. 그리고 시드기야의 눈을 빼게 하여 바벨론으로 끌어갔습니다.

> "바벨론의 왕이 리블라에서 시드기야의 눈 앞에서 그의 아들들을 죽였고 왕이 또 유다의 모든 귀족을 죽였으며 왕이 또 시드기야의 눈을 빼게 하고 바벨론으로 옮기려고 사슬로 결박하였더라"(렘 39:6~7)

둘째, 예루살렘성과 성전과 왕궁과 모든 집을 불태우고 예루살렘 주변 성벽까지 모두 허물었습니다.

> "여호와의 성전과 왕궁을 불사르고 예루살렘의 모든 집을 귀인의 집까지 불살랐으며 시위대장에게 속한 갈대아 온 군대가 예루살렘 주위의 성벽을 헐었으며"(왕하 25:9~10)

셋째, 바벨론은 예루살렘의 비천한 자 외에 살아남은 모든 사람을 바벨론 포로로 끌어갔습니다.

> "성 중에 남아 있는 백성과 바벨론 왕에게 항복한 자들과 무리 중 남은 자는 시위대장 느부사라단이 모두 사로잡아 가고 시위대장이 그 땅의 비천한 자를 남겨 두어 포도원을 다스리는 자와 농부가 되게 하였더라"(왕하 25:11~12)

넷째, 바벨론은 예루살렘 성전의 기구들을 다 약탈해갔습니다.

"갈대아 사람이 또 여호와의 성전의 두 놋 기둥과 받침들과 여호와의 성전의 놋 바다를 깨뜨려 그 놋을 바벨론으로 가져가고 또 가마들과 부삽들과 부집게들과 숟가락들과 섬길 때에 쓰는 모든 놋그릇을 다 가져갔으며 시위대장이 또 불 옮기는 그릇들과 주발들 곧 금으로 만든 것이나 은으로 만든 것이나 모두 가져갔으며 또 솔로몬이 여호와의 성전을 위하여 만든 두 기둥과 한 바다와 받침들을 가져갔는데 이 모든 기구의 놋 무게를 헤아릴 수 없었으니"(왕하 25:13~16)

바벨론 제국은 이미 1차, 2차 침략 때 성전과 왕궁에서 은과 금과 모든 보물을 빼앗아갔습니다. 이제 남아 있던 성전 기구들마저 3차 침략 때 모두 가져간 것입니다.

"만군의 여호와께서 기둥들과 큰 대야와 받침들과 이 성에 남아 있는 기구에 대하여 이같이 말씀하시나니 이것은 바벨론의 왕 느부갓네살이 유다의 왕 여호야김의 아들 여고니야와 유다와 예루살렘 모든 귀인을 예루살렘에서 바벨론으로 사로잡아 옮길 때에 가져가지 아니하였던 것이라"(렘 27:19~20)

남유다를 점령한 바벨론 제국은 남유다의 남아 있는 백성들을 다스리기 위해 그다랴를 지도자로 세웁니다. 그다랴의 아버지 아히감과 할아버지인 사반은 요시야의 개혁을 크게 도왔던 훌륭한 사람들입니다(왕하 22장).

그다랴는 바벨론 군인들이 예루살렘성을 함락시키면서 사람이 살 수 없는 황폐한 곳으로 만들어버렸기에 예루살렘에 거주하지 못하고 미스바에서 남유다를 통치했습니다. 그댜랴는 예레미야 선지자의 예언을 깊이 새겨들었습니다. 그래서 남유다에 남겨진 자들에게 바벨론 섬기기를 두려워하지 말고 바벨론 왕을 섬기자고 말합니다.

"유다 땅에 머물러 있는 백성은 곧 바벨론 왕 느부갓네살이 남긴 자라 왕이 사반의 손자 아히감의 아들 그달리야가 관할하게 하였더라 모든 군대 지휘관과 그를 따르는 자가 바벨론 왕이 그달리야를 지도자로 삼았다 함을 듣고 이에 느다니야의 아들 이스마엘과 가레아의 아들 요하난과 느도바 사람 단후멧의 아들 스라야와 마아가 사람의 아들 야아사니야와 그를 따르는 사람이 모두 미스바로 가서 그달리야에게 나아가매 그달리야가 그들과 그를 따르는 군사들에게 맹세하여 이르되 너희는 갈대아 인을 섬기기를 두려워하지 말고 이 땅에 살며 바벨론 왕을 섬기라 그리하면 너희가 평안하리라 하니라"(왕하 25:22~24)

그러나 얼마 지나지 않아 남유다의 왕족인 이스마엘이 자신의 부하들 열 명을 거느리고 와서 그다랴(그달리야)를 암살합니다.

"칠월에 왕족 엘리사마의 손자 느다니야의 아들 이스마엘이 부하 열

명을 거느리고 와서 그달리야를 쳐서 죽이고 또 그와 함께 미스바에 있는 유다 사람과 갈대아 사람을 죽인지라"(왕하 25:25)

이는 하나님의 계획에 역행하는 참으로 어리석은 행동이었습니다.

● **두 번째 포인트**

B.C.586년 예루살렘 성전이 불타는 그 순간부터 예레미야 선지자의 후기 사역이 시작됩니다.

약 20세 때부터 하나님의 말씀을 전했던 예레미야 선지자의 사역은 B.C.586년 예루살렘 성전이 함락된 이후부터 후기 사역으로 이어집니다.

'예레미야 70년'은 남유다 백성들의 '바벨론 포로 70년'을 의미합니다. 제사장 나라 법을 지키지 않았을 때 처벌받는 3단계 징계, 즉 흉년, 수탈, 포로의 징계가 이미 〈레위기〉에 기록되어 있습니다. 포로로 끌려가는 징계 단계가 바로 지금 바벨론 포로 시점인 것입니다. 하나님께서 확고하게 결정하신 바벨론 포로 기간은 한 치의 양보도 없는 70년입니다.

오래전 그들의 조상들이 제사장 나라 교육을 받는 데에는 광야 40년의 시간이 필요했습니다. 그런데 900여 년 만에 그들은 제사장 나라 교육을 처음부터 다시 받아야 했습니다. 그들이 받아야 할 재교육의 시간은 처음 광야에서 교육받았던 시간에 비해 한 세대를 더하는 70년이었습니다.

'예레미야 70년'에는 네 가지 의미의 큰 그림이 들어 있습니다.

첫째, 그동안의 잘못을 깨닫도록 한 '징계 70년'

둘째, 제사장 나라 거룩한 시민으로 다시 교육받는 '교육 70년'

셋째, 예루살렘 땅이 안식하는 '안식 70년'

넷째, '바벨론 제국의 수명 70년'입니다.

자세한 이야기는 〈예레미야애가〉 그리고 〈에스겔〉과 〈다니엘〉을 통해 계속될 것입니다.

1차 바벨론 포로로 끌려갔던 다니엘은 바벨론의 왕실에서, 2차 바벨론 포로로 끌려간 에스겔은 그발 강가에서 남유다의 완전한 멸망 소식을 듣고 예루살렘의 멸망을 아파하며 하나님의 뜻에 따라 이후의 삶을 살아가게 됩니다. 그래서 〈예레미야, 예레미야애가, 에스겔, 다니엘〉은 통(通)으로 살펴보아야 하나님의 계획과 뜻을 잘 이해할 수 있습니다.

한편 예루살렘성이 함락되기 직전 하나님께서는 예레미야 선지자를 도왔던 이방인 구스 사람 에벳멜렉을 구해주십니다.

"예레미야가 감옥 뜰에 갇혔을 때에 여호와의 말씀이 그에게 임하니라 이르시되 너는 가서 구스인 에벳멜렉에게 말하기를 만군의 여호와 이스라엘의 하나님의 말씀에 내가 이 성에 재난을 내리고 복을 내리지 아니하리라 한 나의 말이 그 날에 네 눈 앞에 이루리라 여호와의 말씀이니라 내가 그 날에 너를 구원하리니 네가 그 두려워하는 사람들의 손에 넘겨지지 아니하리라 내가 반드시 너를 구원할 것인즉 네가 칼에 죽지 아니하고 네가 노략물 같이 네 목숨을 얻을 것이니 이는 네가 나를 믿었음이라 여호와의 말씀이니라 하시더라"(렘 39:15~18)

● **세 번째 포인트**

예레미야 선지자는 극상품 무화과가 되지 못할 남겨진 남유다 백성들과 함께 머뭅니다.

예레미야 선지자는 시드기야 왕과 함께 3차 포로로 바벨론으로 끌려가다가 라마에서 풀려납니다.

"사령관 느부사라단이 예루살렘과 유다의 포로를 바벨론으로 옮기는 중에 예레미야도 잡혀 사슬로 결박되어 가다가 라마에서 풀려난 후에 말씀이 여호와께로부터 예레미야에게 임하니라"(렘 40:1)

예루살렘성이 함락된 후 바벨론의 느부갓네살 왕은 감옥에 갇혀 있었던 예레미야 선지자를 석방해주었습니다. 풀려난 예레미야 선지자는 전쟁의 혼란 중에 3차 바벨론 포로들과 함께 바벨론으로 끌려가다가 바벨론 사령관 느부사라단이 그를 발견하고 다시 풀어줍니다.

그런데 여기서 놀라운 것은 사령관 느부사라단이 예레미야에게 한 말입니다. 그의 말은 그동안 예레미야 선지자가 전했던 말을 그대로 확인시켜준 것과 같습니다.

> "사령관이 예레미야를 불러다가 이르되 네 하나님 여호와께서 이 곳에 이 재난을 선포하시더니 여호와께서 그가 말씀하신 대로 행하셨으니 이는 너희가 여호와께 범죄하고 그의 목소리에 순종하지 아니하였으므로 이제 이루어졌도다 이 일이 너희에게 임한 것이니라"(렘 40:2~3)
>
> "보라 내가 오늘 네 손의 사슬을 풀어 너를 풀어 주노니 만일 네가 나와 함께 바벨론으로 가는 것을 좋게 여기거든 가자 내가 너를 선대하리라 만일 나와 함께 바벨론으로 가는 것을 좋지 않게 여기거든 그만 두라 보라 온 땅이 네 앞에 있나니 네가 좋게 여기는 대로 옳게 여기는 곳으로 갈지니라 하니라 예레미야가 아직 돌이키기 전에 그가 다시 이르되 너는 바벨론의 왕이 유다 성읍들을 맡도록 세운 사반의 손자 아히감의 아들 그다랴에게로 돌아가서 그와 함께 백성 가운데 살거나 네가 옳게 여기는 곳으로 가거나 할지니라 하고 그 사령관이 그에게 양식과 선물

을 주어 보내매"(렘 40:4~5)

바벨론 제국의 사령관 느부사라단은 예레미야 선지자에게 자신과 함께 바벨론으로 가면 바벨론에서 선대해주겠고, 만약 남유다로 돌아가겠다면 남유다의 총독으로 임명된 그다랴에게 가서 그를 도우면서 그를 통해 신변의 안전을 보장받으라고 말해줍니다. 이때 예레미야 선지자는 느부사라단의 호의를 거절하고 폐허가 된 예루살렘에 버려진 자신의 동포들, 곧 극상품 무화과가 되지 못할 백성들에게로 돌아가는 길을 선택합니다.

"예레미야가 미스바로 가서 아히감의 아들 그다랴에게로 나아가서 그 땅에 남아 있는 백성 가운데서 그와 함께 사니라"(렘 40:6)

● **네 번째 포인트**

남유다에 남아 있던 반바벨론주의자들은 바벨론이 세운 남유다 총독 그다랴를 암살합니다.

예레미야 선지자가 다시 남유다로 돌아와 미스바에서 그다랴 총독을 도우며 남은 백성들을 돌보는 중에 그다랴 총독이 암살당합니다.

당시 요하난이 암몬 자손의 왕 바알리스와 느다냐의 아들 이스마엘이 그다랴를 암살하려 한다는 정보를 알게 됩니다. 이에 요하난이 그다랴에게 암살 모의를 알리고 충고했으나 그다랴는 이를 대수롭지 않게 여기고 오히려 왕족 이스마엘을 신뢰하고 함께 떡을 먹으며 교제하다가 그만 암살을 당하고만 것입니다.

"일곱째 달에 왕의 종친 엘리사마의 손자요 느다냐의 아들로서 왕의 장관인 이스마엘이 열 사람과 함께 미스바로 가서 아히감의 아들 그다랴에게 이르러 미스바에서 함께 떡을 먹다가 느다냐의 아들 이스마엘과 그와 함께 있던 열 사람이 일어나서 바벨론의 왕의 그 땅을 위임했던 사반의 손자 아히감의 아들 그다랴를 칼로 쳐죽였고 이스마엘이 또 미스바에서 그다랴와 함께 있던 모든 유다 사람과 거기에 있는 갈대아 군사를 죽였더라"(렘 41:1~3)

한편 그다랴 총독이 암살당하는 과정에서 북이스라엘의 순례자 80명 가운데 70명이 살해당하는 사건도 발생합니다.

"그 때에 사람 팔십 명이 자기들의 수염을 깎고 옷을 찢고 몸에 상처를 내고 손에 소제물과 유향을 가지고 세겜과 실로와 사마리아로부터 와서 여호와의 성전으로 나아가려 한지라 느다냐의 아들 이스마엘이 그들을 영접하려 미스바에서 나와 울면서 가다가 그들을 만나 아히감의 아들 그다랴에게로 가자 하더라 그들이 성읍 중앙에 이를 때에 느다냐의 아들 이스마엘이 자기와 함께 있던 사람들과 더불어 그들을 죽여 구

덩이 가운데에 던지니라"(렘 41:5~7)

북이스라엘의 순례자 80명이 남유다의 멸망을 슬퍼하며 예물을 들고 예루살렘 성전으로 가기 위해 총독 그다랴에게 가던 중에 이스마엘이 그들을 발견하고 총독에게로 인도하겠다고 그들을 속여 80명 가운데 70명을 구덩이에 던져 죽인 것입니다. 여기에서 남은 열 명은 겨우 이스마엘에게 뇌물을 주고 살아남습니다.

이렇게 북이스라엘의 순례자 70명을 죽이고 그다랴 총독을 암살한 이스마엘이 이제 남유다 백성들을 인질로 잡아 암몬 땅으로 떠나려고 합니다(렘 41:10). 이때 요하난이 나서서 이스마엘에게 인질로 잡혔던 남유다 백성들을 구출합니다. 일이 이렇게 되자 이스마엘은 서둘러 자기를 따르는 여덟 명과 함께 요하난을 피해 암몬으로 망명을 떠납니다.

"이에 미스바에서 이스마엘이 사로잡은 그 모든 백성이 돌이켜 가레아의 아들 요하난에게로 돌아가니 느다냐의 아들 이스마엘이 여덟 사람과 함께 요하난을 피하여 암몬 자손에게로 가니라"(렘 41:14~15)

그렇게 바벨론이 세운 총독 그다랴가 암살당하자 요하난을 비롯한 남유다 백성들은 이제 바벨론을 더욱더 두려워하며 애굽으로 망명할 계획을 세우고 도망길에 오릅니다(렘 41:16~18).

그러나 요하난과 남유다 백성들이 선택한 애굽행은 하나님의 뜻과는 전혀 다른 길이었습니다. 그들은 남유다에 머물며 70년 동안 바벨론을 섬기며 살아야 했습니다.

> "너희 유다의 남은 자여 이제 여호와의 말씀을 들으라 만군의 여호와 이스라엘의 하나님께서 이와 같이 말씀하시되 너희가 만일 애굽에 들어가서 거기에 살기로 고집하면 너희가 두려워하는 칼이 애굽 땅으로 따라가서 너희에게 미칠 것이요 너희가 두려워하는 기근이 애굽으로 급히 따라가서 너희에게 임하리니 너희가 거기에서 죽을 것이라"(렘 42:15~16)

그런데 이같은 여러 혼란 속에서 예루살렘에 남아 있던 백성들은 두려움에 애굽으로 가야 할 것 같은 불안감에 빠지고 맙니다. 사실 지금까지 예레미야가 전한 모든 예언이 현실로 이루어진 것을 두 눈으로 확인했음에도 불구하고 그들은 애굽으로 가지 말라는 하나님의 뜻을 여전히 거역합니다. 하나님보다 바벨론을 두려워하고 있는 고질적인 그들의 불순종이 계속되고 있는 것입니다.

● **다섯 번째 포인트**

바벨론 포로 70년에는 하나님의 네 가지 목적이 있습니다.

앞서 잠깐 살폈습니다만 '예레미야 70년', 즉 '바벨론 포로 70년'에는 하나님의 네 가지 목적이 있습니다.

첫째, '징계 70년'입니다.

남유다 백성들에게 '징계'는 바로 '포로민'이 되어 예루살렘 성전을 그리워하는 것입니다. '징계 70년'의 이유는 남유다 백성들이 약속의 땅 가나안에 들어간 이래로 지난 900여 년간 안식일, 안식년, 희년의 날수 등을 포함해 제사장 나라 법을 지키지 않은 것에 대한 징계입니다. 그래서 그들은 〈레위기〉에 기록된 경고 3단계에 해당하는 처벌인 '바벨론 포로'로 끌려갔습니다.

> "이제 내가 이 모든 땅을 내 종 바벨론의 왕 느부갓네살의 손에 주고 또 들짐승들을 그에게 주어서 섬기게 하였나니 모든 나라가 그와 그의 아들과 손자를 그 땅의 기한이 이르기까지 섬기리라 또한 많은 나라들과 큰 왕들이 그 자신을 섬기리라"(렘 27:6~7)

일찍이 하나님께서는 모세를 통해 제사장 나라 경영을 다음과 같이 예고하셨습니다.

> "이런 일을 당하여도 너희가 내게로 돌아오지 아니하고 내게 대항할진대 나 곧 나도 너희에게 대항하여 너희 죄로 말미암아 너희를 칠 배나 더 치리라 내가 칼을 너희에게로 가져다가 언약을 어긴 원수를 갚을 것이며 너희가 성읍에 모일지라도 너희 중에 염병을 보내고 너희를 대적

의 손에 넘길 것이며"(레 26:23~25)

둘째, '교육 70년'입니다.

멍에는 쉽고 짐은 가벼워질 것입니다. 바벨론에서 70년간 남유다 백성들은 제사장 나라 거룩한 시민으로 재교육을 받게 될 것입니다. 그래서 그들은 제사장 나라 거룩한 시민의 사명이 가볍고 쉬운 멍에라는 사실을 결국 깨닫게 될 것입니다.

하나님께서는 1차 포로들인 다니엘과 세 친구를 위해서는 0.1%를 위한 특별 교육으로, 그리고 2차 바벨론 포로들은 강제노동을 하며 교육을 받게 될 것입니다.

이 교육은 '예레미야의 편지'와 '에스겔을 통한 교육' 그리고 '회당'을 통해 이루어질 것이고, 제사장 나라 거룩한 시민 재교육과 가마솥 소독 프로그램, 제국과 제사장 나라 비교 공부, 그리고 새 언약 예고를 70년 동안의 교육 프로그램으로 공부할 것입니다.

"너희는 집을 짓고 거기에 살며 텃밭을 만들고 그 열매를 먹으라 아내를 맞이하여 자녀를 낳으며 너희 아들이 아내를 맞이하며 너희 딸이 남편을 맞아 그들로 자녀를 낳게 하여 너희가 거기에서 번성하고 줄어들지 아니하게 하라 너희는 내가 사로잡혀 가게 한 그 성읍의 평안을 구하고 그를 위하여 여호와께 기도하라 이는 그 성읍이 평안함으로 너희

도 평안할 것임이라"(렘 29:5~7)

이렇게 70년의 긴 시간을 보내며 그들은 교육에 임해야 했습니다.

셋째, '안식 70년'입니다.

예루살렘 땅이 70년 동안 안식할 것이고 예루살렘 땅을 산 여우와 나눌 것입니다. 남유다 백성들이 70년 동안, 바벨론 포로로 가 있는 동안 사람의 안식이 아닌 예루살렘 땅이 지난 900여 년 동안 누리지 못했던 안식일과 안식년과 희년의 안식을 강제적(?)으로 누리게 될 것입니다.

"너희가 원수의 땅에 살 동안에 너희의 본토가 황무할 것이므로 땅이 안식을 누릴 것이라 그 때에 땅이 안식을 누리리니 너희가 그 땅에 거주하는 동안 너희가 안식할 때에 땅은 쉬지 못하였으나 그 땅이 황무할 동안에는 쉬게 되리라"(레 26:34~35)

"시온 산이 황폐하여 여우가 그 안에서 노나이다"(애 5:18)

넷째, '바벨론 제국 수명 70년'입니다.

하나님께서 제국을 도구로 사용하시며 온 세계를 경영하십니다. 그러므로 하나님의 말씀을 전한 예레미야 선지자는 친바벨론주의자가 아니라 영원한 하나님나라주의자였던 것입니다.

"여호와의 말씀이니라 칠십 년이 끝나면 내가 바벨론의 왕과 그의 나

라와 갈대아인의 땅을 그 죄악으로 말미암아 벌하여 영원히 폐허가 되게 하되"(렘 25:12)

다니엘은 바벨론의 멸망을 구체적으로 기록합니다.

"기록된 글자는 이것이니 곧 메네 메네 데겔 우바르신이라 그 글을 해석하건대 메네는 하나님이 이미 왕의 나라의 시대를 세어서 그것을 끝나게 하셨다 함이요"(단 5:25~26)

"그 날 밤에 갈대아 왕 벨사살이 죽임을 당하였고"(단 5:30)

예루살렘 성전이 불탔고 성벽이 무너졌습니다. 이로써 예루살렘은 사람이 살 수 없는 황폐한 곳이 되었습니다. 그러므로 이제 오직 소망은 바벨론으로 끌려간 포로들이 '바벨론 포로 70년'의 네 가지 의미를 잘 깨닫는 데 있습니다.

216일

애굽으로 도망친 자들(렘 42~45장)

애피타이저 APPETIZER

거짓과 암살이 난무하는 가운데 남유다 총독 그다랴를 암살하고 바벨론의 일부 군인들까지 죽인 이스마엘과 남유다에 남아 있는 백성들은 바벨론 제국을 더욱 크게 두려워하기 시작합니다.

이때 하나님께서는 바벨론을 피해 애굽으로 도망하려는 사람들에게 애굽으로 가지 말고 남유다에 남으라고 명령하십니다. 그러나 남유다에 남아 있던 백성들은 여전히 하나님의 말씀을 받아들이지 않고 애굽으로 내려갑니다. 그들 생각에는 하나님보다 애굽의 군대가 그들을 더 안전하게 보호해줄 것 같았기 때문입니다.

예루살렘이 멸망할 수밖에 없었던 이유는 남유다 백성들이 하나님보다 다른 이방 신들을 따르고 우상들을 섬기면서 선지자들을 통한 하나님의 말씀에 순종하지 않았기 때문입니다.

남유다에 남아 있던 백성들은 예루살렘의 멸망 원인을 자신들의 죄악에서 찾고 회개해야 했지만 멸망의 역사적 교훈을 깨닫지 못하고 또다시 어리석은 선택을 반복합니다.

한편 예레미야 45장에는 예레미야 36장에 나왔던 바룩이 한 번 더 등장합니다. 그는 예레미야 선지자가 힘들고 어려운 환경 속에서 고통과 눈물을 참아야 했던 시간에 가장 가까운 곳에서, 그리고 끝까지 함께했던 소중하고 진실한 친구이자 하나님의 사람이었습니다.

《일년일독 통독성경》 예레미야 42~45장

● 첫 번째 포인트

3차 바벨론 포로 이후 남유다에 남겨진 자들이 애굽행을 결정하면서 예레미야에게 중보기도를 요청합니다.

하나님께서 정하신 방향, 즉 바벨론이 아닌 반대 방향 애굽행을 결정한 남유다에 남아 있던 백성들이 예레미야 선지자에게 중보기도를 부탁합니다. 이는 마치 시드기야 왕이 바벨론에 항복하라는 하나님의 말씀에 순종할 마음이 전혀 없으면서 예레미야 선지자에게 기도 요청을 했던 것과 같습니다.

> "시드기야 왕이 셀레먀의 아들 여후갈과 마아세야의 아들 제사장 스바냐를 선지자 예레미야에게 보내 청하되 너는 우리를 위하여 우리 하나님 여호와께 기도하라 하였으니"(렘 37:3)

자, 이제 애굽으로 내려가려는 자들의 기도 부탁 내용을 들어보십시오.

> "이에 모든 군대의 지휘관과 가레아의 아들 요하난과 호사야의 아들 여사냐와 백성의 낮은 자로부터 높은 자까지 다 나아와 선지자 예레미야에게 이르되 당신은 우리의 탄원을 듣고 이 남아 있는 모든 자를 위하여 당신의 하나님 여호와께 기도해 주소서 당신이 보는 바와 같이 우

리는 많은 사람 중에서 남은 적은 무리이니 당신의 하나님 여호와께서 우리가 마땅히 갈 길과 할 일을 보이시기를 원하나이다"(렘 42:1~3)

이들의 기도 부탁은 결코 하나님의 뜻에 순종하겠다는 진심이 아니었습니다. 그들은 바벨론이 임명한 남유다의 총독 그다랴를 암살한 후 바벨론의 보복이 두려워 애굽으로 도망하기로 모든 결정을 이미 끝내놓았습니다.

"애굽으로 가려고 떠나 베들레헴 근처에 있는 게롯김함에 머물렀으니 이는 느다냐의 아들 이스마엘이 바벨론의 왕이 그 땅을 위임한 아히감의 아들 그다랴를 죽였으므로 그들이 갈대아 사람을 두려워함이었더라"(렘 41:17~18)

이들은 예레미야 선지자에게 그저 표면적으로 기도 요청을 한 것입니다. 그들의 속내는 겉보기에 하나님께 여쭙고 애굽으로 간 것처럼 보이게 하려는 것뿐이었습니다.

● **두 번째 포인트**

예레미야 선지자의 중보기도에 대한 하나님의 응답은 "애굽으로 가면 재앙이 있을 것이다"입니다.

애굽으로 가기로 결정한 남유다 백성들이 예레미야 선지자에게 기도를 부탁하자 어쨌든 예레미야 선지자는 하나님께 이 문제를 가지고 기도합니다. 그러자 하나님께서 다음과 같이 응답해주십니다.

"너희가 이 땅에 눌러 앉아 산다면 내가 너희를 세우고 헐지 아니하며 너희를 심고 뽑지 아니하리니 이는 내가 너희에게 내린 재난에 대하여 뜻을 돌이킴이라 여호와의 말씀이니라 너희는 너희가 두려워하는 바벨론의 왕을 겁내지 말라 내가 너희와 함께 있어 너희를 구원하며 그의 손에서 너희를 건지리니 두려워하지 말라 내가 너희를 불쌍히 여기리니 그도 너희를 불쌍히 여겨 너희를 너희 본향으로 돌려보내리라 하셨느니라"(렘 42:10~12)

하나님의 뜻은 애굽으로 내려가지 말고 비록 폐허가 되었지만 남유다에 머물라는 것입니다. 그러면 하나님께서 극상품 무화과 열매가 될 바벨론 포로로 끌려간 백성들처럼 남유다에 남아 있는 비천한 백성들도 하나님께서 뜻을 돌이켜서 용서해주시고 구원해주시겠다는 것입니다. 정말 놀라운 굿 뉴스의 말씀이었습니다.

사실 남유다에 남아 있던 백성들은 바벨론 제국이 포로로도 끌어가지 않았던 비천한 자들입니다(왕하 25:12). 하나님께서는 이들을 위해서 그들이 두려워하는 바벨론 왕의 마음까지도 돌려놓겠다고 약속해주십니다. 그럼에도 불구하고 그들이 하나님의 말씀을 듣지 않고 애굽으로 내려가는 것을 고집할 때는 다음과 같은 고통이 임할 것이라고 경고하십니다.

"무릇 애굽으로 들어가서 거기에 머물러 살기로 고집하는 모든 사람은 이와 같이 되리니 곧 칼과 기근과 전염병에 죽을 것인즉 내가 그들에게 내리는 재난을 벗어나서 남을 자 없으리라 만군의 여호와 이스라엘의 하나님께서 이와 같이 말씀하시되 나의 노여움과 분을 예루살렘 주민에게 부은 것 같이 너희가 애굽에 이를 때에 나의 분을 너희에게 부으리니 너희가 가증함과 놀램과 저주와 치욕거리가 될 것이라 너희가 다시는 이 땅을 보지 못하리라 하시도다 유다의 남은 자들아 여호와께서 너희를 두고 하신 말씀에 너희는 애굽으로 가지 말라 하셨고 나도 오늘 너희에게 경고한 것을 너희는 분명히 알라"(렘 42:17~19)

하나님께서는 바벨론 포로로도 끌려가지 않고 남유다에 남아 있는 백성들에게까지도 "너희 유다의 남은 자여"라고 부르시면서 그들 또한 '렘넌트(remnant)'로 기대해주셨습니다. 그러나 안타깝게도 그들은 하나님의 말씀에 끝내 순종하지 않았습니다. 그러므로 예레미야 선지자는 안타까운 심정으로 다음과 같이 전합니다.

"너희가 나를 너희 하나님 여호와께 보내며 이르기를 우리를 위하여 우리 하나님 여호와께 기도하고 우리 하나님 여호와께서 말씀하신 대로 우리에게 전하라 우리가 그대로 행하리라 하여 너희 마음을 속였느니라 너희 하나님 여호와께서 나를 보내사 너희에게 명하신 말씀을 내가 오늘 너희에게 전하였어도 너희가 너희 하나님 여호와의 목소리를 도무지 순종하지 아니하였은즉 너희가 가서 머물려고 하는 곳에서 칼과 기근과 전염병에 죽을 줄 분명히 알지니라"(사 42:20~22)

● **세 번째 포인트**

결국 요하난과 군 지휘관들은 예레미야 선지자와 바룩까지 데리고 애굽으로 망명을 갑니다.

이미 애굽행을 결심하고 예레미야 선지자에게 기도를 부탁했던 남유다 백성들은 애굽으로 내려가지 말라는 하나님의 응답을 듣고 예레미야에게 다음과 같은 폭언을 쏟아붓습니다.

"호사야의 아들 아사랴와 가레아의 아들 요하난과 모든 오만한 자가 예레미야에게 말하기를 네가 거짓을 말하는도다 우리 하나님 여호와께서 너희는 애굽에서 살려고 그리로 가지 말라고 너를 보내어 말하게 하지 아니하셨느니라 이는 네리야의 아들 바룩이 너를 부추겨서 우리를 대적하여 갈대아 사람의 손에 넘겨 죽이며 바벨론으로 붙잡아가게

하려 함이라"(렘 43:2~3)

그들은 예레미야 선지자가 전한 하나님의 말씀을 모두 거짓이라고 치부해버렸습니다. 자신들이 세운 계획과 하나님의 뜻이 같지 않자 전처럼 다시 오만한 태도로 돌변한 것입니다. 그들은 오히려 바룩이 예레미야 선지자를 부추겨 자신들을 바벨론 포로로 팔아넘기려고 한다고 모함까지 합니다. 그리고 하나님께 불순종하며 그들의 뜻대로 합니다.

결국 요하난과 군 지휘관들은 예레미야 선지자와 바룩까지 거느리고 애굽으로의 망명을 강행합니다.

"가레아의 아들 요하난과 모든 군 지휘관이 유다의 남은 자 곧 쫓겨났던 여러 나라 가운데에서 유다 땅에 살려 하여 돌아온 자 곧 남자와 여자와 유아와 왕의 딸들과 사령관 느부사라단이 사반의 손자 아히감의 아들 그다랴에게 맡겨 둔 모든 사람과 선지자 예레미야와 네리야의 아들 바룩을 거느리고 애굽 땅에 들어가 다바네스에 이르렀으니 그들이 여호와의 목소리를 순종하지 아니함이러라"(렘 43:5~7)

그러자 하나님께서는 다시 한번 애굽행을 막으시며 그들에게 경고의 말씀을 주십니다.

"다바네스에서 여호와의 말씀이 예레미야에게 임하여 이르시되"(렘 43:8)

애굽 망명 허가를 기다리던 다바네스에서 하나님께서 다시 그들에게 경고의 말씀을 주신 것입니다. 하나님께서는 그들에게 끝까지 회개의 기회를 주셨습니다.

"너는 그들에게 말하기를 만군의 여호와 이스라엘의 하나님께서 이와 같이 말씀하시되 보라 내가 내 종 바벨론의 느부갓네살 왕을 불러오리니 그가 그의 왕좌를 내가 감추게 한 이 돌들 위에 놓고 또 그 화려한 큰 장막을 그 위에 치리라 그가 와서 애굽 땅을 치고 죽일 자는 죽이고 사로잡을 자는 사로잡고 칼로 칠 자는 칼로 칠 것이라"(렘 43:10~11)

하나님께서는 이제 곧 애굽 또한 바벨론에 의해 점령될 것이라고 말씀하십니다. 애굽은 결코 바벨론으로부터 피할 수 있는 안전한 곳이 아닙니다.

● 네 번째 포인트

하나님께서는 애굽으로 내려간 '나쁜 무화과나무', 남유다 백성들에게까지 예레미야를 통해 말씀을 주십니다.

애굽으로 내려간 사람들은 하나님의 말씀을 거역한 자들이지만 그들에게도 하나님께서 말씀을 주십니다.

"애굽 땅에 사는 모든 유다 사람 곧 믹돌과 다바네스와 놉과 바드로스

지방에 사는 자에 대하여 말씀이 예레미야에게 임하니라"(렘 44:1)

하나님께서는 그들에게 남유다의 멸망 원인을 다시 말씀해 주십니다.

"만군의 여호와 이스라엘의 하나님께서 이와 같이 말씀하시니라 너희가 예루살렘과 유다 모든 성읍에 내린 나의 모든 재난을 보았느니라 보라 오늘 그것들이 황무지가 되었고 사는 사람이 없나니 이는 그들이 자기나 너희나 너희 조상들이 알지 못하는 다른 신들에게 나아가 분향하여 섬겨서 나의 노여움을 일으킨 악행으로 말미암음이라 내가 나의 모든 종 선지자들을 너희에게 보내되 끊임없이 보내어 이르기를 너희는 내가 미워하는 이 가증한 일을 행하지 말라 하였으나 그들이 듣지 아니하며 귀를 기울이지 아니하고 다른 신들에게 여전히 분향하여 그들의 악에서 돌이키지 아니하였으므로"(렘 44:2~5)

하나님께서는 남유다의 멸망 원인이 바로 우상숭배와 선지자를 통한 하나님의 말씀에 끝까지 불순종했기 때문이라고 말씀하십니다. 또한 하나님께서는 애굽에서도 계속되는 우상숭배와 불순종에 대해 책망하십니다.

"어찌하여 너희가 너희 손이 만든 것으로 나의 노여움을 일으켜 너희가 가서 머물러 사는 애굽 땅에서 다른 신들에게 분향함으로 끊어 버림을 당하여 세계 여러 나라 가운데에서 저주와 수치거리가 되고자 하느

냐"(렘 44:8)

이제 하나님께서는 애굽으로 내려간 남유다 백성들을 향해 심판을 선언하십니다.

"내가 또 애굽 땅에 머물러 살기로 고집하고 그리로 들어간 유다의 남은 자들을 처단하리니 그들이 다 멸망하여 애굽 땅에서 엎드러질 것이라 그들이 칼과 기근에 망하되 낮은 자로부터 높은 자까지 칼과 기근에 죽어서 저주와 놀램과 조롱과 수치의 대상이 되리라 내가 예루살렘을 벌한 것 같이 애굽 땅에 사는 자들을 칼과 기근과 전염병으로 벌하리니"(렘 44:12~13)

그런데 예레미야 선지자를 통한 하나님의 말씀을 들은 뒤 남유다 백성들이 이렇게 답합니다.

"우리 입에서 낸 모든 말을 반드시 실행하여 우리가 본래 하던 것 곧 우리와 우리 선조와 우리 왕들과 우리 고관들이 유다 성읍들과 예루살렘 거리에서 하던 대로 하늘의 여왕에게 분향하고 그 앞에 전제를 드리리라 그 때에는 우리가 먹을 것이 풍부하며 복을 받고 재난을 당하지 아니하였더니 우리가 하늘의 여왕에게 분향하고 그 앞에 전제 드리던 것을 폐한 후부터는 모든 것이 궁핍하고 칼과 기근에 멸망을 당하였느니라 하며"(렘 44:17~18)

지금 이들은 참으로 어리석은 판단을 하고 있습니다. 하나님의 심판 선언에도 회개하지 않고 오히려 남유다가 멸망한 원인이 하늘의 여왕에게 했던 분향을 폐했기 때문이라고 주장하는 것입니다. 요시야의 종교개혁으로 하늘의 여왕에 대한 우상숭배를 폐한 것에 대한 후회를 이렇게 황당하게 말하고 있습니다.

남유다는 요시야 때의 종교개혁 이전까지 '하늘의 여왕'이라는 우상을 숭배하고 있었습니다. 이 우상을 앗수르와 바벨론에서는 '이쉬타르'라고 불렀는데 이는 가나안의 '아스다롯'을 말합니다.

> "자식들은 나무를 줍고 아버지들은 불을 피우며 부녀들은 가루를 반죽하여 하늘의 여왕을 위하여 과자를 만들며 그들이 또 다른 신들에게 전제를 부음으로 나의 노를 일으키느니라"(렘 7:18)
>
> "솔로몬의 나이가 많을 때에 그의 여인들이 그의 마음을 돌려 다른 신들을 따르게 하였으므로 왕의 마음이 그의 아버지 다윗의 마음과 같지 아니하여 그의 하나님 여호와 앞에 온전하지 못하였으니 이는 시돈 사람의 여신 아스다롯을 따르고 암몬 사람의 가증한 밀곰을 따름이라"(왕상 11:4~5)

이렇듯 남유다가 멸망한 이유는 바로 우상숭배 때문이었습니다. 예레미야 선지자가 하나님의 말씀을 그렇게 열심히 외쳤어도 그들이 듣지 않고 그렇게까지 외면했던 이유가 바로 여기에 있었던 것입니다.

애굽으로 내려간 남유다 백성들은 우상을 섬기겠다고 단호하게(?) 결심합니다. 그들의 이 황당한 결심은 참으로 우매하고 안타깝기 그지없습니다. 그러므로 하나님께서는 이제 그들에게 최후 심판을 말씀하십니다.

"그러므로 애굽 땅에서 사는 모든 유다 사람이여 여호와의 말씀을 들으라 여호와께서 말씀하시되 보라 내가 나의 큰 이름으로 맹세하였은즉 애굽 온 땅에 사는 유다 사람들의 입에서 다시는 내 이름을 부르며 주 여호와의 살아 계심을 두고 맹세하노라 하는 자가 없으리라 보라 내가 깨어 있어 그들에게 재난을 내리고 복을 내리지 아니하리니 애굽 땅에 있는 유다 모든 사람이 칼과 기근에 망하여 멸절되리라"(렘 44:26~27)

하나님께서는 '하늘의 여왕'을 숭배하겠다는 남유다 백성들에게 그들 마음대로 하라고 말씀하십니다. 또한 애굽으로 내려간 백성들 중에는 하나님을 믿는 자가 없게 되리라고 말씀하십니다. 이것이 얼마나 무서운 심판의 말씀이었는지 그들은 그때에는 깨닫지 못했습니다.

"주 여호와께서 이같이 말씀하셨느니라 내가 또 바벨론의 느부갓네살 왕의 손으로 애굽의 무리들을 끊으리니 그가 여러 나라 가운데에 강포한 자기 군대를 거느리고 와서 그 땅을 멸망시킬 때에 칼을 빼어 애굽을 쳐서 죽임 당한 자로 땅에 가득하게 하리라"(겔 30:10~11)

하나님의 이 말씀은 B.C.570년에 애굽의 왕 호브라가 내전으로 죽고 B.C.567년 바벨론 느부갓네살 왕의 애굽 원정으로 애굽이 완전히 멸망하면서 성취됩니다.

● 다섯 번째 포인트

하나님께서는 예레미야 선지자와 끝까지 동행한 바룩에게 구원을 약속해주십니다.

하나님께서 예레미야를 통해 바룩에게 주신 말씀입니다.

"너는 그에게 이르라 여호와께서 이와 같이 말씀하시기를 보라 나는 내가 세운 것을 헐기도 하며 내가 심은 것을 뽑기도 하나니 온 땅에 그리하겠거늘 네가 너를 위하여 큰 일을 찾느냐 그것을 찾지 말라 보라 내가 모든 육체에 재난을 내리리라 그러나 네가 가는 모든 곳에서는 내가 너에게 네 생명을 노략물 주듯 하리라 여호와의 말씀이니라"(렘 45:4~5)

민족의 멸망을 이야기하며 극심한 고통 가운데 고군분투하는 예레미야 선지자와 동행한 바룩에게 주어진 현실적인 삶의 조건은 '시온의 대로'가 아니었습니다. 오히려 예레미야가 당했던 고통, 눈물, 아픔이 고스란히 바룩에게도 주어졌습니다.

진실을 붙드는 대가가 고통과 슬픔임을 알면서도 기꺼이 예레미야 선지자와 함께 그 길을 선택한 바룩, 그 고통의 한가운데서도 예레미야의 곁을 떠나지 않고 함께한 바룩을 하나님께서 위로해주십니다. 바로 재앙 가운데에서도 생명을 얻게 되리라는 약속을 주신 것입니다.

이처럼 슬픔과 고통의 바다 가운데 놓일지라도 하나님의 말씀을 붙들고 그 길을 달려가는 사람에게는 하나님께서 친히 위로자가 되어주십니다.

디저트 DESSERT

하나님의 말씀을 듣지 않다가 결국 하나님의 심판, 곧 예루살렘의 멸망을 겪은 남유다 백성들은 여전히 문제 해결의 방법을 하나님의 말씀에서 찾지 못하고 있습니다. 그들은 하나님의 말씀보다는 그들의 좁은 소견과 두려운 마음에서 벗어나고자 하는 방법만 찾았습니다. 악한 습관을 고치는 것이 이렇게 쉽지 않습니다.

이러한 백성들에게 하나님께서는 경고의 말씀을 거듭 반복하셨습니다. 왜냐하면 하나님께서는 사랑하는 백성들이 망하는 것을 끝까지 원치 않으셨기 때문입니다.

사랑은 오래 참는 것임을 사랑의 본체이신 하나님을 통해 다시 깨닫게 됩니다. 정말 '하나님은 사랑'이십니다.

217일

하나님의 세계 경영 (렘 46~48장)

애피타이저 APPETIZER

예레미야 46장에서 51장까지 남유다 주변 열 개 나라에 대한 예언이 선포됩니다. 예레미야 선지자를 통한 하나님의 이 말씀은 바벨론 제국의 침략 앞에서 애굽을 의지하려고 했던 남유다 백성들에게 하나님이 아닌 다른 어떤 누구도 남유다를 구원해줄 수 없다는 메시지를 주고 있습니다.

애굽은 예레미야 선지자의 예언대로 결국 바벨론의 침략을 받아 폐허가 됩니다. 또한 남유다와 늘 긴장 관계였던 모압도 하나님의 심판 선언을 받습니다. 사실 그들이 지금 누리고 있는 평화와 풍요는 하나님께서 허락하신 것이기에 그들은 하나님을 기억하고 하나님께 감사하며 살아야 했습니다. 그러나 모압은 그모스를 택해 그들의 신으로 섬겨왔고 따라서 하나님의 심판을 피할 수 없게 된 것입니다.

한편 바벨론 제국에 의해 짓밟힌 예루살렘의 모습은 절망 그 자체입니다. 그럼에도 불구하고 예루살렘의 현실을 가장 잘 직시하고 있는 예레미야 선지자가 놀라운 소망을 품을 수 있었던 이유는 하나님께서 바벨론 포로로 끌려갔던 남유다 백성들을 극상품 무화과 열매로 만들어 다시 예루살렘으로 돌아오게 하실 것을 믿기 때문입니다.

《일년일독 통독성경》 예레미야 46~48장

통通으로 숲이야기 ; 통숲 TONG OBSERVATION

● **첫 번째 포인트**

하나님께서는 애굽을 비롯해 남유다 주변 열 개 나라에 대한 심판을 말씀하십니다.

예레미야 46장에서는 애굽에 대한 심판을, 예레미야 47장에서는 블레셋에 대한 심판을, 예레미야 48장에서는 모압에 대한 심판을, 예레미야 49장에서는 암몬, 에돔, 다메섹(아람), 게달, 하솔, 엘람에 대한 심판을, 그리고 예레미야 50장과 51장에서는 바벨론에 대한 심판을 선포하십니다.

먼저 애굽이 갈그미스 전투에서 바벨론에게 패할 것에 대해 말씀하십니다.

"애굽에 관한 것이라 곧 유다의 요시야 왕의 아들 여호야김 넷째 해에 유브라데 강 가 갈그미스에서 바벨론의 느부갓네살 왕에게 패한 애굽의 왕 바로느고의 군대에 대한 말씀이라"(렘 46:2)

[197일] 통숲에서 이미 살펴보았듯이 B.C.605년 애굽이 갈그미스 전투에서 바벨론에게 패함으로 애굽 경계까지의 모든 지역이 바벨론 제국의 영토가 되었습니다.

"그 날은 주 만군의 여호와께서 그의 대적에게 원수 갚는 보복일이라 칼이 배부르게 삼키며 그들의 피를 넘치도록 마시리니 주 만군의 여호와께서 북쪽 유브라데 강 가에서 희생제물을 받으실 것임이로다"(렘 46:10)

애굽에 대한 예레미야 선지자의 예언은 바벨론 제국의 느부갓네살 왕이 애굽 본토를 정복할 것을 말한 것입니다.

"바벨론의 느부갓네살 왕이 와서 애굽 땅을 칠 일에 대하여 선지자 예

레미야에게 이르신 여호와의 말씀이라"(렘 46:13)

"만군의 여호와라 일컫는 왕이 이르시되 나의 삶으로 맹세하노니 그가 과연 산들 중의 다볼 같이, 해변의 갈멜 같이 오리라 애굽에 사는 딸이여 너는 너를 위하여 포로의 짐을 꾸리라 놉이 황무하며 불에 타서 주민이 없을 것임이라"(렘 46:18~19)

하나님께서는 애굽으로 향하는 느부갓네살 왕의 군대를 웅장한 다볼산과 갈멜산으로 묘사하며 바벨론 제국이 애굽을 정복하여 애굽 백성들을 포로로 끌어갈 것이라고 말씀하십니다.

애굽을 향한 하나님의 말씀은 사실 남유다를 향한 하나님의 경고였습니다. 지난 [214일] 통숲에서 공부한 남유다와 애굽 동맹을 참고하면 도움이 될 것입니다.

이후에 남유다의 시드기야 왕은 바벨론의 침략으로 멸망을 눈앞에 두고도 하나님을 의지하지 않고 오히려 애굽을 의지하려고 해서 하나님을 안타깝게 합니다. 남유다는 하나님보다는 눈에 보이는 애굽의 말과 병거를 의지했던 것입니다. 그래서 하나님께서는 그들이 의지하려는 애굽의 힘은 바벨론에 의해 곧 없어질 것이라고 말씀하셨습니다.

다시 말해 하나님께서는 애굽의 멸망이 열방을 다스리며 주관하시는 하나님의 공의의 심판으로 이루어진 것임을 남유다에게 가르쳐주시며 믿으라고 하셨습니다. 즉 예레미야를 통한 하나님의 말씀은 역사의 주관자가 하나님이심을 믿지 못했던 남유다에게 주시는 하나님의 경고였습니다.

이어서 하나님께서는 예레미야를 통해 애굽의 멸망과 이후의 회복까지 말씀해주십니다. 실제 애굽은 호브라 왕 때 완전히 멸망하고 40여 년 후에 바벨론 제국이 페르시아 제국에게 멸망하면서 다시 회복됩니다.

"내가 그들의 생명을 노리는 자의 손 곧 바벨론의 느부갓네살 왕의 손과 그 종들의 손에 넘기리라 그럴지라도 그 후에는 그 땅이 이전 같이 사람 살 곳이 되리라 여호와의 말씀이니라"(렘 46:26)

에스겔 선지자 또한 애굽의 멸망과 회복에 대한 하나님의 말씀을 전합니다.

"내가 애굽 땅을 황폐한 나라들 같이 황폐하게 하며 애굽 성읍도 사막이 된 나라들의 성읍 같이 사십 년 동안 황폐하게 하고 애굽 사람들은 각국 가운데로 흩으며 여러 민족 가운데로 헤치리라 주 여호와께서 이같이 말씀하셨느니라 사십 년 끝에 내가 만민 중에 흩은 애굽 사람을 다시 모아 내되 애굽의 사로잡힌 자들을 돌이켜 바드로스 땅 곧 그 고국 땅으로 돌아가게 할 것이라 그들이 거기에서 미약한 나라가 되되"(겔 29:12~14)

이 모든 것이 하나님의 세계 경영입니다.

● 두 번째 포인트

하나님께서는 바벨론 포로 70년이 지나면 남유다가 다시 회복될 것을 말씀하십니다.

하나님께서는 바벨론 포로로 끌려간 남유다 백성들이 그곳에서 하나님의 징계를 달게 받고 나면 다시 회복될 것이라고 말씀해주십니다.

"내 종 야곱아 두려워하지 말라 이스라엘아 놀라지 말라 보라 내가 너를 먼 곳에서 구원하며 네 자손을 포로된 땅에서 구원하리니 야곱이 돌아와서 평안하며 걱정 없이 살게 될 것이라 그를 두렵게 할 자 없으리라 여호와의 말씀이니라 내 종 야곱아 내가 너와 함께 있나니 두려워하지 말라 내가 너를 흩었던 그 나라들은 다 멸할지라도 너는 사라지지 아니하리라 내가 너를 법도대로 징계할 것이요 결코 무죄한 자로 여기지 아니하리라 하시니라"(렘 46:27~28)

바벨론 포로 70년이 지나면 남유다가 다시 회복되어 제사장 나라 거룩한 시민이 될 것이라는 예레미야 46장의 말씀은 예레미야 30장의 말씀과 거의 동일합니다.

예레미야 30장의 말씀도 들어보십시오.

"여호와의 말씀이니라 그러므로 나의 종 야곱아 너는 두려워하지 말라 이스라엘아 놀라지 말라 내가 너를 먼 곳으로부터 구원하고 네 자손을 잡혀가 있는 땅에서 구원하리니 야곱이 돌아와서 태평과 안락을 누릴 것이며 두렵게 할 자가 없으리라 이는 여호와의 말씀이라 내가 너와 함께 있어 너를 구원할 것이라 너를 흩었던 그 모든 이방을 내가 멸망시키리라 그럴지라도 너만은 멸망시키지 아니하리라 그러나 내가 법에 따라 너를 징계할 것이요 결코 무죄한 자로만 여기지는 아니하리라"(렘 30:10~11)

● **세 번째 포인트**

예레미야 선지자를 통한 열방에 대한 예언은 곧 하나님의 세계 경영입니다.

하나님께서 애굽에 이어 블레셋에 대해 말씀하십니다.

"여호와께서 이와 같이 말씀하시되 보라 물이 북쪽에서 일어나 물결치는 시내를 이루어 그 땅과 그 중에 있는 모든 것과 그 성읍과 거기에 사는 자들을 휩쓸리니 사람들이 부르짖으며 그 땅 모든 주민이 울부짖으리라"(렘 47:2)

하나님께서는 홍수가 나면 모든 땅을 쓸어버리듯 북쪽에서 일어난 바벨론 제국이 블레셋을 정복할 것이라고 말씀하십니다. 이스라엘 역사에서 블레셋만큼 이스라엘과 관계가 깊은 나라도 없을 것입니다. 해변가에 위치하고 있던 블레셋은 이스라엘보다 막강한 군사력으로 늘 이스라엘을 괴롭혔습니다. 그래서 이스라엘과 블레셋은 서로 늘 앙숙이었습니다.

하나님께서는 그러한 블레셋의 포악과 죄악을 큰 홍수와 같은 바벨론 제국을 들어 심판하겠다고 말씀하십니다. 심판 때 블레셋은 힘을 쓸 수도 없고 어떤 이웃 나라의 도움도 끊어진 상태로 속수무책의 멸망에 곧 이른다고 말씀하십니다.

하나님께서는 그동안 이스라엘의 죄악을 벌하기 위해 블레셋을 들어 사용하기도 하셨지만 블레셋의 죄 또한 결코 하나님의 심판에서 벗어날 수는 없는 것이었습니다.

> "오호라 여호와의 칼이여 네가 언제까지 쉬지 않겠느냐 네 칼집에 들어가서 가만히 쉴지어다 여호와께서 이를 명령하셨은즉 어떻게 잠잠하며 쉬겠느냐 아스글론과 해변을 치려 하여 그가 정하셨느니라 하니라"(렘 47:6~7)

● 네 번째 포인트

하나님께서는 이스라엘과 늘 긴장 관계를 유지해왔던 모압에 대해 다시 한번 심판을 말씀하십니다.

애굽과 블레셋에 관한 심판의 메시지에 이어 모압에 대한 하나님의 말씀이 시작됩니다.

"모압에 관한 것이라 만군의 여호와 이스라엘의 하나님께서 이와 같이 말씀하시되 오호라 느보여 그가 유린 당하였도다 기랴다임이 수치를 당하여 점령되었고 미스갑이 수치를 당하여 파괴되었으니"(렘 48:1)

모압은 아브라함의 조카 롯의 후손으로 이스라엘과는 혈연으로 이어진 민족이었습니다. 그래서 하나님께서는 일찍이 출애굽한 이스라엘이 가나안으로 입성을 할 때도 모압을 보호해주셨습니다. 그때 하나님께서 모세에게 주신 말씀입니다.

"우리가 세일 산에 거주하는 우리 동족 에서의 자손을 떠나서 아라바를 지나며 엘랏과 에시온 게벨 곁으로 지나 행진하고 돌이켜 모압 광야 길로 지날 때에 여호와께서 내게 이르시되 모압을 괴롭히지 말라 그와 싸우지도 말라 그 땅을 내가 네게 기업으로 주지 아니하리니 이는 내가 롯 자손에게 아르를 기업으로 주었음이라"(신 2:8~9)

그러나 모압은 이스라엘의 호의를 받아들이지 않고 적대적이었습니다. 게다가 모압의 풍습은 이스라엘에 여러 가지로 악영향을 끼쳐왔습니다.

"모압 왕 십볼의 아들 발락이 일어나 이스라엘과 싸우더니 사람을 보내어 브올의 아들 발람을 불러다가 너희를 저주하게 하려 하였으나"(수 24:9)

"이스라엘이 싯딤에 머물러 있더니 그 백성이 모압 여자들과 음행하기를 시작하니라"(민 25:1)

"모압의 가증한 그모스를 위하여 예루살렘 앞 산에 산당을 지었고 또 암몬 자손의 가증한 몰록을 위하여 그와 같이 하였으며"(왕상 11:7)

이렇게 이스라엘과 늘 긴장 관계 속에서 지내왔던 모압이 이사야(사 15~16장, [180일])에 이어 예레미야 48장에서 다시금 하나님의 심판 선언을 받고 있습니다. 그들은 소돔과 고모라가 멸망할 때 어떻게 하나님께서 롯과 그의 가족을 구원하셨으며 또 그들에게 복을 주사 얼마나 풍요롭게 살았는지를 잊어버렸습니다.

하나님의 구원 역사를 잊은 그들은 결국 그모스 신을 섬기며 하나님이 아닌 우상을 숭배했습니다. 이제 롯의 후손인 모압 자손이 누리던 평안은 끝이 났습니다.

일찍이 하나님께서는 아브라함을 생각하사 롯을 구원하셨고 그들이 하나님을 섬기는 민족이 되기를 기대하셨습니다. 하나님께서는 아브라함과 롯을, 이스라엘 민족과 모압 민족을, 그리고 보아스와 모압 여인 룻을 묶으시며 그 끈을 놓지 않고 지금까지 계속 이어가고 계셨던 것입니다. 그러나 그들의 행태는 하나님의 기대와 정반대였습니다. 이로 인해 모압은 마침내 하나님께 심판 선언을 받게 됩니다.

"파멸하는 자가 각 성읍에 이를 것인즉 한 성읍도 면하지 못할 것이며 골짜기가 멸망하였으며 평지는 파멸되어 여호와의 말씀과 같으리로다 모압에 날개를 주어 날아 피하게 하라 그 성읍들이 황폐하여 거기에 사는 자가 없으리로다"(렘 48:8~9)

하나님께서는 모압이 날개를 달고 날지 않는 한 멸망을 피할 수 없을 것이라고 말씀하십니다.

"모압은 젊은 시절부터 평안하고 포로도 되지 아니하였으므로 마치 술이 그 찌끼 위에 있고 이 그릇에서 저 그릇으로 옮기지 않음 같아서 그 맛이 남아 있고 냄새가 변하지 아니하였도다 그러므로 여호와께서 말씀하시니라 날이 이르리니 내가 술을 옮겨 담는 사람을 보낼 것이라 그들이 기울여서 그 그릇을 비게 하고 그 병들을 부수리니"(렘 48:11~12)

그동안 모압은 평안을 누리며 살아왔습니다. 마치 포도주를 통 안에 오래도록 저장해 숙성시키듯이 모압은 외부의 침략 없이 안전하게 평화를 누려왔습니다. 그러나 이제 하나님께서 술통을 비워 없애듯 모압이 멸망할 것이라고 말씀하십니다.

● 다섯 번째 포인트
모압이 하나님께 심판받는 이유는 '우상숭배'와 '교만' 때문입니다.

모압이 하나님께 심판을 받는 첫 번째 이유는 바로 '우상숭배' 때문입니다.

"이스라엘 집이 벧엘을 의뢰하므로 수치를 당한 것 같이 모압이 그모스로 말미암아 수치를 당하리로다"(렘 48:13)

하나님께서는 북이스라엘이 벧엘에 금송아지 제단을 세우고 우상을 숭배함으로 나라가 망한 것처럼, 모압도 그모스 우상을 숭배했기 때문에 멸망한다고 말씀하십니다.

모압이 섬긴 우상, '그모스(Chemosh)'는 '불의 신', '전쟁의 신'으로 일컫는 모압의 민족 신이었습니다. 그모스를 암몬 족속의 몰렉과 같은 신으로 여기기도 했습니다. 그래서 모압을 '그모스의 백성'이라 칭하고, 그모스를 암몬의 신으로 칭하기도 했습니다.

"모압이여 네게 화가 있도다 그모스의 백성이 망하였도다 네 아들들은 사로잡혀 갔고 네 딸들은 포로가 되었도다"(렘 48:46)

모압의 우상숭배가 얼마나 극심했는지 모압의 왕이 자기의 뒤를 이을 맏아들까지 인신제사를 할 정도로 모압은 그모스 우상을 열심히 숭배했습니다.

"이에 자기 왕위를 이어 왕이 될 맏아들을 데려와 성 위에서 번제를 드린지라 이스라엘에게 크게 격노함이 임하매 그들이 떠나 각기 고국으로 돌아갔더라"(왕하 3:27)

모압이 하나님께 심판을 받는 두 번째 이유는 바로 '교만' 때문입니다.

"우리가 모압의 교만을 들었나니 심한 교만 곧 그의 자고와 오만과 자랑과 그 마음의 거만이로다 여호와의 말씀이니라 내가 그의 노여워함의 허탄함을 아노니 그가 자랑하여도 아무 것도 성취하지 못하였도다"(렘 48:29~30)

모압은 고원 지대에 위치해 외부의 침략에 유리한 방어 조건을 갖추고 있었습니다. 그리고 그들은 경제적 번영으로 풍요를 누린 탓에 교만하기까지 했습니다. 하나님께서는 그 교만한 모압의 멸망을 예레미야 선지자뿐 아니라 이사야, 아모스, 스바냐 선지자를 통해서도 계속 경고하셨습니다. 오래전 이사야를 통한 경고입니다.

"우리가 모압의 교만을 들었나니 심히 교만하도다 그가 거만하며 교만하며 분노함도 들었거니와 그의 자랑이 헛되도다"(사 16:6)

예레미야 선지자를 통한 하나님의 모압 심판의 메시지입니다.

"모압이 여호와를 거슬러 자만하였으므로 멸망하고 다시 나라를 이루지 못하리로다 여호와의 말씀이니라 모압 주민아 두려움과 함정과 올무가 네게 닥치나니 두려움에서 도망하는 자는 함정에 떨어지겠고 함정에서 나오는 자는 올무에 걸리리니 이는 내가 모압이 벌 받을 해가 임하게 할 것임이라 여호와의 말씀이니라"(렘 48:42~44)

하나님의 말씀대로 모압은 바벨론의 느부갓네살 왕에게 정복된 후 다시는 나라를 이루지 못하고 역사 속에서 사라졌습니다. 모압 백성들이 다시 회복되는 날은 오직 메시아의 나라에서 이루어지는 궁극적인 회복의 날일 것입니다.

"그러나 내가 마지막 날에 모압의 포로를 돌려보내리라 여호와의 말씀이니라 모압의 심판이 여기까지니라"(렘 48:47)

디저트 DESSERT

예레미야 선지자를 통해 전하시는 하나님의 심판과 회복의 말씀은 남유다에만 국한되지 않고 하나님의 주권 아래에 있는 남유다 주변 열 개 나라에 모두 선포됩니다.

예레미야의 예언에서처럼 크고 전능하신 하나님은 이 세상 무엇으로도 담을 수 없으며, 하나님은 한 개인 또는 한 나라에 제한될 수 없습니다.

하나님께서는 세계 모든 족속의 하나님이시므로 열방이 하나님께 돌아오기를 바라십니다. 열방을 향해 하나님의 공의와 사랑을 외친 예레미야 선지자의 사명은 오늘 우리의 사명이기도 합니다. 하나님의 말씀은 그때부터 지금까지 멈추지 않고 이어져 온 세상에 빛을 비추고 있기 때문입니다.

218일

주변 10개국 멸망 예언 (렘 49~50장)

애피타이저 APPETIZER

모압 심판에 대한 예언에 이어 남유다 주변국들의 심판과 멸망의 메시지가 계속해서 선포되고 있습니다. 하나님께서 모압을 심판하실 때 사용하셨던 기준인 '우상숭배'와 '교만'은 남유다 주변 나라에도 동일하게 적용됩니다. 하나님을 떠나 헛된 우상을 따르고 자신의 힘을 믿는 교만한 그들에게 하나님께서 진노하신 것입니다.

예레미야 50장은 바벨론을 향한 심판과 남유다 회복에 대한 하나님의 말씀입니다. 남유다는 그들의 죄악으로 말미암아 하나님의 심판을 받아야 했고, 하나님께서는 그 심판의 도구로 앗수르와 바벨론 같은 이방 민족들을 사용하셨습니다. 그런데 하나님의 역사는 여기에서 멈추지 않습니다. 곧 바벨론은 하나님의 준엄한 심판을 받으며 그들이 행한 악에 대하여 보응을 받게 되리라는 예언이 예레미야 선지자를 통하여 선포됩니다.

하늘과 땅을 뒤흔들 듯한 기세로 역사 속에 등장했던 대제국도 하나님의 손에 붙들려 있는 막대기에 지나지 않습니다. 또한 하나님께 쓰임 받은 심판의 도구일지라도 하나님 앞에서 교만하고 하나님 뜻에 합당하지 않다면 그들 또한 하나님께 심판을 받게 됩니다. 세계 경영은 제국들이 하는 것이 아니라 오직 살아 계신 하나님께서 하시는 일입니다.

성경통독 BIBLETONGDOK

《일년일독 통독성경》 예레미야 49~50장

통通으로 숲이야기 ; 통숲 TONG OBSERVATION

● 첫 번째 포인트

하나님께서 예레미야 선지자를 통해 암몬의 멸망을 말씀하십니다.

"암몬 자손에 대한 말씀이라 여호와께서 이와 같이 말씀하시되 이스라엘이 자식이 없느냐 상속자가 없느냐 말감이 갓을 점령하며 그 백성이 그 성읍들에 사는 것은 어찌 됨이냐"(렘 49:1)

암몬은 모압과 함께 롯의 후손으로 이스라엘 민족과 혈연으로 이어진 족속이었습니다. 이 때문에 출애굽한 이스라엘 민족이 약속의 땅 가나안 입성을 할 때도 하나님께서는 모압과 함께 암몬을 보호해주셨습니다.

하나님께서 모세에게 이같이 말씀하셨습니다.

"암몬 족속에게 가까이 이르거든 그들을 괴롭히지 말고 그들과 다투지도 말라 암몬 족속의 땅은 내가 네게 기업으로 주지 아니하리니 이는 내가 그것을 롯 자손에게 기업으로 주었음이라"(신 2:19)

그러나 암몬은 모압과 마찬가지로 이스라엘에 적대적이었고 암몬의 말감 숭배는 이스라엘에 악영향을 끼쳐왔습니다. 암몬이 숭배한 우상이었던 '말감(Malcam)'은 '밀곰' 혹은 '몰렉'이라 불렸으며 숭배자들은 우상 앞에 인신제사를 지냈습니다.

'말감' 숭배는 〈열왕기〉와 〈아모스〉 그리고 〈이사야〉에서 살펴보았듯이 솔로몬 왕 때 세워진 제단 때문에 온 이스라엘에 퍼졌습니다. 남유다의 아하스 왕과 므낫세 왕도 인신제사를 지냈고, 남유다 백성들도 힌놈의 아들 골짜기 도벳 사당에서 계속해서 인신제사를 지냈습니다.

"모압의 가증한 그모스를 위하여 예루살렘 앞 산에 산당을 지었고 또 암몬 자손의 가증한 몰록을 위하여 그와 같이 하였으며"(왕상 11:7)

"힌놈의 아들 골짜기에 도벳 사당을 건축하고 그들의 자녀들을 불에 살랐나니 내가 명령하지 아니하였고 내 마음에 생각하지도 아니한 일이니라"(렘 7:31)

그런데 '말감' 우상에 관한 말씀은 하나님께서 이미 〈레위기〉에서부터 경고하신 말씀이었습니다.

"너는 결단코 자녀를 몰렉에게 주어 불로 통과하게 함으로 네 하나님의 이름을 욕되게 하지 말라 나는 여호와이니라"(레 18:21)

"너는 이스라엘 자손에게 또 이르라 그가 이스라엘 자손이든지 이스라엘에 거류하는 거류민이든지 그의 자식을 몰렉에게 주면 반드시 죽이되 그 지방 사람이 돌로 칠 것이요 나도 그 사람에게 진노하여 그를 그의 백성 중에서 끊으리니 이는 그가 그의 자식을 몰렉에게 주어서 내 성소를 더럽히고 내 성호를 욕되게 하였음이라"(레 20:2~3)

하나님께서는 이러한 암몬에 대해 심판의 메시지를 주십니다.

"주 만군의 여호와의 말씀이니라 보라 내가 두려움을 네 사방에서 네게 오게 하리니 너희 각 사람이 앞으로 쫓겨 나갈 것이요 도망하는 자들을 모을 자가 없으리라"(렘 49:5)

그리고 하나님께서는 암몬의 멸망에 이어 암몬의 '바벨론 포로 귀환'에 대해서도 말씀하십니다.

"그러나 그 후에 내가 암몬 자손의 포로를 돌아가게 하리라 여호와의 말씀이니라"(렘 49:6)

하나님께서 말씀하신 암몬 자손의 포로 귀환은 페르시아 제국의 고레스(키루스 2세)의 칙령으로 이후에 성취됩니다.

● **두 번째 포인트**

하나님께서 예레미야 선지자를 통해 에돔의 멸망을 말씀하십니다.

"에돔에 대한 말씀이라 만군의 여호와께서 이와 같이 말씀하시되 데만에 다시는 지혜가 없게 되었느냐 명철한 자에게 책략이 끊어졌느냐 그들의 지혜가 없어졌느냐"(렘 49:7)

"여호와의 말씀이니라 내가 나를 두고 맹세하노니 보스라가 놀램과 치욕거리와 황폐함과 저줏거리가 될 것이요 그 모든 성읍이 영원히 황폐하리라 하시니라"(렘 49:13)

에돔의 심판에 대해서는 지난 [169일] 통숲에서 살폈듯이 아모스 선지자를 통해 이미 말씀하셨습니다. 에서의 후손들인 에돔은 이스라엘 나라와 형제국이었으나 그들은 출애굽 이후 이스라엘을 향해 계속 악행을 저질렀으며 늘 이스라엘과는 적대적 관계에 있었습니다. 오래전 모세가 이스라엘 백성들과 함께 에돔 왕의 대로로 통과하게 해달라고 부탁했을 때 그들은 딱 잘라 거절했습니다.

"에돔 왕이 이같이 이스라엘이 그의 영토로 지나감을 용납하지 아니하므로 이스라엘이 그들에게서 돌이키니라"(민 20:21)

이후 에돔은 끊임없이 이스라엘을 괴롭히다가 마지막에는 바벨론 제국이 예루살렘을 공격할 때 바벨론을 도와 남유다가 멸망하는 데 큰 도움을 주기까지 했습니다.

그래서 바벨론 포로로 끌려간 남유다 백성들이 바벨론 강가에 앉아 고향을 바라보며 울면서 에돔의 죄악에 대해 하나님께 탄원하기까지 했던 것입니다.

"여호와여 예루살렘이 멸망하던 날을 기억하시고 에돔 자손을 치소서 그들의 말이 헐어 버리라 헐어 버리라 그 기초까지 헐어 버리라 하였나이다 멸망할 딸 바벨론아 네가 우리에게 행한 대로 네게 갚는 자가 복이 있으리로다"(시 137:7~8)

에돔은 어느 누구도 공격할 수 없는 요새에 살면서 매우 교만했습니다. 그러나 아무리 견고한 성읍을 자랑하여도 하나님의 심판 앞에서는 아무것도 아닙니다.

"바위 틈에 살며 산꼭대기를 점령한 자여 스스로 두려운 자인 줄로 여김과 네 마음의 교만이 너를 속였도다 네가 독수리 같이 보금자리를 높은 데에 지었을지라도 내가 그리로부터 너를 끌어내리리라 이는 여호와의 말씀이니라"(렘 49:16)

또한 하나님께서는 그 문제에 대해 오바댜 선지자를 통해 에돔의 완전한 멸망을 선언하십니다. 그 자세한 내용은 [222일] 〈오바댜〉를 공부할 때 살펴보겠습니다.

● **세 번째 포인트**

하나님께서 예레미야 선지자를 통해 다메섹, 게달, 하솔, 엘람의 멸망을 말씀하십니다.

하나님께서는 남유다 주변 나라들 가운데 남유다가 의지하려 했던 애굽, 남유다와 형제 나라들인 모압, 암몬, 에돔에 대한 심판의 메시지에 이어 이제부터는 그 외 남유다 주변 나라들에 대한 심판을 말씀하십니다. 이는 한편으로 남유다 백성들에게 하나님께서 세계를 경영하신다는 것을 보여주신 것입니다. 먼저 다메섹에 대한 하나님의 심판 메시지입니다. 다메섹은 아람의 수도이므로 이는 아람에 대한 심판의 메시지인 것입니다.

"다메섹에 대한 말씀이라 하맛과 아르밧이 수치를 당하리니 이는 흉한 소문을 듣고 낙담함이니라 바닷가에서 비틀거리며 평안이 없도다"(렘 49:23)

"이는 만군의 여호와의 말씀이니라 그런즉 그 날에 그의 장정들은 그 거리에 엎드러지겠고 모든 군사는 멸절될 것이며 내가 다메섹의 성벽에 불을 지르리니 벤하닷의 궁전이 불타리라"(렘 49:26~27)

아람은 그동안 남유다를 괴롭혀 왔던 이방 민족으로 그들도 바벨론 제국에 의해 멸망하게 될 것입니다.

계속해서 하나님께서 게달과 하솔에 대해 말씀하십니다.

"바벨론의 느부갓네살 왕에게 공격을 받은 게달과 하솔 나라들에 대한 말씀이라 여호와께서 이와 같이 말씀하시되 너희는 일어나 게달로 올라가서 동방 자손들을 황폐하게 하라"(렘 49:28)

"하솔은 큰 뱀의 거처가 되어 영원히 황폐하리니 거기 사는 사람이나 그 가운데에 머물러 사는 사람이 아무도 없게 되리라 하시니라"(렘 49:33)

게달과 하솔은 아라비아 유목민들의 성읍이었습니다. 게달의 멸망은 〈이사야〉와 〈예레미야〉를 통해 예언되었으며 특히 이사야 21장을 통해서 살펴보았습니다.

"주께서 이같이 내게 이르시되 품꾼의 정한 기한 같이 일 년 내에 게달의 영광이 다 쇠멸하리니 게달 자손 중 활 가진 용사의 남은 수가 적으리라 하시니라 이스라엘의 하나님 여호와의 말씀이니라"(사 21:16~17)

이어서 하나님께서는 예레미야 선지자를 통해 엘람에 대해 말씀하십니다.

"유다 왕 시드기야가 즉위한 지 오래지 아니하여서 엘람에 대한 여호와의 말씀이 선지자 예레미야에게 임하여 이르시되"(렘 49:34)

"여호와의 말씀이니라 내가 엘람으로 그의 원수의 앞, 그의 생명을 노리는 자의 앞에서 놀라게 할 것이며 내가 재앙 곧 나의 진노를 그들 위에 내릴 것이며 내가 또 그 뒤로 칼을 보내어 그들을 멸망시키리라"(렘 49:37)

엘람은 셈의 장자가 세운 나라로 바벨론 동쪽 산악 지대에 거하며 끊임없이 전쟁 속에 있었고 앗수르 제국에 정복된 나라였습니다. 그러나 앗수르 제국이 바벨론 제국에 멸망하자 메대와 연합하여 바벨론 제국에 대항합니다. 하지만 결국 엘람은 그들의 죄로 인해 하나님께 심판을 받습니다.

한편 엘람은 〈에스겔〉 기록으로 보면 매우 잔인한 민족이었던 것 같습니다.

"거기에 엘람이 있고 그 모든 무리가 그 무덤 사방에 있음이여 그들은 다 할례를 받지 못하고 죽임을 당하여 칼에 엎드러져 지하에 내려간 자로다 그들이 생존하는 사람들의 세상에서 두렵게 하였으나 이제는 구덩이에 내려가는 자와 함께 수치를 당하였도다"(겔 32:24)

하나님께서는 엘람의 멸망을 이렇게 선포하시고 이후에 회복될 엘람에 대한 말씀까지 알려주십니다.

"그러나 말일에 이르러 내가 엘람의 포로를 돌아가게 하리라 여호와의 말씀이니라"(렘 49:39)

● **네 번째 포인트**

하나님께서 예레미야 선지자를 통해 바벨론의 멸망을 또다시 말씀하십니다.

하나님께서는 이제 예레미야 선지자를 통해 당시 고대 근동의 모든 나라가 두려워했던 바벨론 제국에 대한 심판을 말씀하십니다.

"여호와께서 선지자 예레미야에게 바벨론과 갈대아 사람의 땅에 대하여 하신 말씀이라"(렘 50:1)

"이는 한 나라가 북쪽에서 나와서 그를 쳐서 그 땅으로 황폐하게 하여 그 가운데에 사는 자가 없게 할 것임이라 사람이나 짐승이 다 도망할 것임이니라"(렘 50:3)

예레미야 50장과 51장에서 바벨론 제국에 대한 멸망 예언은 곧바로 남유다의 회복으로 이어집니다.

> "여호와의 말씀이니라 그날 그때에 이스라엘 자손이 돌아오며 유다 자손도 함께 돌아오되 그들이 울면서 그 길을 가며 그의 하나님 여호와께 구할 것이며 그들이 그 얼굴을 시온으로 향하여 그 길을 물으며 말하기를 너희는 오라 잊을 수 없는 영원한 언약으로 여호와와 연합하라 하리라"(렘 50:4~5)

하나님께서는 이스라엘과 언약을 맺으심으로 그들의 하나님이 되시고 이스라엘이 제사장 나라 거룩한 백성이라는 본질과 사명에 충실하기를 기대하셨습니다. 그러나 이스라엘은 이 약속을 진지하고 성실하게 받아들이지 않았습니다.

하지만 이후에 이스라엘은 눈물을 흘리면서 하나님께로 다시 돌아와 영원히 잊혀지지 아니할 언약으로 하나님과 하나가 될 것입니다. '하나님과 하나 되는 것' 이것이 영원한 언약으로 가는 길의 핵심입니다.

바벨론 제국은 제국을 세운 지 70년 만에 B.C.539년 바벨론 동쪽에 있는 바사와 바벨론 북쪽에 있는 메대가 동맹하여 공격함으로 멸망하게 됩니다. 그리고 고대 근동은 앗수르에서 바벨론으로 그리고 페르시아(메대와 바사)로 제국의 변동이 이어지게 됩니다.

"보라 내가 큰 민족의 무리를 북쪽에서 올라오게 하여 바벨론을 대항하게 하리니 그들이 대열을 벌이고 쳐서 정복할 것이라 그들의 화살은 노련한 용사의 화살 같아서 허공을 치지 아니하리라 갈대아가 약탈을 당할 것이라 그를 약탈하는 자마다 만족하리라 여호와의 말씀이니라" (렘 50:9~10)

바벨론을 향한 하나님의 심판 메시지입니다.

"그의 황소를 다 죽이라 그를 도살하려 내려 보내라 그들에게 화 있도다 그들의 날, 그 벌 받는 때가 이르렀음이로다 바벨론 땅에서 도피한 자의 소리여 시온에서 우리 하나님 여호와의 보복하시는 것, 그의 성전의 보복하시는 것을 선포하는 소리로다"(렘 50:27~28)

이는 '바벨론 70년'의 네 가지 의미 중 '바벨론 제국의 수명 70년' 그 시기가 이른 것을 말하고 있습니다. 하나님께서는 페르시아를 하나님의 분노의 무기로 삼아 바벨론 제국을 치칠 것이라고 말씀하십니다.

바벨론이 심판받는 이유는 다음과 같습니다.

"활 쏘는 자를 바벨론에 소집하라 활을 당기는 자여 그 사면으로 진을 쳐서 피하는 자가 없게 하라 그가 일한 대로 갚고 그가 행한 대로 그에게 갚으라 그가 이스라엘의 거룩한 자 여호와를 향하여 교만하였음이

라"(렘 50:29)

"주 만군의 여호와의 말씀이니라 교만한 자여 보라 내가 너를 대적하나니 너의 날 곧 내가 너를 벌할 때가 이르렀음이라 교만한 자가 걸려 넘어지겠고 그를 일으킬 자가 없을 것이며 내가 그의 성읍들에 불을 지르리니 그의 주위에 있는 것을 다 삼키리라"(렘 50:31~32)

영원한 제국은 없습니다. 그렇지만 이 땅을 향한 하나님의 구원 계획은 계속 이어집니다.

● 다섯 번째 포인트

하나님께서 이스라엘의 회복을 다시 말씀하십니다.

바벨론 제국의 멸망을 선포하신 하나님께서 예레미야 선지자를 통해 남유다의 회복을 다시 말씀하십니다.

"이스라엘은 흩어진 양이라 사자들이 그를 따르도다 처음에는 앗수르 왕이 먹었고 다음에는 바벨론의 느부갓네살 왕이 그의 뼈를 꺾도다 그러므로 만군의 여호와 이스라엘의 하나님이 이와 같이 말하노라 보라 내가 앗수르의 왕을 벌한 것 같이 바벨론의 왕과 그 땅을 벌하고 이스라엘을 다시 그의 목장으로 돌아가게 하리니 그가 갈멜과 바산에서 양을 기를 것이며 그의 마음이 에브라임과 길르앗 산에서 만족하리라 여호와의 말씀이니라 그 날 그 때에는 이스라엘의 죄악을 찾을지라도 없겠고 유다의 죄를 찾을지라도 찾아내지 못하리니 이는 내가 남긴 자를 용서할 것임이라"(렘 50:17~20)

하나님께서는 북이스라엘은 앗수르 제국에 의해, 그리고 남유다는 바벨론 제국에 의해 멸망함으로 겪는 고통의 역사를 말씀하신 뒤, 흩어진 양들이 목장으로 돌아오듯 온 이스라엘 백성들이 다시 제사장 나라 거룩한 시민으로 회복될 것이라고 말씀하십니다.

이는 예레미야 선지자를 통해 하나님께서 말씀하셨던 대로 남유다 백성들이 바벨론 포로 70년 징계와 교육을 통해 극상품 무화과 열매가 될 것을 말씀하신 것입니다.

디저트 DESSERT

여호와 앞에서 교만한 바벨론에게 선언되는 심판의 내용은 참혹합니다. 하나님께서는 바벨론을 향해 "교만한 자여"라고 부르시며 하나님의 심판을 선언하십니다.

바벨론은 자신들의 죄악이 중함에도 불구하고 스스로 재판자가 되어 남유다를 정죄하였습니다. 흠 없으신 하나님께서 거듭 용서와 자비를 말씀하시는데 깨끗하지 못한 바벨론이 너무 쉽게 다른 민족을 정죄하고 있는 모습은 참으로 역설적입니다.

하나님께서는 이런 바벨론을 멸하고 그의 성읍들을 불태우겠다고 말씀하십니다. 이사야 선지자의 예언처럼 대제국이라 할지라도 그들은 하나님의 손에 붙들려 있는 작은 부지깽이에 지나지 않습니다.

풀은 마르고 꽃은 시드나 하나님의 말씀은 영원합니다. 이것이 세계 역사의 큰 숲입니다. 모든 지혜와 능력이 우리 하나님께 있습니다.

219일

시드기야 왕의 최후 (렘 51~52장)

애피타이저 APPETIZER

앗수르 제국도 바벨론 제국도 하나님의 손에 들려 있는 막대기에 지나지 않았습니다. 그런데 그들은 제국을 이뤄가며 스스로 심판자의 자리에서 교만했습니다. 그래서 하나님의 심판과 멸망이 선포됩니다.

당시 남유다 백성들에게 바벨론처럼 막강한 나라가 망한다는 것은 상상하기 힘든 일이었습니다. 그러나 예레미야 선지자는 하나님의 장대한 계획을 들려주며 바벨론의 멸망 뒤에 찾아올 남유다의 회복까지 예언했습니다.

예레미야 52장은 예레미야 39장과 열왕기하 25장과 더불어 〈예레미야애가〉의 배경이 됩니다. 또한 바벨론 제국에 의해 처참히 멸망하는 예루살렘성의 모습이 예레미야 52장에 다시 한번 기록되어 있습니다.

성경통독 BIBLETONGDOK

《일년일독 통독성경》 예레미야 51~52장

통通으로 숲이야기 ; 통숲 TONG OBSERVATION

● 첫 번째 포인트

하나님께서는 바벨론 제국은 멸망하지만 남유다는 구원받을 것이라고 말씀하십니다.

하나님께서는 예레미야 선지자를 통해 바벨론에 대한 심판의 메시지를 말씀하십니다.

"여호와께서 이와 같이 말씀하시되 보라 내가 멸망시키는 자의 심령을 부추겨 바벨론을 치고 또 나를 대적하는 자 중에 있는 자를 치되 내가 타국인을 바벨론에 보내어 키질하여 그의 땅을 비게 하리니 재난의 날

에 그를 에워싸고 치리로다"(렘 51:1~2)

예레미야 51장에는 하나님께서 페르시아(메대와 바사) 제국을 도구로 삼아 바벨론을 멸망시키겠다고 하신 다양한 표현들이 나옵니다.

"내가 멸망시키는 자의 심령을 부추겨 바벨론을 치고"(1절)

"내가 타국인을 바벨론에 보내어 키질하여 그의 땅을 비게 하리니"(2절)

"무리가 갈대아 사람의 땅에서 죽임을 당하여 엎드러질 것이요 관통상을 당한 자가 거리에 있으리라"(4절)

"바벨론은 여호와의 손에 잡혀 있어 온 세계가 취하게 하는 금잔이라"(7절)

"바벨론이 갑자기 넘어져 파멸되니"(8절)

"여호와께서 메대 왕들의 마음을 부추기사 바벨론을 멸하기로 뜻하시나니"(11절)

"많은 물 가에 살면서 재물이 많은 자여 네 재물의 한계 곧 네 끝이 왔도다"(13절)

"나의 손을 네(바벨론) 위에 펴서 너를 바위에서 굴리고 너로 불 탄 산이 되게 할 것이니"(25절)

"너는(바벨론) 영원히 황무지가 될 것이니라"(26절)

"여호와께서 바벨론을 쳐서 그 땅으로 황폐하여 주민이 없게 할 계획

이 섰음이라"(29절)

"딸 바벨론은 때가 이른 타작 마당과 같은지라 멀지 않아 추수 때가 이르리라 하시도다"(33절)

하나님께서는 이처럼 강력하게 바벨론 제국의 멸망을 말씀하셨습니다. 그러나 남유다는 하나님께 구원을 받을 것입니다.

"이스라엘과 유다가 이스라엘의 거룩하신 이를 거역하므로 죄과가 땅에 가득하나 그의 하나님 만군의 여호와에게 버림 받은 홀아비는 아니니라 바벨론 가운데서 도망하여 나와서 각기 생명을 구원하고 그의 죄악으로 말미암아 끊어짐을 보지 말지어다 이는 여호와의 보복의 때니 그에게 보복하시리라"(렘 51:5~6)

"여호와께서 우리 공의를 드러내셨으니 오라 시온에서 우리 하나님 여호와의 일을 선포하자"(렘 51:10)

하나님께서는 과거 출애굽한 이스라엘 백성들이 40년 동안 광야에서 훈련을 받았던 것처럼 바벨론 땅에서 70년 동안 다시 훈련받고 세워질 희망을 꿈꾸고 계십니다. 그런데 이 놀라운 큰 숲을 보지 못하는 남유다 백성들은 바벨론 제국의 급부상에 두려워 떨고만 있습니다.

지금은 온 열방이 바벨론 제국을 두려워하며 떨고 있지만 하나님의 때가 이르면 바벨론 제국 또한 하나님께서 예비하신 심판 앞에 두려워 떨 것입니다. 따라서 바벨론 제국은 반드시 망할 것이므로 남유다 백성들은 하나님께서 먼 훗날 자신들을 어떻게 회복시키실지 기대하며 기다리는 것이 앞으로 지녀야 할 올바른 태도입니다.

그래서 예레미야 선지자가 바벨론 포로로 끌려간 남유다 백성들에게 어떠한 상황에서도 흔들리지 말고 하나님을 생각하며 다시 돌아갈 예루살렘을 마음에 두고 해야 할 모든 일을 행하라고 간절히 당부하는 것입니다.

● 두 번째 포인트

하나님의 세계 경영 가운데 바벨론 제국은 70년 만에 멸망하게 될 것입니다.

"만군의 여호와께서 이와 같이 말씀하시니라 바벨론의 성벽은 훼파되겠고 그 높은 문들은 불에 탈 것이며 백성들의 수고는 헛될 것이요 민족들의 수고는 불탈 것인즉 그들이 쇠잔하리라"(렘 51:58)

'역사의 아버지'라 불리는 헤로도토스의 《역사》에 의하면 바벨론성은 광대한 평야 한가운데에 있는 대도시로, 사각형을 이루고 있으며 각 변의 길이가 120스타디온, 즉 14마일씩 되었다고 합니다. 성 전체의 둘레는 56마일로 90.16km였습니다.

그리고 바벨론성 둘레에는 100개의 청동문이 설치되어 있으며 성벽 위 양쪽 가장자리에는 연하여 두 채씩 마주보게 지은 건물 사이로 사륜 전차를 타고 지나갈 수 있을 만큼의 빈 공간이 있었다고 합니다. 때문에 그 어떤 공성전에서도 바벨론의 성문은 부서지지 않고 방어하기에 최상의 조건을 갖추고 있었습니다.

그러나 아무리 난공불락의 바벨론성이라 할지라도 하나님의 세계 경영 아래에서 이루어질 결론은 다음과 같을 뿐입니다.

"예레미야가 바벨론에 닥칠 모든 재난 곧 바벨론에 대하여 기록한 이 모든 말씀을 한 책에 기록하고 스라야에게 말하기를 너는 바벨론에 이르거든 삼가 이 모든 말씀을 읽고 말하기를 여호와여 주께서 이 곳에 대하여 말씀하시기를 이 땅을 멸하여 사람이나 짐승이 거기에 살지 못하게 하고 영원한 폐허가 되리라 하셨나이다 하라 하니라"(렘 51:60~62)

그런데 놀라운 사실은 하나님께서 예레미야 선지자에게 바벨론 제국의 멸망을 말씀하신 때는 바벨론 제국이 남유다에서 1차, 2차로 포로들을 끌어간 가장 강성한 때였다는 사실입니다.

"유다의 시드기야 왕 제사년에 마세야의 손자 네리야의 아들 스라야가 그 왕과 함께 바벨론으로 갈 때에 선지자 예레미야가 그에게 말씀을 명령하니 스라야는 병참감이더라"(렘 51:59)

예레미야 선지자는 시드기야 왕이 바벨론을 방문할 때 동행할 병참감 스라야에게 바벨론으로 끌려가 있는 1차, 2차 포로들에게 하나님의 말씀을 전하도록 두 가지 방법을 말해줍니다.

첫째, 1차, 2차 바벨론 포로들에게 바벨론의 심판과 멸망 예언이 실린 책을 읽고 선포하라고 합니다.

둘째, 책 읽기를 끝낸 후 책에 돌을 매어 유브라데강에 던지며 "바벨론이 나의 재난 때문에 이같이 몰락하여 다시 일어서지 못하리니 그들이 피폐하리라"라고 말하라는 것입니다.

이것으로 예레미야 선지자를 통한 하나님의 말씀은 끝이 납니다.

"예레미야의 말이 이에 끝나니라"(렘 51:64)

〈예레미야〉는 이렇게 51장에서 끝이 나고 이어지는 예레미야 52장은 책의 부록처럼 예레미야 예언의 성취를 확실히 하기 위해 바룩이 첨부한 것으로 추정합니다.

● 세 번째 포인트

남유다의 마지막 왕인 시드기야는 두 눈이 뽑히고 놋 사슬에 묶여 수백 킬로미터를 끌려갑니다.

남유다의 마지막 왕인 시드기야에 관한 기록입니다.

"시드기야가 왕위에 오를 때에 나이가 이십일 세라 예루살렘에서 십일 년 동안 다스리니라 그의 어머니의 이름은 하무달이라 립나인 예레미야의 딸이더라 그가 여호야김의 모든 행위를 본받아 여호와 보시기에 악을 행한지라"(렘 52:1~2)

안타깝게도 시드기야 왕에 대한 평가는 여호와 보시기에 악을 행했다는 것입니다. 이어서 예루살렘이 멸망하는 과정이 다음과 같이 기록되어 있습니다.

"그 성이 시드기야 왕 제십일년까지 포위되었더라 그 해 넷째 달 구일에 성중에 기근이 심하여 그 땅 백성의 양식이 떨어졌더라 그 성벽이 파괴되매 모든 군사가 밤중에 그 성에서 나가 두 성벽 사이 왕의 동산 곁문 길로 도망하여 갈대아인들이 그 성읍을 에워쌌으므로 그들이 아라바 길로 가더니"(렘 52:5~7)

지난 [215일] 통숲에서 살펴본 대로 열왕기하 25장과 예레미야 39장과 함께 예레미야 52장에도 예루살렘 멸망 때의 장면이 기록되어 있습니다. 바벨론 제국은 예루살렘성 공성전을 펼치면서 몇 차례나 '강화(講和)'를 요구했을 것입니다.

보통 공성전 중에 맺는 '강화'는 '만약 항복하면 이러이러한 호의를 베풀겠다'는 내용입니다. 그러나 이 '강화' 제의를 거절하면 성이 함락된 후에 처절하고 철저한 응징만이 있을 뿐입니다. 이미 고대 근동의 새 질서를 세운 바벨론이 작은 나라 남유다의 예루살렘성을 두고 18개월간 공성전을 치른다는 것은 매우 참기 힘든 일이었을 것입니다.

일단 바벨론 제국의 군인들은 예루살렘 성안으로 어떤 음식물도 들어가지 못하도록 철저하게 막았으므로 예루살렘 성안의 삶은 피폐하기 이를 데 없었습니다. 그럼에도 예루살렘 성안의 시드기야 왕과 백성들은 18개월을 버티며 바벨론에 항복하지 않았습니다. 그래서 B.C.586년 예루살렘성이 함락된 후에 어느 나라보다도 철저하게 바벨론의 보복과 응징이 이루어졌고 심지어 성벽까지 완전히 파괴되었던 것입니다.

예루살렘은 초토화되었고, 바벨론은 포도 농사를 지을 소수만을 남겨놓고 대부분의 사람들을 포로로 끌어갔습니다. 이러한 상황 가운데 남유다의 마지막 왕이었던 시드기야의 최후는 더 참혹했습니다.

"그들이 왕을 사로잡아 그를 하맛 땅 리블라에 있는 바벨론 왕에게로 끌고 가매 그가 시드기야를 심문하니라 바벨론 왕이 시드기야의 아들들을 그의 눈 앞에서 죽이고 또 리블라에서 유다의 모든 고관을 죽이며 시드기야의 두 눈을 빼고 놋사슬로 그를 결박하여 바벨론 왕이 그를 바

벨론으로 끌고 가서 그가 죽는 날까지 옥에 가두었더라"(렘 52:9~11)

전쟁사를 보면 패전국 왕들의 두 눈이 뽑혔다는 기록이 의외로 많이 나옵니다. 이는 끝까지 저항한 왕들에게 가해지는 일반적인 응징의 형태였기 때문입니다.

시드기야 왕은 두 눈이 뽑힌 상태로 평생 바벨론 감옥에서 살다가 죽게 된 불행한 왕으로 기록되어 있습니다. 더군다나 그 당시 시드기야의 나이가 32세였음을 생각하면 그의 두 아들은 아마도 10대 청소년들이었을 것입니다. 그러니 시드기야가 두 눈이 뽑히기 전 마지막으로 본 것은 어린 두 아들의 죽음이었습니다. 한 나라의 왕이 이런 처우를 당했으니 패전국의 일반 백성이 당한 고통은 이루 다 헤아릴 수가 없었을 것입니다.

● **네 번째 포인트**

바벨론 제국은 예루살렘성을 약탈한 후 불태워 파괴합니다.

바벨론 제국의 군인들에 의해 파괴되는 예루살렘의 모습이 자세히 기록되어 있습니다.

"여호와의 성전과 왕궁을 불사르고 예루살렘의 모든 집과 고관들의 집까지 불살랐으며 사령관을 따르는 갈대아 사람의 모든 군대가 예루살렘 사면 성벽을 헐었더라 사령관 느부사라단이 백성 중 가난한 자와 성 중에 남아 있는 백성과 바벨론 왕에게 항복한 자와 무리의 남은 자를 사로잡아 갔고 가난한 백성은 남겨 두어 포도원을 관리하는 자와 농부가 되게 하였더라"(렘 52:13~16)

예루살렘성이 완전히 파괴되면서 예루살렘 성전은 무참히 약탈당했습니다. 바벨론 제국이 가져간 성전 기구들은 다음과 같습니다.

"갈대아 사람은 또 여호와의 성전의 두 놋기둥과 받침들과 여호와의 성전의 놋대야를 깨뜨려 그 놋을 바벨론으로 가져갔고 가마들과 부삽들과 부집게들과 주발들과 숟가락들과 섬길 때에 쓰는 모든 놋그릇을 다 가져갔고 사령관은 잔들과 화로들과 주발들과 솥들과 촛대들과 숟가락들과 바리들 곧 금으로 만든 물건의 금과 은으로 만든 물건의 은을 가져갔더라 솔로몬 왕이 여호와의 성전을 위하여 만든 두 기둥과 한 바다와 그 받침 아래에 있는 열두 놋 소 곧 이 모든 기구의 놋 무게는 헤아릴 수 없었더라"(렘 52:17~20)

또한 18개월 만에 예루살렘성을 함락시킨 바벨론 군인들에게 약탈이 허용되었습니다. 바벨론 왕이 군 사령관 느부사라단을 예루살렘으로 보내 성전을 약탈하도록 지시한 것입니다.

18개월 동안 예루살렘성 밖에서 한뎃잠을 자며 집에도 가지 못했던 바벨론 군인들에게 마음껏 분풀이할 수 있도록 공식적으로 허락해준 것입니다. 그러자 바벨론의 군인들은 왕궁과 성전을 불태우고 성벽을 파괴하고 부잣집에 들어가 마음껏 귀중품을 빼앗았습니다. 또 보이는 남자들은 사정없이 죽이고 여자들은 폭행하고 물건을 다 빼앗은 집은 불태우고 …. 예루살렘은 말로 형용할 수 없는 최악의 상태에 이릅니다.

바로 이 같은 상황 예측 때문에 예레미야 선지자가 바벨론에 저항하지 말고 빨리 항복하는 것이 사는 길이고 왕궁과 성전과 집들이 불타지 않는 길이며 성벽이 무너지지 않는 길이라고 그렇게 외치고 또 외쳤던 것입니다. 한편 〈예레미야〉에 기록된 바벨론으로 끌려간 남유다 포로들의 숫자는 다음과 같습니다.

"느부갓네살이 사로잡아 간 백성은 이러하니라 제칠년에 유다인이 삼천이십삼 명이요 느부갓네살의 열여덟째 해에 예루살렘에서 사로잡아 간 자가 팔백삼십이 명이요 느부갓네살의 제이십삼년에 사령관 느부사라단이 사로잡아 간 유다 사람이 칠백사십오 명이니 그 총수가 사천육백 명이더라"(렘 52:28~30)

남유다 백성들이 비록 바벨론 포로로 끌려갔지만 이제 이들은 좋은 무화과나무 열매로 제사장 나라 거룩한 시민이 되기 위해 교육받게 될 것입니다.

"이스라엘의 하나님 여호와께서 이와 같이 말씀하시니라 내가 이 곳에서 옮겨 갈대아인의 땅에 이르게 한 유다 포로를 이 좋은 무화과 같이 잘 돌볼 것이라"(렘 24:5)

한편 시드기야 왕과는 달리 바벨론 2차 포로로 끌려갔던 여호야긴 왕은 바벨론으로 끌려간 지 37년 만에 풀려나 자유의 몸이 됩니다.

"유다 왕 여호야긴이 사로잡혀 간 지 삼십칠 년 곧 바벨론의 에윌므로닥 왕의 즉위 원년 열두째 달 스물다섯째 날 그가 유다의 여호야긴 왕의 머리를 들어 주었고 감옥에서 풀어 주었더라 그에게 친절하게 말하고 그의 자리를 그와 함께 바벨론에 있는 왕들의 자리보다 높이고 그 죄수의 의복을 갈아 입혔고 그의 평생 동안 항상 왕의 앞에서 먹게 하였으며 그가 날마다 쓸 것을 바벨론의 왕에게서 받는 정량이 있었고 죽는 날까지 곧 종신토록 받았더라"(렘 52:31~34)

〈예레미야〉는 이렇게 여호야긴 왕의 석방 기록으로 끝이 납니다. 이는 남유다의 회복과 소망을 나타내는 말씀입니다.

● 다섯 번째 포인트
예레미야 선지자는 온몸과 마음으로 고난을 당했습니다.

하나님의 사람 예레미야 선지자의 고난의 삶을 정리하면 다음과 같습니다.

첫째, 고향 아나돗 사람들로부터 그리고 가족들로부터 배척 당했습니다.

"여호와께서 아나돗 사람들에 대하여 이와 같이 말씀하시되 그들이 네 생명을 빼앗으려고 찾아 이르기를 너는 여호와의 이름으로 예언하지 말라 두렵건대 우리 손에 죽을까 하노라 하도다"(렘 11:21)

"네 형제와 아버지의 집이라도 너를 속이며 네 뒤에서 크게 외치나니 그들이 네게 좋은 말을 할지라도 너는 믿지 말지니라"(렘 12:6)

둘째, 제사장 바스훌에게 맞고 나무 고랑을 목에 차기까지 했습니다.

"이에 바스훌이 선지자 예레미야를 때리고 여호와의 성전에 있는 베냐민 문 위층에 목에 씌우는 나무 고랑으로 채워 두었더니"(렘 20:2)

셋째, 제사장, 선지자 그리고 백성들에게 죽임을 당할 뻔했습니다.

"예레미야가 여호와께서 명령하신 말씀을 모든 백성에게 전하기를 마치매 제사장들과 선지자들과 모든 백성이 그를 붙잡고 이르되 네가 반드시 죽어야 하리라"(렘 26:8)

넷째, 거짓 선지자 하나냐로부터 조롱을 당했습니다.

"선지자 하나냐가 선지자 예레미야의 목에서 멍에를 빼앗아 꺾고 모든 백성 앞에서 하나냐가 말하여 이르되 여호와께서 이와 같이 말씀하시니라 내가 이 년 안에 모든 민족의 목에서 바벨론의 왕 느부갓네살의 멍에를 이와 같이 꺾어 버리리라 하셨느니라 하매 선지자 예레미야가 자기의 길을 가니라"(렘 28:10~11)

다섯째, 여호야김 왕이 그가 건넨 두루마리를 태우고 위협했습니다.

"여후디가 서너 쪽을 낭독하면 왕이 칼로 그것을 연하여 베어 화로 불에 던져서 두루마리를 모두 태웠더라"(렘 36:23)

"왕이 왕의 아들 여라므엘과 아스리엘의 아들 스라야와 압디엘의 아들 셀레먀에게 명령하여 서기관 바룩과 선지자 예레미야를 잡으라 하였으나 여호와께서 그들을 숨기셨더라"(렘 36:26)

여섯째, 반역죄로 체포되고 매 맞고 진흙 구덩이에 두 번이나 갇혀 죽을 뻔했습니다.

"고관들이 노여워하여 예레미야를 때려서 서기관 요나단의 집에 가두었으니 이는 그들이 이 집을 옥으로 삼았음이더라 예레미야가 뚜껑 씌운 웅덩이에 들어간 지 여러 날 만에"(렘 37:15~16)

"그들이 예레미야를 끌어다가 감옥 뜰에 있는 왕의 아들 말기야의 구덩이에 던져 넣을 때에 예레미야를 줄로 달아내렸는데 그 구덩이에는

물이 없고 진창뿐이므로 예레미야가 진창 속에 빠졌더라"(렘 38:6)

일곱째, 마지막에는 애굽으로 끌려갔습니다.

"곧 남자와 여자와 유아와 왕의 딸들과 사령관 느부사라단이 사반의 손자 아히감의 아들 그다랴에게 맡겨 둔 모든 사람과 선지자 예레미야와 네리야의 아들 바룩을 거느리고 애굽 땅에 들어가 다바네스에 이르렀으니 그들이 여호와의 목소리를 순종하지 아니함이러라"(렘 43:6~7)

오늘날 우리가 읽고 또 읽는 〈예레미야〉는 하나님의 사람 예레미야 선지자가 온몸과 마음으로 고난을 겪으면서도 하나님을 처음부터 끝까지 사랑한 이야기입니다.

바벨론 제국은 열국을 쳐서 무너뜨린 대제국이었지만 결국 하나님의 손에 의해 폐허가 될 것이며 바벨론의 청년들과 군인들은 죽고 땅은 텅텅 비게 될 것이라고 예레미야 선지자는 예언합니다. 잔혹하고 무자비하게 권력을 휘두르던 바벨론 제국도 앗수르 제국과 마찬가지로 패망의 길을 걷게 된다는 것입니다.

모든 제국은 하나같이 영원하기를 외쳤지만 그들은 모두 멸망했습니다. 영원한 나라는 오직 '하나님의 나라'뿐입니다.

220일

눈물의 선지자, 예레미야(애 1~2장)

애피타이저 APPETIZER

〈예레미야애가〉는 예루살렘성이 무너진 후 그 처참한 광경을 바라보며 아파한 예레미야 선지자의 슬픈 노래입니다.

시드기야 왕과 남유다의 많은 백성이 바벨론으로 끌려가고 예루살렘 성안에서도 많은 사람이 죽임을 당했습니다. 참으로 처절한 심판 현장을 보며 슬픔이 예레미야의 가슴을 짓눌렀고 예레미야는 과거 예루살렘의 영광을 생각하며 눈물만 하염없이 흘립니다.

예레미야애가 1장에서 4장까지는 답관체 형식의 노래이고

5장은 예레미야 선지자의 간절한 기도로 이루어져 있습니다.

성경통독 BIBLETONGDOK

《일년일독 통독성경》 예레미야애가 1~2장

통通으로 숲이야기 ; 통숲 TONG OBSERVATION

● 첫 번째 포인트

왕정 500년은 사무엘의 슬픔으로 시작해서 예레미야의 눈물로 끝이 납니다.

구약성경은 크게 '모세5경', '왕정 500년', '페르시아 7권'으로 구성되어 있습니다. 그 가운데 '왕정 500년'은 사무엘의 슬픔으로 시작합니다.

"우리에게 왕을 주어 우리를 다스리게 하라 했을 때에 사무엘이 그것을 기뻐하지 아니하여 여호와께 기도하매 여호와께서 사무엘에게 이르시되 백성이 네게 한 말을 다 들으라 이는 그들이 너를 버림이 아니요 나를 버려 자기들의 왕이 되지 못하게 함이니라"(삼상 8:6~7)

그리고 '왕정 500년'은 예레미야의 눈물로 끝을 맺습니다.

"내 눈이 눈물에 상하며 내 창자가 끊어지며 내 간이 땅에 쏟아졌으니 이는 딸 내 백성이 패망하여 어린 자녀와 젖 먹는 아이들이 성읍 길거리에 기절함이로다"(애 2:11)

'왕정 500년'이 끝나면서 예레미야 선지자가 전하는 예루살렘의 슬픈 현장의 모습은 다음과 같습니다.

"슬프다 이 성이여 전에는 사람들이 많더니 이제는 어찌 그리 적막하게 앉았는고 전에는 열국 중에 크던 자가 이제는 과부 같이 되었고 전에는 열방 중에 공주였던 자가 이제는 강제 노동을 하는 자가 되었도다 밤에는 슬피 우니 눈물이 뺨에 흐름이여 사랑하던 자들 중에 그에게 위로하는 자가 없고 친구들도 다 배반하여 원수들이 되었도다"(애 1:1~2)

〈예레미야애가〉의 히브리 제목은 1, 2, 4장의 첫 단어인 '에카(איכה)'입니다. 이는 '오, 어찌하여!' 즉 'how'의 의미에서 유래했습니다. 이는 비극적인 감탄사로 〈예레미야애가〉의 전체 성격을 잘 드러냅니다. 또한 〈예레미야애가〉는 주로 장례식 조가에 사용되는 불규칙한 운율을 사용하고 있습니다.

예를 들어 예레미야애가 1장에서 "그에게 위로하는 자가 없고"(2절)라는 표현은 무려 다섯 번이나 등장하고 있습니다. 이는 남유다를 위로할 수 있는 분은 오직 하나님뿐이심을 예레미야 선지자가 말한 것입니다. 계속해서 같은 표현들은 다음과 같습니다.

"놀랍도록 낮아져도 그를 위로할 자가 없도다"(9절)

"나를 위로하여 내 생명을 회복시켜 줄자가 멀리 떠났음이로다"(16절)

"시온이 두 손을 폈으나 그를 위로할 자가 없도다"(17절)

"그들이 내가 탄식하는 것을 들었으나 나를 위로하는 자가 없으며"(21절)

지금 예루살렘의 처지는 과거와 전혀 다릅니다. 예루살렘에 그렇게 사람들이 많았고 존귀히 여김을 받았으며 주변 나라에 관심의 대상이 되었었는데 그 대단했던 과거의 영화가 하루아침에 사라지고 이렇게 초라해졌는지…. 예레미야의 슬픔, 그것은 가장 소중한 것을 잃은 슬픔이었습니다.

예루살렘 성전이 서 있을 때, 성벽이 아직 튼튼할 때, 남유다가 하나님을 향해 제사장 나라 거룩한 백성의 삶으로 돌이켰더라면…. 지금 비참함의 정도가 큰 만큼 안타까움 또한 커져갈 뿐입니다.

● **두 번째 포인트**

예레미야의 눈물과 고통은 예레미야의 입술에 담긴 하나님의 고통이며 하나님의 눈물입니다.

예레미야 선지자는 지금 남유다가 당하는 고난은 지난날 행한 그들의 모든 잘못 때문이라고 하나님께 고백합니다.

"그의 대적들이 머리가 되고 그의 원수들이 형통함은 그의 죄가 많으므로 여호와께서 그를 곤고하게 하셨음이라 어린 자녀들이 대적에게 사로잡혔도다"(애 1:5)

"예루살렘이 크게 범죄함으로 조소거리가 되었으니 전에 그에게 영광을 돌리던 모든 사람이 그의 벗었음을 보고 업신여김이여 그는 탄식하며 물러가는도다"(애 1:8)

"여호와는 의로우시도다 그러나 내가 그의 명령을 거역하였도다 너희 모든 백성들아 내 말을 듣고 내 고통을 볼지어다 나의 처녀들과 나의 청년들이 사로잡혀 갔도다"(애 1:18)

남유다가 당하는 모든 고난은 하나님께서 이미 말씀하셨던 레위기 26장의 제사장 나라 경영 3단계 처벌로 '포로 징계'를 받는 것이기에 예레미야는 그저 탄식만 할 뿐이었습니다.

하나님께서는 제사장 나라 율법을 잘 지키지 않으면 어떻게 되리라는 것을 〈신명기〉에서 모세를 통해 미리 말씀해주셨습니다.

"네가 네 하나님 여호와의 말씀을 청종하지 아니하고 네게 명령하신 그의 명령과 규례를 지키지 아니하므로 이 모든 저주가 네게 와서 너를 따르고 네게 이르러 마침내 너를 멸하리니 이 모든 저주가 너와 네 자

손에게 영원히 있어서 표징과 훈계가 되리라"(신 28:45~46)

이 징계의 말씀이 현실이 되어 예루살렘에는 예레미야의 탄식의 소리가 가득합니다.

"여호와여 원수가 스스로 큰 체하오니 나의 환난을 감찰하소서 대적이 손을 펴서 그의 모든 보물들을 빼앗았나이다 주께서 이미 이방인들을 막아 주의 성회에 들어오지 못하도록 명령하신 그 성소에 그들이 들어간 것을 예루살렘이 보았나이다 그 모든 백성이 생명을 이으려고 보물로 먹을 것들을 바꾸었더니 지금도 탄식하며 양식을 구하나이다 나는 비천하오니 여호와여 나를 돌보시옵소서"(애 1:9~11)

예레미야 선지자는 울지 않을 수 없었습니다. 일생을 다하여 예루살렘성을 구해보려는 그 오랜 노력에도 불구하고 불길 속에서 타들어가는 예루살렘 성읍과 쓰러져가는 동포들을 바라보는 그의 눈은 눈물로 상하고 그의 마음의 고통은 말로 표현할 수 없을 정도였습니다. 이 찢기는 예레미야 선지자의 울분은 하나님의 마음을 고스란히 표현한 것입니다.

하나님의 세밀한 예언이 하나도 빠짐없이 현실로 참혹하게 드러나는 것을 직접 지켜보는 예레미야 선지자의 고통과 눈물은 예레미야의 입술에 담긴 하나님의 고통이자 하나님의 눈물이었습니다.

이후에 보면 예레미야 선지자와 같이 예루살렘의 비극을 자신의 아픔으로 받아들인 또 한 사람이 있었는데 바로 느헤미야입니다. 느헤미야는 폐허가 된 예루살렘 성읍을 재건하기 위해 최선을 다하는 모습을 훗날 보여줍니다.

● **세 번째 포인트**

예레미야 선지자는 하나님의 진노로 남유다가 멸망했음을 밝힙니다.

예레미야 선지자는 슬픔으로 가득한 예루살렘을 바라보며 남유다의 멸망은 제사장 나라 사명을 감당하지 못한 죄로 인한 하나님의 진노 때문이라고 말합니다.

"슬프다 주께서 어찌 그리 진노하사 딸 시온을 구름으로 덮으셨는가 이스라엘의 아름다움을 하늘에서 땅에 던지셨음이여 그의 진노의 날에 그의 발판을 기억하지 아니하셨도다 주께서 야곱의 모든 거처들을 삼키시고 긍휼히 여기지 아니하셨음이여 노하사 딸 유다의 견고한 성채들을 허물어 땅에 엎으시고 나라와 그 지도자들을 욕되게 하셨도다" (애 2:1~2)

계속해서 예레미야 선지자는 불타버린 예루살렘 성전을 바라보며 하나님의 진노가 너무 크셨기에 마침내 '하나님의 이름을 두려고 택하신 곳'을 파괴하셨다고 고백합니다.

> "주께서 그의 초막을 동산처럼 헐어 버리시며 그의 절기를 폐하셨도다 여호와께서 시온에서 절기와 안식일을 잊어버리게 하시며 그가 진노하사 왕과 제사장을 멸시하셨도다 여호와께서 또 자기 제단을 버리시며 자기 성소를 미워하시며 궁전의 성벽들을 원수의 손에 넘기셨으매 그들이 여호와의 전에서 떠들기를 절기의 날과 같이 하였도다"(애 2:6~7)

성경에서 하나님의 심판은 주로 '진노의 불'로 나타났습니다. 몇 가지 예를 들면 다음과 같습니다.

첫째, 소돔과 고모라에 대한 하나님의 심판이 하나님의 진노의 불로 나타났습니다.

> "여호와께서 하늘 곧 여호와께로부터 유황과 불을 소돔과 고모라에 비같이 내리사 그 성들과 온 들과 성에 거주하는 모든 백성과 땅에 난 것을 다 엎어 멸하셨더라"(창 19:24~25)

둘째, 나답과 아비후에 대한 하나님의 심판이 하나님의 진노의 불로 나타났습니다.

> "아론의 아들 나답과 아비후가 각기 향로를 가져다가 여호와께서 명령하시지 아니하신 다른 불을 담아 여호와 앞에 분향하였더니 불이 여

호와 앞에서 나와 그들을 삼키매 그들이 여호와 앞에서 죽은지라"(레 10:1~2)

셋째, 우상숭배에 대한 하나님의 심판이 하나님의 진노의 불로 나타났습니다.

"그들이 하나님이 아닌 것으로 내 질투를 일으키며 허무한 것으로 내 진노를 일으켰으니 나도 백성이 아닌 자로 그들에게 시기가 나게 하며 어리석은 민족으로 그들의 분노를 일으키리로다 그러므로 내 분노의 불이 일어나서 스올의 깊은 곳까지 불사르며 땅과 그 소산을 삼키며 산들의 터도 불타게 하는도다"(신 32:21~22)

넷째, 아간의 범죄에 대한 하나님의 심판이 하나님의 진노의 불로 나타났습니다.

"온전히 바친 물건을 가진 자로 뽑힌 자를 불사르되 그와 그의 모든 소유를 그리하라 이는 여호와의 언약을 어기고 이스라엘 가운데에서 망령된 일을 행하였음이라 하셨다 하라"(수 7:15)

"온 이스라엘이 그를 돌로 치고 물건들도 돌로 치고 불사르고"(수 7:25)

과거 하나님의 심판이 이처럼 하나님의 진노의 불로 나타나곤 했습니다. 그래서 예레미야 선지자가 예루살렘에 내릴 진노의 불을 막기 위해 그토록 외쳤던 것입니다. 그러므로 하나님께서 오랫동안 예레미야 선지자를 통해서 예루살렘에 임할 하나님의 진노의 심판을 미리 말씀해주셨다는 사실을 기억해야 합니다.

"그러므로 만군의 하나님 여호와께서 이와 같이 말씀하시니라 너희가 이 말을 하였은즉 볼지어다 내가 네 입에 있는 나의 말을 불이 되게 하고 이 백성을 나무가 되게 하여 불사르리라"(렘 5:14)

"여호와의 말씀이니라 보라 내가 그들에게 명령하여 이 성읍에 다시 오게 하리니 그들이 이 성을 쳐서 빼앗아 불사를 것이라 내가 유다의 성읍들을 주민이 없어 처참한 황무지가 되게 하리라"(렘 34:22)

● **네 번째 포인트**

예레미야 선지자는 남유다를 멸망으로 이끈 원인이 거짓 선지자들에게 있음을 밝힙니다.

"네 선지자들이 네게 대하여 헛되고 어리석은 묵시를 보았으므로 네 죄악을 드러내어서 네가 사로잡힌 것을 돌이키지 못하였도다 그들이 거짓 경고와 미혹하게 할 것만 보았도다"(애 2:14)

남유다를 멸망으로 이끈 원인에 물론 백성들의 죄도 있지만 거짓 선지자들이 하나님의 이름을 빌어 거짓 예언을 함으로 남유다 백성들이 진정한 하나님의 뜻을 외면하고 바벨론에 항복하지 않고 대항하게 만들었습니다. 거짓 선지자들 때문에 피해가 더 극심해진 것입니다. 남유다는 이제 온 열방의 조롱거리가 되었습니다. 예레미야 선지자는 이를 분명하게 정리했습니다.

"모든 지나가는 자들이 다 너를 향하여 박수치며 딸 예루살렘을 향하여 비웃고 머리를 흔들며 말하기를 온전한 영광이라, 모든 세상 사람들의 기쁨이라 일컫던 성이 이 성이냐 하며 네 모든 원수들은 너를 향하여 그들의 입을 벌리며 비웃고 이를 갈며 말하기를 우리가 그를 삼켰도다 우리가 바라던 날이 과연 이 날이라 우리가 얻기도 하고 보기도 하였다 하도다"(애 2:15~16)

황폐해진 예루살렘을 향해 위로하는 사람은 없고 열방이 한 목소리로 비웃으며 비꼬고 있습니다.

한 나라가 망해가는 과정 중에 조문객을 보내며 함께 슬퍼하는 동맹국이 있을 법한데 남유다에는 조문객조차 찾아볼 수 없습니다. 물론 바벨론 제국의 힘이 무섭기도 하겠지만 남유다가 그동안 얼마나 철저하게 자국 중심의 정책을 펴왔는지 알 수 있는 장면이라 하겠습니다.

남유다는 제사장 나라로서의 사명은 망각한 채, '충만한 영광, 온 세상이 부러워할 기쁨과 즐거움'이라는 허울만을 좇았던 것입니다. 즉, 제사장 나라로서 감당해야 할 세 가지 사명, 하나님의 용서, 이웃과의 나눔, 민족과의 평화보다 교만한 선민의식에 빠져 이웃 국가들을 아래로 보고 무시하는 정책을 펴왔기에 예루살렘의 멸망이 곧 열방의 기쁨이 되고 만 것입니다.

예레미야 선지자는 남유다의 멸망이 하나님께서 정하신 뜻임을 인정하고 하나님께 회개하며 긍휼을 구합니다.

"여호와께서 이미 정하신 일을 행하시고 옛날에 명령하신 말씀을 다 이루셨음이여 긍휼히 여기지 아니하시고 무너뜨리사 원수가 너로 말미암아 즐거워하게 하며 네 대적자들의 뿔로 높이 들리게 하셨도다 그들의 마음이 주를 향하여 부르짖기를 딸 시온의 성벽아 너는 밤낮으로 눈물을 강처럼 흘릴지어다 스스로 쉬지 말고 네 눈동자를 쉬게 하지 말지어다 초저녁에 일어나 부르짖을지어다 네 마음을 주의 얼굴 앞에 물 쏟듯 할지어다 각 길 어귀에서 주려 기진한 네 어린 자녀들의 생명을 위하여 주를 향하여 손을 들지어다 하였도다"(애 2:17~19)

결국 남유다 백성들의 죄악으로 인해 돌이킬 수 없는 재앙이 예루살렘에 쏟아졌습니다. 그 누가 이런 일이 있으리라고 상상이나 했겠습니까. 그러나 이 일이 실제로 일어난 것입니다.

"여호와여 보시옵소서 주께서 누구에게 이같이 행하셨는지요 여인들이 어찌 자기 열매 곧 그들이 낳은 아이들을 먹으오며 제사장들과 선지자들이 어찌 주의 성소에서 죽임을 당하오리이까"(애 2:20)

그러므로 예레미야 선지자는 오직 하나님의 구원만을 갈망합니다. 남유다의 구원은 오직 하나님뿐입니다. 그 사실을 바벨론 포로로 끌려간 남유다 백성들이 깨닫고 다시 제사장 나라 거룩한 시민으로 돌아오는 길만이 그들이 회복되는 유일한 길입니다.

"그들이 나를 거스른 잘못으로 자기의 죄악과 그들의 조상의 죄악을 자복하고 또 그들이 내게 대항하므로 나도 그들에게 대항하여 내가 그들을 그들의 원수들의 땅으로 끌어 갔음을 깨닫고 그 할례 받지 아니한 그들의 마음이 낮아져서 그들의 죄악의 형벌을 기쁘게 받으면 내가 야곱과 맺은 내 언약과 이삭과 맺은 내 언약을 기억하며 아브라함과 맺은 내 언약을 기억하고 그 땅을 기억하리라"(레 26:40~42)

● 다섯 번째 포인트

예레미야 선지자는 눈물로 눈이 상할 때까지 울었습니다.

남유다의 처참한 광경을 바라보는 예레미야 선지자의 눈이 눈물로 상할 정도가 되었습니다.

"내 눈이 눈물에 상하며 내 창자가 끊어지며 내 간이 땅에 쏟아졌으니 이는 딸 내 백성이 패망하여 어린 자녀와 젖 먹는 아이들이 성읍 길거

리에 기절함이로다"(애 2:11)

예레미야 선지자는 비참하게 무너져버린 예루살렘 성전과 그 잿더미 위에서 처절하게 죽어간 백성들을 보며 그가 쏟을 수 있는 모든 눈물을 다 쏟아놓습니다. '단 한 번만이라도, 정말 한 번만이라도 자신의 말에 귀를 기울였으면 예루살렘 성전의 멸망만은 피할 수 있었을 텐데…'라는 예레미야의 통탄은 더 커져만 갔습니다.

눈이 눈물에 상처를 입으며 창자가 끊어지며 간이 땅에 쏟아질 만큼 예레미야 선지자가 느꼈던 고통과 아픔은 다름 아닌 하나님의 아픔이었습니다. 무참히 무너져버린 예루살렘 성전의 잿더미 위에서 먹을 것이 없어 어머니의 품에서 죽어가는 아이들로 인해 슬퍼하는 예레미야 선지자의 모습이 바로 하나님의 모습이었던 것입니다.

예레미야 선지자의 눈물을 보면서 성경 속 하나님의 사람들이 흘린 눈물과 예수님의 눈물이 떠오릅니다.

첫째, 요셉의 눈물입니다.

"요셉이 큰 소리로 우니 애굽 사람에게 들리며 바로의 궁중에 들리더라"(창 45:2)

둘째, 다윗의 눈물입니다.

"이에 다윗이 자기 옷을 잡아 찢으매 함께 있는 모든 사람도 그리하고 사울과 그의 아들 요나단과 여호와의 백성과 이스라엘 족속이 칼에 죽음으로 말미암아 저녁 때까지 슬퍼하여 울며 금식하니라"(삼하 1:11~12)

"왕이 아브넬을 위하여 애가를 지어 이르되 아브넬의 죽음이 어찌하여 미련한 자의 죽음 같은고"(삼하 3:33)

"내가 탄식함으로 피곤하여 밤마다 눈물로 내 침상을 띄우며 내 요를 적시나이다"(시 6:6)

셋째, 예레미야의 눈물입니다.

"내 눈이 눈물에 상하며 내 창자가 끊어지며 내 간이 땅에 쏟아졌으니 이는 딸 내 백성이 패망하여 어린 자녀와 젖 먹는 아이들이 성읍 길거리에 기절함이로다"(애 2:11)

넷째, 느헤미야의 눈물입니다.

"내가 이 말을 듣고 앉아서 울고 수일 동안 슬퍼하며 하늘의 하나님 앞에 금식하며 기도하여"(느 1:4)

다섯째, 예수님의 눈물입니다.

"예수께서 눈물을 흘리시더라"(요 11:35)

"가까이 오사 성을 보시고 우시며"(눅 19:41)

여섯째, 바울의 눈물입니다.

"그러므로 여러분이 일깨어 내가 삼 년이나 밤낮 쉬지 않고 눈물로 각 사람을 훈계하던 것을 기억하라"(행 20:31)

일곱째, 〈요한계시록〉에 나온 모든 눈물에 대한 마지막 눈물입니다.

"모든 눈물을 그 눈에서 닦아 주시니 다시는 사망이 없고 애통하는 것이나 곡하는 것이나 아픈 것이 다시 있지 아니하리니 처음 것들이 다 지나갔음이러라"(계 21:4)

디저트 DESSERT

세상을 살면서 고통과 근심이 없을 수는 없습니다. 하지만 우리가 무엇을 근심하며 사는지 한번쯤 생각해보아야 합니다. 과연 우리의 근심이 근심 같은 근심인지 말입니다.

정말 멋진 인생, 멋진 신앙인의 삶을 원하는 사람이라면 예레미야 선지자의 고통에 자신이 가지고 있는 고통거리를 비교해볼 필요가 있습니다.

예레미야 선지자는 시대의 아픔을, 백성들의 아픔을, 그리고 하나님의 아픔을 그의 가슴에 담고 근심했습니다. 예레미야 선지자의 근심은 시대를 향한 근심이요 하나님의 사람들에 대한 근심이었습니다. 머리 둘 곳이 없으셨던 우리 예수님의 고민도 우리 연약한 인생들을 향한 고민과 근심이었습니다. 모든 하나님의 사람들의 공통적인 근심과 고민은 결국 하나님의 영광을 꿈꾸는 근심입니다.

우리도 성경 속 하나님의 사람인 예레미야 선지자처럼 근심 같은 근심을 가지고 살아가는 성숙한 신앙인이 되기를 꿈꿉니다.

221일

소망 - 주의 인자와 긍휼(애 3~5장)

애피타이저 APPETIZER

예레미야 선지자는 고초와 재난으로 인한 낙심의 한가운데서 오히려 소망을 발견합니다. 예루살렘의 멸망이 완전한 실패를 의미하지는 않았기 때문입니다. 남유다 백성들이 다 진멸된 것이 아니고 남은 자들이 있었던 것입니다. 예루살렘에서 죽지 않고 바벨론에 끌려갔던 백성들이 바로 그들입니다.

하나님께서는 그들을 새로운 소망의 씨앗으로 준비하고 계셨습니다. 이것을 발견한 예레미야 선지자는 "여호와의 인자와 긍휼이 무궁하시므로 우리가 진멸되지 아니함이니이다"(애 3:22)

라고 하나님을 찬양합니다.

성경통독 BIBLETONGDOK

《일년일독 통독성경》 예레미야애가 3~5장

통通으로 숲이야기 ; 통숲 TONG OBSERVATION

● **첫 번째 포인트**

언제나 '한 사람의 순종'은 하나님의 시작입니다.

울다 지친 예레미야 선지자가 놀랍게도 다시 희망을 노래합니다. 그 이유는 다음과 같습니다.

첫째, 하나님께서 바벨론에 '남은 자'를 두셨다는 사실 때문입니다.

"이것을 내가 내 마음에 담아 두었더니 그것이 오히려 나의 소망이 되었사옴은 여호와의 인자와 긍휼이 무궁하시므로 우리가 진멸되지 아니함이니이다"(애 3:21~22)

둘째, 그 남은 자들과 후손들, 즉 다니엘, 에스겔, 스룹바벨, 에스더, 에스라, 느헤미야 같은 극상품 무화과 열매들이 배출될 것이기 때문입니다.

"여호와여 우리를 주께로 돌이키소서 그리하시면 우리가 주께로 돌아가겠사오니 우리의 날들을 다시 새롭게 하사 옛적 같게 하옵소서"(애 5:21)

성경을 통해 배우게 되는 소중한 진실은 언제나 '한 사람의 순종'은 하나님의 시작이라는 사실입니다. 하나님께 순종한 멋진 사람들을 살펴보면 다음과 같습니다.

첫째, 노아 한 사람의 순종으로 하나님께서 하나님의 일인 '심판과 구원의 방주'를 시작하셨습니다.

"노아가 그와 같이 하여 하나님이 자기에게 명하신 대로 다 준행하였더라"(창 6:22)

둘째, 아브라함 한 사람의 순종으로 하나님께서 하나님의 일인 '모든 민족을 위한 한 민족 세우기'를 시작하셨습니다.

"여호와께서 아브람에게 이르시되 너는 너의 고향과 친척과 아버지의 집을 떠나 내가 네게 보여 줄 땅으로 가라 내가 너로 큰 민족을 이루고 네게 복을 주어 네 이름을 창대하게 하리니 너는 복이 될지라 너를 축복하는 자에게는 내가 복을 내리고 너를 저주하는 자에게는 내가 저주하리니 땅의 모든 족속이 너로 말미암아 복을 얻을 것이라 하신지라"(창 12:1~3)

셋째, 모세 한 사람의 순종으로 하나님께서 하나님의 일인 '제사장 나라'를 시작하셨습니다.

"세계가 다 내게 속하였나니 너희가 내 말을 잘 듣고 내 언약을 지키면 너희는 모든 민족 중에서 내 소유가 되겠고 너희가 내게 대하여 제사장 나라가 되며 거룩한 백성이 되리라 너는 이 말을 이스라엘 자손에게 전할지니라"(출 19:5~6)

넷째, 사무엘 한 사람의 순종으로 하나님께서 하나님의 일인 '미스바세대'를 시작하셨습니다.

"궤가 기럇여아림에 들어간 날부터 이십 년 동안 오래 있은지라 이스라엘 온 족속이 여호와를 사모하니라"(삼상 7:2)

다섯째, 예레미야 한 사람의 순종으로 하나님께서 하나님의 일 '새 언약 예고'를 시작하셨습니다.

"여호와의 말씀이니라 보라 날이 이르리니 내가 이스라엘 집과 유다 집에 새 언약을 맺으리라"(렘 31:31)

여섯째, 예수님 한 사람의 순종으로 하나님께서 하나님의 일 '새 언약'을 시작하셨습니다.

"한 사람이 순종하지 아니함으로 많은 사람이 죄인 된 것 같이 한 사람이 순종하심으로 많은 사람이 의인이 되리라"(롬 5:19)

● 두 번째 포인트

하나님께서 인생으로 고생하게 하시며 근심하게 하심은 본심이 아닙니다.

예레미야 선지자가 하나님의 분노의 매를 맞은 자가 되어 탄식의 노래를 부릅니다.

"여호와의 분노의 매로 말미암아 고난 당한 자는 나로다 나를 이끌어 어둠 안에서 걸어가게 하시고 빛 안에서 걸어가지 못하게 하셨으며 종일토록 손을 들어 자주자주 나를 치시는도다"(애 3:1~3)

이는 예레미야 선지자가 남유다의 멸망으로 인한 고통과 절망을 여러 가지 비유로 노래한 것입니다.

예레미야애가 3장에서 표현한 그 고통의 상황들은 다음과 같습니다.

"나의 살과 가죽을 쇠하게 하시며 나의 뼈들을 꺾으셨고"(4절)

"나를 어둠 속에 살게 하시기를 죽은 지 오랜 자 같게 하셨도다"(6절)

"나를 둘러싸서 나가지 못하게 하시고 내 사슬을 무겁게 하셨으며"(7절)

"다듬은 돌을 쌓아 내 길들을 막으사 내 길들을 굽게 하셨도다"(9절)

"활을 당겨 나를 화살의 과녁으로 삼으심이여"(12절)

"나를 쓴 것들로 배불리시고 쑥으로 취하게 하셨으며"(15절)

"조약돌로 내 이들을 꺾으시고 재로 나를 덮으셨도다"(16절)

이렇게 고통과 절망을 노래하던 예레미야 선지자가 하나님의 긍휼을 의지하며 다시 구원의 소망을 노래합니다.

"내 고초와 재난 곧 쑥과 담즙을 기억하소서 내 마음이 그것을 기억하고 내가 낙심이 되오나 이것을 내가 내 마음에 담아 두었더니 그것이 오히려 나의 소망이 되었사옴은 여호와의 인자와 긍휼이 무궁하시므로 우리가 진멸되지 아니함이니이다 이것들이 아침마다 새로우니 주의 성실하심이 크시도소이다"(애 3:19~23)

비록 남유다의 멸망으로 인해 고통스러운 상황 가운데 있지만 하나님의 인자와 긍휼로 남유다가 완전히 진멸되지 않았고 또한 하나님의 인자와 긍휼은 여전히 변함없이 계속될 것이므로 예레미야 선지자는 소망을 노래할 수 있다는 것을 기뻐합니다.

그리고 이제 예레미야 선지자는 남유다의 구원자 되시는 하나님을 의지하며 바벨론에서의 '징계 70년' 동안 남유다 백성들이 앞으로 해야 할 일들을 말합니다.

첫째, 하나님을 바라며 잠잠히 기다리자고 말합니다.

둘째, 멍에를 메자고 말합니다. 멍에를 메는 것이 사는 길입니다.

"내가 이 모든 말씀대로 유다의 왕 시드기야에게 전하여 이르되 왕과

백성은 바벨론 왕의 멍에를 목에 메고 그와 그의 백성을 섬기소서 그리하면 사시리라"(렘 27:12)

셋째, 땅의 티끌에 입을 대자고 말합니다. 이는 징계를 당하는 자가 취해야 할 올바른 태도를 말합니다. 티끌이 입에 닿을 정도로 숙여 하나님께 복종해야 한다는 것입니다.

"왕들은 네 양부가 되며 왕비들은 네 유모가 될 것이며 그들이 얼굴을 땅에 대고 네게 절하고 네 발의 티끌을 핥을 것이니 네가 나를 여호와인 줄을 알리라 나를 바라는 자는 수치를 당하지 아니하리라"(사 49:23)

넷째, 치욕을 당하자고 말합니다.

"자기를 치는 자에게 뺨을 돌려대어 치욕으로 배불릴지어다"(애 3:30)

"나를 때리는 자들에게 내 등을 맡기며 나의 수염을 뽑는 자들에게 나의 뺨을 맡기며 모욕과 침 뱉음을 당하여도 내 얼굴을 가리지 아니하였느니라"(사 50:6)

다섯째, 회개하고 하나님께로 돌아가자고 말합니다.

"우리가 스스로 우리의 행위들을 조사하고 여호와께로 돌아가자 우리의 마음과 손을 아울러 하늘에 계신 하나님께 들자"(애 3:40~41)

예레미야 선지자는 하나님의 징계의 시간을 인내하고 참으면 하나님의 구원이 임할 것이라고 말합니다. 왜냐하면 하나님의 본심은 인자와 긍휼에 있기 때문입니다.

"이는 주께서 영원하도록 버리지 아니하실 것임이며 그가 비록 근심하게 하시나 그의 풍부한 인자하심에 따라 긍휼히 여기실 것임이라 주께서 인생으로 고생하게 하시며 근심하게 하심은 본심이 아니시로다"(애 3:31~33)

● **세 번째 포인트**

남유다를 멸망으로 이끈 두 가지 이유는 첫째, 종교 지도자들의 잘못 때문이며 둘째, 이방 민족을 의지했기 때문입니다.

예레미야 선지자의 탄식은 계속됩니다. 먼저 바벨론 제국에 의해 처참하게 멸망한 예루살렘을 두고 탄식합니다.

"슬프다 어찌 그리 금이 빛을 잃고 순금이 변질하였으며 성소의 돌들이 거리 어귀마다 쏟아졌는고"(애 4:1)

예레미야 선지자는 보배로운 젊은이들을 향해서 탄식합니다.

"순금에 비할 만큼 보배로운 시온의 아들들이 어찌 그리 토기장이가 만든 질항아리 같이 여김이 되었는고"(애 4:2)

예레미야 선지자는 젖먹이와 어린아이들을 향해서 탄식합니다.

"젖먹이가 목말라서 혀가 입천장에 붙음이여 어린 아이들이 떡을 구하

나 떼어 줄 사람이 없도다"(애 4:4)

예레미야 선지자는 부자들을 향해서 탄식합니다.

"맛있는 음식을 먹던 자들이 외롭게 거리 거리에 있으며 이전에는 붉은 옷을 입고 자라난 자들이 이제는 거름더미를 안았도다"(애 4:5)

예레미야 선지자는 존귀한 자들을 향해서 탄식합니다.

"이제는 그들의 얼굴이 숯보다 검고 그들의 가죽이 뼈들에 붙어 막대기 같이 말랐으니 어느 거리에서든지 알아볼 사람이 없도다"(애 4:8)

예레미야 선지자는 자비로운 부녀자들을 향해서 탄식합니다.

"딸 내 백성이 멸망할 때에 자비로운 부녀들이 자기들의 손으로 자기들의 자녀들을 삶아 먹었도다"(애 4:10)

예레미야 선지자는 선지자들과 제사장들을 향해서 탄식합니다.

"그의 선지자들의 죄들과 제사장들의 죄악들 때문이니 그들이 성읍 안에서 의인들의 피를 흘렸도다 그들이 거리 거리에서 맹인 같이 방황함이여 그들의 옷들이 피에 더러워졌으므로 아무도 만질 수 없도다"(애 4:13~14)

마지막으로 예레미야 선지자는 기름 부음을 받았던 왕을 향해서 탄식합니다.

"우리의 콧김 곧 여호와께서 기름 부으신 자가 그들의 함정에 빠졌음

이여"(애 4:20)

예레미야 선지자는 모든 탄식을 마친 후에 남유다가 멸망하게 된 원인 두 가지를 지적합니다.

첫째, 남유다를 멸망으로 이끈 첫 번째 책임은 '종교 지도자들'에게 있다고 지적합니다.

"여호와께서 그의 분을 내시며 그의 맹렬한 진노를 쏟으심이여 시온에 불을 지르사 그 터를 사르셨도다 대적과 원수가 예루살렘 성문으로 들어갈 줄은 세상의 모든 왕들과 천하 모든 백성이 믿지 못하였었도다 그의 선지자들의 죄들과 제사장들의 죄악들 때문이니 그들이 성읍 안에서 의인들의 피를 흘렸도다"(애 4:11~13)

그동안 종교 지도자들은 의인들의 피를 흘리게 했으며 또한 맹인이 인도하는 것처럼 백성들을 의의 길로 인도하지 못했습니다. 그래서 하나님께서 그들을 징계하기 위해 포로로 잡혀가게 하신 것입니다.

"여호와께서 노하여 그들을 흩으시고 다시는 돌보지 아니하시리니 그들이 제사장들을 높이지 아니하였으며 장로들을 대접하지 아니하였음이로다"(애 4:16)

둘째, 남유다를 멸망으로 이끈 두 번째 책임은 남유다가 '이방 민족을 의지'했음에 있습니다.

"우리가 헛되이 도움을 바라므로 우리의 눈이 상함이여 우리를 구원하지 못할 나라를 바라보고 바라보았도다"(애 4:17)

남유다는 나라가 풍전등화의 상황이었음에도 예레미야 선지자의 충고를 끝내 외면하고 계속 애굽을 의지하려 했습니다. 그러나 모두 헛된 것이었습니다.

이렇게 예레미야 선지자를 통해 남유다 멸망의 원인을 정확하게 밝히신 하나님께서는 에돔의 멸망과 남유다의 회복을 다시 한번 말씀하십니다.

"우스 땅에 사는 딸 에돔아 즐거워하며 기뻐하라 잔이 네게도 이를지니 네가 취하여 벌거벗으리라 딸 시온아 네 죄악의 형벌이 다하였으니 주께서 다시는 너로 사로잡혀 가지 아니하게 하시리로다 딸 에돔아 주께서 네 죄악을 벌하시며 네 허물을 드러내시리로다"(애 4:21~22)

하나님께서는 에서와 야곱, 즉 에돔과 이스라엘 두 형제 나라를 놓고 공의의 심판을 말씀하고 계십니다. 하나님의 공의의 심판에 따라 에서의 후손들인 에돔은 멸망할 것이지만 야곱의 후손들인 남유다는 바벨론에서의 '징계 70년'의 시간이 지나면 다시 회복될 것입니다.

● 네 번째 포인트

예레미야 선지자는 남유다 멸망의 참담한 상황을 자세하게 증언합니다.

예레미야 선지자는 남유다의 참담한 상황과 그들이 받은 치욕을 하나님께서 살펴주시며 긍휼을 베풀어주시기를 간청합니다. 예레미야애가 5장에 예레미야의 애타는 심정이 잘 나타나 있습니다.

"여호와여 우리가 당한 것을 기억하시고 우리가 받은 치욕을 살펴보옵소서"(1절)

"우리의 기업이 외인들에게, 우리의 집들도 이방인들에게 돌아갔나이다"(2절)

"우리는 아버지 없는 고아들이오며 우리의 어머니는 과부들 같으니"(3절)

"우리를 뒤쫓는 자들이 우리의 목을 눌렀사오니 우리가 기진하여 쉴 수 없나이다"(5절)

"종들이 우리를 지배함이여 그들의 손에서 건져낼 자가 없나이다"(8절)

"굶주림의 열기로 말미암아 우리의 피부가 아궁이처럼 검으니이다"(10절)

"대적들이 시온에서 부녀들을, 유다 각 성읍에서 처녀들을 욕보였나이다"(11절)
"청년들이 맷돌을 지며 아이들이 나무를 지다가 엎드러지오며"(13절)
"노인들은 다시 성문에 앉지 못하며 청년들은 다시 노래하지 못하나이다"(14절)
"우리의 마음에는 기쁨이 그쳤고 우리의 춤은 변하여 슬픔이 되었사오며 우리의 머리에서는 면류관이 떨어졌사오니"(15~16절)
"시온 산이 황폐하여 여우가 그 안에서 노나이다"(18절)

● **다섯 번째 포인트**
예레미야 선지자는 모든 이를 대표해 죄를 고백하며 하나님의 구원을 간구합니다.

예레미야 선지자가 하나님께 남유다의 죄를 고백합니다.

"우리가 애굽 사람과 앗수르 사람과 악수하고 양식을 얻어 배불리고자 하였나이다 우리의 조상들은 범죄하고 없어졌으며 우리는 그들의 죄악을 담당하였나이다"(애 5:6~7)
"우리의 머리에서는 면류관이 떨어졌사오니 오호라 우리의 범죄 때문이니이다"(애 5:16)

남유다가 하나님을 의지하지 않고 이방 민족과의 동맹을 맺어 의지하려 했던 죄를 고백한 것입니다. 그리고 지금의 이 모든 결과는 조상들로부터 시작해 지금까지 행하고 있는 남유다의 죄악 때문임을 하나님께 고백한 것입니다.

남유다의 죄를 고백한 예레미야 선지자는 이제 하나님의 구원을 간구합니다.

> "주께서 어찌하여 우리를 영원히 잊으시오며 우리를 이같이 오래 버리시나이까 여호와여 우리를 주께로 돌이키소서 그리하시면 우리가 주께로 돌아가겠사오니 우리의 날들을 다시 새롭게 하사 옛적 같게 하옵소서"(애 5:20~21)

황폐해진 남유다의 모습과 바벨론 포로로 끌려간 남유다 백성들의 참상에 대한 탄식 가운데에서 이제 예레미야 선지자는 새로운 역사의 희망을 위해 기도합니다.

예레미야 선지자의 기도는 처음부터 마지막까지 모든 역사를 주관하시는 하나님께로 향하고 있습니다. 하나님의 전적인 도움 없이는 남유다의 회복이 불가능하기 때문입니다.

또한 예레미야 선지자는 남유다 죄악의 역사를 덮고도 남을 영원한 하나님의 은혜를 간구합니다. 멸망의 어두움을 뒤로하고 다시 회복시켜주실 그날을 기대하는 것입니다.

예레미야 선지자는 자신이 평생 동안 외친 하나님의 말씀이 비록 동시대 남유다 백성들에게 외면당했지만 궁극적으로는 제사장 나라 남유다가 하나님의 거룩한 시민이 되는 놀라운 꿈을 끝내 포기할 수 없었습니다.

예레미야 선지자의 극심한 절망과 고통은 오히려 또 다른 소망을 잉태했습니다. 자신의 몸 하나 제대로 추스를 수 없을 만큼 지쳐 있던 예레미야 선지자가 고초와 재난으로 인한 낙심의 한복판에서 오히려 소망을 발견한 것입니다.

조롱받으면서도 하나님의 말씀을 전했고 절망 속에서도 하나님의 소망을 노래한 예레미야 선지자의 애가는 황무지에서 피어난 한 송이의 꽃과 같습니다.

♬ 주의 인자는 끝이 없고 그의 자비는 무궁하며
아침마다 새롭고 늘 새로우니
주의 성실이 큼이라 성실하신 주님

주의 사랑은 끝이 없고 그의 공의는 무궁하며
아침마다 새롭고 늘 새로우니
주의 성실이 큼이라 성실하신 주님

주의 보호는 끝이 없고 그의 말씀은 풍성하며
아침마다 새롭고 늘 새로우니
주의 성실이 큼이라 성실하신 주님 ♬

(Edith McNeil 지음, 예수전도단 역)

222일

오바댜, 오래된 형제가 환난 당하는 날(옵 1장)

애피타이저 APPETIZER

〈오바댜〉는 남유다가 당하는 고난을 오히려 즐기며 기뻐했던 에서의 후손, 에돔족에 대한 하나님의 심판을 예언하고 있습니다. 〈오바댜〉는 비록 한 장으로 구성되어 있지만 전하고 있는 메시지는 명확합니다.

에서의 후손들인 에돔은 형제 나라인 남유다가 멸망하는 것을 보며 안타깝게 생각하기보다는 오히려 그 틈에 바벨론 제국과 동맹을 맺어 자신들의 이득을 챙기고 형제의 고통을 조롱했습니다.

그래서 에돔족이 하나님의 심판을 받게 된 것입니다.

성경통독 BIBLETONGDOK

《일년일독 통독성경》 오바댜 1장

통通으로 숲이야기 ; 통숲 TONG OBSERVATION

● **첫 번째 포인트**

야곱과 에서 이야기는 예수님과 헤롯 때까지 이어집니다.

야곱의 후손들인 이스라엘과 에서의 후손들인 에돔족과의 긴 역사를 살펴보면 다음과 같습니다.

첫째, 이스라엘과 에돔족은 야곱과 에서에서 시작되었습니다.

"여호와께서 그에게 이르시되 두 국민이 네 태중에 있구나 두 민족이 네 복중에서부터 나누이리라 이 족속이 저 족속보다 강하겠고 큰 자가 어린 자를 섬기리라 하셨더라"(창 25:23)

둘째, 출애굽한 후 이스라엘 백성들이 에돔 땅을 지나면서 갈등을 겪게 됩니다. 그러나 그때 이스라엘 백성들이 길을 우회해서 충돌을 피했습니다.

"이스라엘 자손이 이르되 우리가 큰길로만 지나가겠고 우리나 우리 짐승이 당신의 물을 마시면 그 값을 낼 것이라 우리가 도보로 지나갈 뿐인즉 아무 일도 없으리이다 하나 그는 이르되 너는 지나가지 못하리라 하고 에돔 왕이 많은 백성을 거느리고 나와서 강한 손으로 막으니 에돔 왕이 이같이 이스라엘이 그의 영토로 지나감을 용납하지 아니하므로 이스라엘이 그들에게서 돌이키니라"(민 20:19~21)

셋째, 하나님께서는 이스라엘에게 형제 나라인 에돔을 미워하지 말라고 말씀하셨습니다.

"너는 에돔 사람을 미워하지 말라 그는 네 형제임이니라 애굽 사람을 미워하지 말라 네가 그의 땅에서 객이 되었음이니라"(신 23:7)

넷째, '왕정 500년' 동안 두 나라의 적대 관계는 계속 지속되었습니다. 사울 왕 때 두 민족 간의 관계입니다.

"사울이 이스라엘 왕위에 오른 후에 사방에 있는 모든 대적 곧 모압과 암몬 자손과 에돔과 소바의 왕들과 블레셋 사람들을 쳤는데 향하는 곳마다 이겼고"(삼상 14:47)

다윗 왕 때 두 민족 간의 관계입니다.

"다윗이 소금 골짜기에서 에돔 사람 만 팔천 명을 쳐죽이고 돌아와서 명성을 떨치니라 다윗이 에돔에 수비대를 두되 온 에돔에 수비대를 두니 에돔 사람이 다 다윗의 종이 되니라 다윗이 어디로 가든지 여호와께

서 이기게 하셨더라"(삼하 8:13~14)

솔로몬 왕 때 두 민족 간의 관계입니다.

"여호와께서 에돔 사람 하닷을 일으켜 솔로몬의 대적이 되게 하시니 그는 왕의 자손으로서 에돔에 거하였더라"(왕상 11:14)

남유다 여호람 왕 때 두 민족 간의 관계입니다.

"여호람 때에 에돔이 유다의 손에서 배반하여 자기 위에 왕을 세운 고로 여호람이 모든 병거를 거느리고 사일로 갔더니 밤에 일어나 자기를 에워싼 에돔 사람과 그 병거의 장관들을 치니 이에 백성이 도망하여 각각 그들의 장막들로 돌아갔더라 이와 같이 에돔이 유다의 수하에서 배반하였더니 오늘까지 그러하였으며 그 때에 립나도 배반하였더라"(왕하 8:20~22)

남유다 아마샤 왕 때 두 민족 간의 관계입니다.

"아마샤가 소금 골짜기에서 에돔 사람 만 명을 죽이고 또 전쟁을 하여 셀라를 취하고 이름을 욕드엘이라 하였더니 오늘까지 그러하니라"(왕하 14:7)

다섯째, B.C.586년 바벨론 제국에 의해 남유다가 멸망할 때 에돔이 남유다를 침략하는 바벨론 제국을 도와주었습니다.

"네가 네 형제 야곱에게 행한 포학으로 말미암아 부끄러움을 당하고 영원히 멸절되리라 네가 멀리 섰던 날 곧 이방인이 그의 재물을 빼앗아

트

는 가장 큰 이유는 '오래된 형제'를 돕지 않았기 때

바댜 선지자를 통해 말씀하신 에돔 멸망의 두
이 형제를 돕지 않았다는 것입니다.

곱에게 행한 포학으로 말미암아 부끄러움을 당하고
네가 멀리 섰던 날 곧 이방인이 그의 재물을 빼앗아
성문에 들어가서 예루살렘을 얻기 위하여 제비 뽑
중 한 사람 같았느니라"(옵 1:10~11)

돔에게 "~ 할 것이 아니며"라는 표현을 여덟
고들의 악한 행동을 꾸짖으십니다. 하나님께
악한 행동들은 다음과 같습니다.

망을 방관하고 오히려 기뻐하며 외친 것입

재앙의 날에 방관할 것이 아니며 유다 자손이 패
것이 아니며 그 고난의 날에 네가 입을 크게 벌릴

이 약탈을 시작하자 그들과 함께 남유다를

가며 외국인이 그의 성문에 들어가서 예루살렘을 얻기 위하여 제비 뽑던 날에 너도 그들 중 한 사람 같았느니라 네가 형제의 날 곧 그 재앙의 날에 방관할 것이 아니며 유다 자손이 패망하는 날에 기뻐할 것이 아니며 그 고난의 날에 네가 입을 크게 벌릴 것이 아니며"(옵 1:10~12)

이 때문에 바벨론 포로로 끌려간 남유다 백성들이 에돔의 멸망을 간구한 것입니다.

"여호와여 예루살렘이 멸망하던 날을 기억하시고 에돔 자손을 치소서 그들의 말이 헐어 버리라 헐어 버리라 그 기초까지 헐어 버리라 하였나이다"(시 137:7)

여섯째, 에돔족인 헤롯이 로마 제국의 분봉 왕으로 유대를 다스리면서 유대인의 왕으로 태어나신 예수님을 죽이려 했습니다.

"헤롯 왕 때에 예수께서 유대 베들레헴에서 나시매 동방으로부터 박사들이 예루살렘에 이르러 말하되 유대인의 왕으로 나신 이가 어디 계시냐 우리가 동방에서 그의 별을 보고 그에게 경배하러 왔노라 하니 헤롯 왕과 온 예루살렘이 듣고 소동한지라"(마 2:1~3)

"이에 헤롯이 박사들에게 속은 줄 알고 심히 노하여 사람을 보내어 베들레헴과 그 모든 지경 안에 있는 사내아이를 박사들에게 자세히 알아본 그 때를 기준하여 두 살부터 그 아래로 다 죽이니"(마 2:16)

에돔의 심판에 대해서는 [169일] 통숲에서 살펴본 아모스 선지자를 통한 '에돔의 심판', 그리고 [218일] 통숲에서 살펴본 예레미야 선지자를 통한 '에돔의 심판'을 참고하면 됩니다.

● 두 번째 포인트

하나님께서는 오바댜 선지자를 통해 에돔의 멸망이 그들의 '교만' 때문이라고 말씀하십니다.

"오바댜의 묵시라 주 여호와께서 에돔에 대하여 이와 같이 말씀하시니라 우리가 여호와께로 말미암아 소식을 들었나니 곧 사자가 나라들 가운데에 보내심을 받고 이르기를 너희는 일어날지어다 우리가 일어나서 그와 싸우자 하는 것이니라"(옵 1:1)

오바댜는 '여호와를 경외하는 자', '여호와의 종'이라는 뜻으로 남유다에서 흔히 사용되는 이름이었으며 성경에는 열 명이 넘는 많은 동명이인의 오바댜가 있습니다.

예를 들면 [162일] 열왕기상 18장에 아합의 폭정 중에도 하나님의 선지자 100명을 굴에 숨겨 공궤하며 살렸던 오바댜가 있었습니다. 그런데 본서 〈오바댜〉를 쓴 오바댜 선지자에 대해서는 이 글이 오바댜에게 주신 계시라는 것 외에는 알려진 다른 내

용이 없습니다.

하나님께서 오바댜 선지자를 통해 말씀하신 에돔의 멸망 이유 가운데 첫 번째는 바로 에돔의 '교만'입니다.

"너의 마음의 교만이 너를 속였도다 바위 틈에 거주하며 높은 곳에 사는 자여 네가 마음에 이르기를 누가 능히 나를 땅에 끌어내리겠느냐 하니 네가 독수리처럼 높이 오르며 별 사이에 깃들일지라도 내가 거기에서 너를 끌어내리리라 여호와의 말씀이니라"(옵 1:3~4)

하나님께서 세일산에 거주하고 있는 에돔족을 "높은 곳에 사는 자여"라고 부르고 계십니다. 세일산은 가파르고 험한 산으로 동굴 등의 피난처도 많은 천혜의 요새였습니다. 특히 에돔의 수도 페트라는 그 입구가 절벽 사이에 난 좁은 곳으로 외적의 침입이 쉽지 않은 곳이었습니다. 그래서 에돔인들이 "누가 능히 나를 땅에 끌어내리겠느냐"라며 교만했던 것입니다.

또한 에돔족이 살던 곳은 국제 무역의 요충지로 에돔을 횡단하는 '왕의 대로'가 있어서 고대 상권의 중심지였고 그로 인해 에돔은 매우 부유한 나라였습니다. 이 때문에 그들은 어느 민족보다도 교만하기 이를 데 없는 민족이었습니다.

● 세 번째 포인트

에돔이 멸망하는 가장 큰 이유는 '오래된 형제'를 돕지 않았기 때문입니다.

하나님께서 오바댜 선지자를 통해 말씀하신 에돔 멸망의 두 번째 이유는 에돔족이 형제를 돕지 않았다는 것입니다.

"네가 네 형제 야곱에게 행한 포학으로 말미암아 부끄러움을 당하고 영원히 멸절되리라 네가 멀리 섰던 날 곧 이방인이 그의 재물을 빼앗아 가며 외국인이 그의 성문에 들어가서 예루살렘을 얻기 위하여 제비 뽑던 날에 너도 그들 중 한 사람 같았느니라"(옵 1:10~11)

하나님께서는 에돔에게 "~ 할 것이 아니며"라는 표현을 여덟 번이나 말씀하시며 그들의 악한 행동을 꾸짖으십니다. 하나님께서 언급하신 에돔의 악한 행동들은 다음과 같습니다.

첫째, 남유다의 멸망을 방관하고 오히려 기뻐하며 외친 것입니다.

"네가 형제의 날 곧 그 재앙의 날에 방관할 것이 아니며 유다 자손이 패망하는 날에 기뻐할 것이 아니며 그 고난의 날에 네가 입을 크게 벌릴 것이 아니며"(12절)

둘째, 바벨론 제국이 약탈을 시작하자 그들과 함께 남유다를 약탈한 것입니다.

"내 백성이 환난을 당하는 날에 네가 그 성문에 들어가지 않을 것이며 환난을 당하는 날에 네가 그 고난을 방관하지 않을 것이며 환난을 당하는 날에 네가 그 재물에 손을 대지 않을 것이며"(13절)

셋째, 남유다 백성들이 도망하지 못하도록 막고 남은 자들을 바벨론 제국에 넘긴 것입니다.

"네거리에 서서 그 도망하는 자를 막지 않을 것이며 고난의 날에 그 남은 자를 원수에게 넘기지 않을 것이니라"(14절)

이처럼 에돔이 멸망하게 된 근본적인 원인은 형제국인 남유다에게 악을 저질렀기 때문입니다. 더 나아가 남유다가 하나님께 심판받는 날 형제의 환난을 바라보며 마음 아파하기보다는 오히려 그 일을 즐거워했기 때문입니다.

설령 다른 모든 민족이 남유다를 멸망시키는 일에 동참하고 즐거워한다 해도 에돔만큼은 그렇게 해서는 안 된다는 것입니다. 에돔은 하나님의 말씀에 대해 억울하게 여길 수도 있을 것입니다. 그들에게는 에서와 야곱이 형제였던 때가 기억도 나지 않는 오래전 일이기 때문입니다.

그들은 그 오랜 세월을 각기 다른 민족으로 살아왔습니다. 그러나 하나님께서는 그들이 본래 형제라고 말씀하십니다. 지금도 변함없이 형제임을 강조하십니다.

● 네 번째 포인트

남유다 멸망 때 바벨론 제국을 도운 에돔은 오히려 바벨론 제국에게 하나도 남김없이 수탈을 당할 것입니다.

이제 하나님께서 오바댜 선지자를 통해 에돔의 완전한 멸망을 선언하십니다.

"혹시 도둑이 네게 이르렀으며 강도가 밤중에 네게 이르렀을지라도 만족할 만큼 훔치면 그치지 아니하였겠느냐 혹시 포도를 따는 자가 네게 이르렀을지라도 그것을 얼마쯤 남기지 아니하였겠느냐 네가 어찌 그리 망하였는고 에서가 어찌 그리 수탈되었으며 그 감춘 보물이 어찌 그리 빼앗겼는고"(옵 1:5~6)

하나님께서는 에돔이 바벨론 제국에게 어느 것 하나도 남김없이 모두 다 수탈되고 완벽하게 사라지게 될 것을 비유로 말씀하십니다. 즉 에돔이 완전히 폐허가 된다는 것입니다.

하나님께서 오바댜 선지자를 통해 열방을 심판하는 '여호와의 날'을 말씀하십니다.

"여호와께서 만국을 벌할 날이 가까웠나니 네가 행한 대로 너도 받을 것인즉 네가 행한 것이 네 머리로 돌아갈 것이라 너희가 내 성산에서 마신 것 같이 만국인이 항상 마시리니 곧 마시고 삼켜서 본래 없던 것 같이 되리라"(옵 1:15~16)

'만국을 벌할 날'은 1차적으로는 당시의 남유다 주변 나라들의 멸망이지만 궁극적으로는 세상 모든 나라를 향한 심판의 날, 곧 아모스, 스바냐, 요엘이 외친 '여호와의 날'을 말합니다.

일찍이 에돔은 예레미야 선지자의 '줄과 멍에' 퍼포먼스를 통해 하나님의 세계 경영에 대해 들었습니다(렘 27:3~8). 그리고 에돔에 대한 직접적인 하나님의 말씀을 들었습니다.

"에돔에 대한 말씀이라 만군의 여호와께서 이와 같이 말씀하시되 데만에 다시는 지혜가 없게 되었느냐 명철한 자에게 책략이 끊어졌느냐 그들의 지혜가 없어졌느냐"(렘 49:7)

"여호와의 말씀이니라 내가 나를 두고 맹세하노니 보스라가 놀램과 치욕거리와 황폐함과 저줏거리가 될 것이요 그 모든 성읍이 영원히 황폐하리라 하시니라"(렘 49:13)

에돔은 예레미야 선지자를 통한 하나님의 말씀대로 그리고 오바댜 선지자를 통해 다시금 그들의 교만과 형제를 돌보지 않음으로 인해 하나님의 심판을 받게 되는 것입니다.

● 다섯 번째 포인트

〈오바댜〉는 야곱과 에서 두 민족 사이에 바벨론 제국이 끼어든 이야기입니다.

성경에서 1장으로 가장 짧은 구약의 〈오바댜〉와 신약의 〈빌레몬서〉를 통(通)으로 살펴보면 누구나 쉽게 이해할 수 있습니다.

〈오바댜〉를 한마디로 정리한다면 야곱의 후손과 에서의 후손 사이에 바벨론 제국이 끼어든 이야기인데 이를 오바댜 선지자가 '제사장 나라' 관점으로 에서의 후손을 책망한 이야기입니다. 한마디로 '나라'가 여호와께 속한다는 것입니다.

"구원 받은 자들이 시온 산에 올라와서 에서의 산을 심판하리니 나라가 여호와께 속하리라"(옵 1:21)

그리고 〈빌레몬서〉는 빌레몬과 오네시모 사이에 로마 제국이 끼어든 이야기입니다. 이를 사도 바울이 '하나님 나라' 관점으로 오네시모를 종에서 형제로 받으라는 이야기입니다.

한마디로 모든 성경은 제사장 나라 하나님 나라의 예수 그리스도 이야기입니다.

하나님께서 에돔에게 멸망을 선고하신 이유는 그들이 칼을 들고 그의 형제를 쫓았기 때문입니다. 에돔은 바위 틈 요새에 거하며 그 중심에 교만이 가득했던 민족이었습니다. 에돔은 형제 나라인 남유다가 위기에 처하자 형제를 돕기는커녕 오히려 형제가 더 큰 어려움에 처하도록 적에게 정보를 넘겼습니다. 그리고 남유다가 멸망하는 것을 기뻐하고 이에 협조까지 했기에 하나님께서 진노하신 것입니다. 하나님께서 에돔족의 '멸절'까지 언급하실 정도였습니다.

이웃의 아픔을 방치하는 방관자이며 형제의 고통을 가중시키는 핍박자, 에돔은 결국 하나님의 심판을 받게 됩니다. 이는 형제를 소중히 여기지 않고 신뢰와 화평을 만들어가지 못한 그들이 자초한 결과였습니다.

모든 인생은 하나님께서 원하시는 것이 '하나님 사랑' 그리고 '이웃 사랑'임을 늘 기억하며 살아가야 합니다.

성경, 통通으로 숲 이야기

통숲 6 : 왕정 500년 4

초판 1쇄 발행 2020년 1월 30일
2쇄 발행 2024년 5월 1일

지은이·조병호
펴낸곳·도서출판 통독원
디자인·전민영

주소·서울시 강남구 선릉로 806
전화·02)525-7794 팩 스·02)587-7794 홈페이지·www.tongbooks.com
등록·제21-503호(1993.10.28)

ISBN 979-11-90540-04-9 04230
978-89-85738-00-2 04230 (세트)